蓦然回首，恍然如梦。

清芬挺秀，七彩人生。

祝福母校，祝福同学。

爱我清华，四海一心。

# 清芬挺秀 七彩人生

## 清华大学1987级同学毕业30年纪念文集

主　编　梁立军
副主编　崔基哲　祁金利　邢　恬

清华大学出版社
北京

**图书在版编目 (CIP) 数据**

清芬挺秀　七彩人生：清华大学 1987 级同学毕业 30 年纪念文集 / 梁立军主编 . —北京：清华大学出版社，2022.4

ISBN 978-7-302-60420-4

Ⅰ . ①清…　Ⅱ . ①梁…　Ⅲ . ①清华大学－校友－纪念文集　Ⅳ . ① K820.7-53

中国版本图书馆 CIP 数据核字 (2022) 第 047958 号

**责任编辑：**周　菁
**封面设计：**傅瑞学
**版式设计：**方加青
**责任校对：**王荣静
**责任印制：**丛怀宇

**出版发行：**清华大学出版社
**网　　址：**http://www.tup.com.cn，http://www.wqbook.com
**地　　址：**北京清华大学学研大厦 A 座　　**邮　　编：**100084
**社 总 机：**010-83470000　　**邮　　购：**010-62786544
**投稿与读者服务：**010-62776969，c-service@tup.tsinghua.edu.cn
**质 量 反 馈：**010-62772015，zhiliang@tup.tsinghua.edu.cn
**印 装 者：**北京博海升彩色印刷有限公司
**经　　销：**全国新华书店
**开　　本：**170mm×240mm　　**印　　张：**19.25　　**插　　页：**1　　**字　　数：**361 千字
**版　　次：**2022 年 4 月第 1 版　　**印　　次：**2022 年 4 月第 1 次印刷
**定　　价：**99.00 元

---

产品编号：096400-01

# 编委会

张冬梅&周庆辉

Celebrating the 111th anniversary of Tsinghua with 30 pictures of 30 countries and regions we have been to in the past 30 years.

# 序

方惠坚

2021年底，几位一九八七级同学专程来家看望，邀我为7字班毕业30周年的纪念文集《清芬挺秀 七彩人生》作序。我不假思索，欣然应允。

7字班在清华学习期间，我一直在学校担任领导工作，有幸参与了同学们从入学到毕业的全过程，与其中不少同学有过直接接触。后来由于各种机缘，我认识的这届毕业生越来越多。在2012年毕业20周年之际，八七级校友不但集体捐赠了清华新百年基金，而且捐资把母校二号楼东侧小树林树龄到期的杨树全部改种为青桐树。当时应同学们的邀请，我为青桐林写下“凤舞青桐”四字。所谓“栽下梧桐树，引来金凤凰”的梧桐，学名即为青桐。捐种青桐树，是期许母校发展得越来越好，吸引和培养更多优秀人才。

7字班同学是幸运的，大家赶上了一个伟大的时代。1976年同学们刚上小学的时候，党中央粉碎了“四人帮”，结束了“文化大革命”。1977年国家恢复高考。1978年党的十一届三中全会决定实行改革开放。正是在这样的时代背景下，清华自觉开始了建设世界一流大学的探索。1987年是恢复高考的第10个年头，7字班2000余名优秀青年脱颖而出，为奋进的清华注入了蓬勃朝气。在清华园，南北干道活跃着他们匆匆的身影，西体东操记录着他们拼搏的脚步，荷塘月色回荡着他们的歌声琴声。在清华园，他们经历了社会的考验，见证了北京亚运会的盛况，也分享了清华80周年校庆的喜悦。1992年邓小平同志南方谈话，中国决定建立社会主义市场经济体制。7字班很多同学在这一年夏天告别母校，参加工作或继续求学。

30年来，中国经济社会快速发展，为7字班同学和一届又一届清华学子提供了运用所学、发挥所长、施展才华的广阔空间。30年来，7字班广大同学在大江南北为祖国、为人民、为民族奉献青春年华，在五洲四海架设友谊之桥、促进中外交流合作、推动人类文明进步。翻开征文汇编，无论是《我的母校我的班》《有一种理想叫作“我想成为你”》，还是《我的大学集体》《我的毕业设计》，同学们对母校、对老师、对同窗的深情厚谊跃然纸上；无论是《把理想信念扎根于祖国大地》《我的计算机人生》，还是《三十春秋光与电》《清华——刻骨铭心的力量》，同学们自强不息、勇毅前行的足迹坚定而执着；无论是《大学毕业三十年有记》，还是《学堂路》《刨根问底：清华园与朗润园名字的出处》，同学们的多才多艺和严谨求实相得益彰。每一行文字都让人感动，每一个故事都令人难忘。

子曰："五十而知天命。"7 字班同学大都已到半百之年，有了较为丰富的阅历和经验，也肩负着事业和家庭的重担。希望同学们不忘初心，继续奋斗，积极而平和地进取，在追寻中国梦的过程中更好地实现人生价值。同时，也希望同学们坚持锻炼，保重身体，争取至少为祖国健康工作五十年，幸福生活一辈子。

清芬挺秀，华夏增辉；七彩人生，不负时代。期待大家在毕业 40 年、50 年、60 年之时再相会。

是为序。

2022 年 2 月于清华园

# 编者按

对于清华大学校友来说，毕业 30 年是一个值得隆重纪念的年份。2022 年，是清华大学 1987 级同学毕业 30 周年。

30 年青春如歌，30 年青春正当。2270 名 87 级同学满怀着热情和期望，欢度这个属于母校和老师，属于自己的美好年份。

在学校的支持下，87 级校友毕业 30 年活动筹备组集思广益，策划推出了包括举行庆祝大会、编辑纪念文集、制作纪念品、开展公益活动等系列项目。编辑出版纪念文集是其中一项重要活动。

这项活动得到了各班同学的热烈响应。在不长的时间里，同学们从四面八方发来了 64 篇饱含深情的作品。这其中有对 30 年前火热大学生活的回忆，有对导师、大师的深情怀念，有对 30 年来不懈追求的记载，有对生命和人生的感悟，也有对美好明天的展望……这些作品就像是一朵朵浪花，折射出同学们丰富的人生、辉煌的事业和多彩的生活，更折射出同学们丰富的精神世界。

感谢老领导、清华大学原党委书记方惠坚老师。百忙之中，老人家欣然提笔，为同学们的纪念文集撰写了序言。1987 级同学在校期间，正值方老师在党委书记岗位上，他陪伴我们度过了在校的全过程。老人家和我们敬爱的老师们，既是我们的恩师，也是我们的亲人。

感谢机械系压 7 班梁立军同学、化学系物化 7 班祁金利同学、土木系结 72 班崔基哲同学、土木系建管 7 班邢恬同学、生物系生 7 班曾宪纲同学。他们利用业余时间，为文集的编辑做了大量工作。立军同学牵头抓总，祁金利同学负责写编者按，崔基哲同学持续收稿并和作者沟通，邢恬同学为文集提供花絮，还和曾宪纲同学一起校对。他们辛勤的工作，使得我们的文集得以顺利推出。

为了保持同学们作品的原汁原味，我们在编辑中只订正其中的文字、标点或常识性错误。某些观点同学们见仁见智，一如当年辩论会、卧谈会上的纷纷花絮，一飨同学们“嘤其鸣矣求其友声”之情。本文集将作为我们 30 年秩年的重要纪念，提供给每个同学。

感谢清华大学出版社的编校人员，他们以专业化的工作，使更多人分享我们的记忆、感悟、憧憬成为可能。

由于时间紧，加之我们工作水平的局限，书中难免有这样那样的瑕疵和不足，敬请同学们原谅。

今天我们深情回忆当年一起走过的路，明天我们也将真情回忆今天一起走过的路！

**本书编委会**

# 目　录

## 回忆类

## 文学类

## 生活类



## 工作类



## 综合类



## 后记

# 回忆类

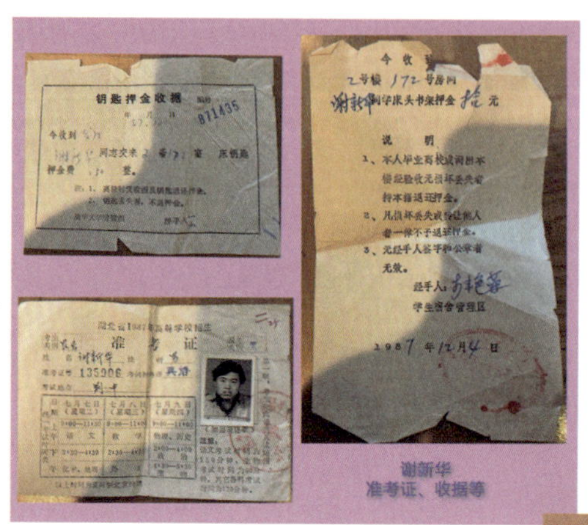


谢新华
准考证、收据等

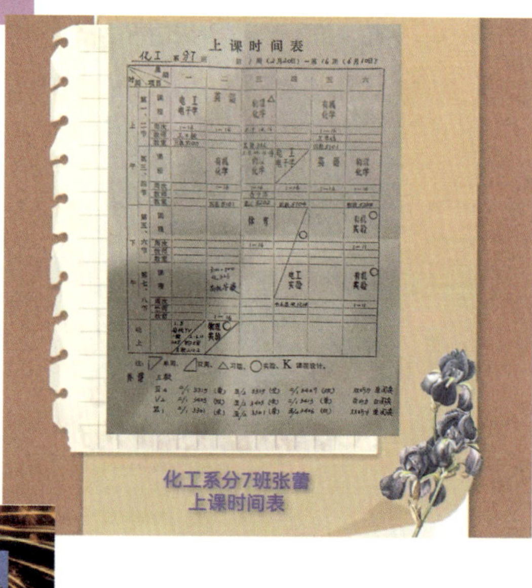


化工系分7班张蕾
上课时间表

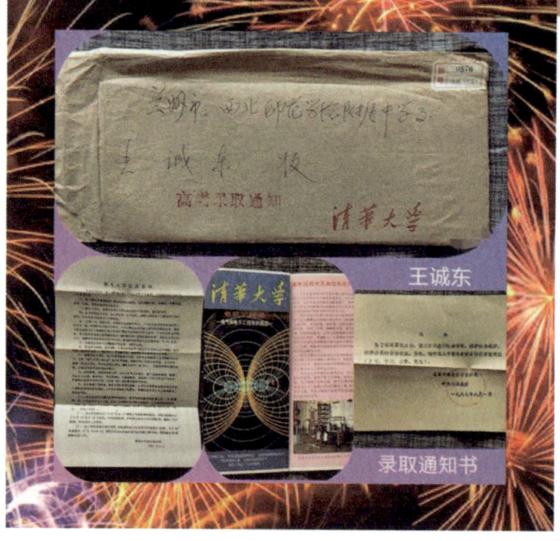


王诚东
录取通知书

### 刘尚麟（材料系 材 7）

工业信息安全（四川）创新中心副总工。曾就职于中国核动力研究院中国网安公司、中国电子科技集团公司等。

# 从清华梦到第一堂大课

## 一、清华梦

我的故乡，黄土高原的甘肃静宁，现在盛产红苹果。国内超市水果货架，几乎都可以看到这个原产地保护的知名品牌。在我小时候，这里唯一的出产是：贫困。

贫困使社会停顿，那个时候，小脚和小辫子依然可以作为我们村的图腾：40多岁女人大多是缠足小脚；有个50岁汉子，头顶留着大清小辫，盘在帽子里。陡坡峁梁，靠人肩挑、橡胶轮胎的木架子车搬运，牲畜二牛抬杠式耕地，煤油灯、自行车、缝纫机、拖拉机之类只能作当代点缀。

受苦使人盲目，供给一个小孩上学，对山村家庭的难度，可想而知。我的清华梦，来自1977年恢复高考时，哥哥灯下熬夜备考和师范学校成功录取后的一番感慨。哥哥重复最多的是："这年高考，庆阳专区两个学生考上了清华！"清华让哥哥如此羡慕，于是在那个时刻，"清华"两个字就刻入我大脑海马体的沟槽，成为不敢说出口的梦。

清华梦，让我从小学三年级开始，成为最用功、成绩最优秀的小学生。换来了哥哥和姨姨的悬赏："如果能考上静宁一中，就供你上县城念书！"12岁，我真考上了静宁一中，离开山村，向梦想前进了50公里，进了县城，开始了带着负疚感的苦读。因为走进一中课堂，背后昂贵的代价是：哥哥一半的月工资、姨姨的资助、父亲母亲艰辛的田间劳作。

静宁一中六年，每学期都用考试成绩度量着和清华的距离，一种病态的执着。

班主任和各科老师的偏爱，2000多人的目光中，从学校领奖台接过一张张三好生、数理化竞赛奖状，一本本塑料封皮笔记本，一支支钢笔定期的仪式感与荣耀，似一股股暖流，混合在校园阳光里、教室的空气里，慰藉着我的心灵。

双重母爱将我的灵魂和身体固定在健康的轨道上。第一重来自远在山村的母亲，是对我过度用功的担忧，她遗憾不能每天看到我，特意留着的各种好东西给我回去吃；第二重来自城里的姨姨，买新衣服、访遍名医看病、让表妹带饭菜给我，细水长流的照料。这是单向的爱，我当时不懂得报答，而懂得时已永无机会回馈。

和父亲的小聚，舅舅、哥哥、姐姐的看望，到十里外的快乐同学家睡热炕，回来带些馒头、土豆或者玉米，历史杜恭老师管家式打理生活费（怕丢钱，哥哥请杜老师管理生活费，按需支取），这些暖流，蓄积起来补偿着一中恶劣的住校生活条件。初中刚开始，20人住大通铺房间，零下20℃的寒冬，取暖设施是每人褥子下和木床板间铺的一层厚厚的麦草秸。高中，6个同学住在12m$^2$小间，三张双层床凹形无缝密塞在一起，进门睡上铺的得直接上床（地面站不下），寒冬取暖靠的是同层床铺被褥相连脚部相抵、人体密集的温度“羊圈效应”。

那时处于青春敏感期，觉得贫困是“精神残疾”，是“伤疤”，是“隐私”，希望有障眼法。宿舍周围的“羊圈效应”气味（做饭煤油炉烟味、尿臊味、汗水酸臭味，海拔1000米，能发电的风力都驱散不去），每天学生食堂难以下咽的面食，都刺激敏锐的心灵。

还有最尬的囧相：冬季，教务主任把住校男生集合起来，排队参观晚上因为寒冷走出宿舍门不远，就地在沟渠里排泄形成的尿块冰山（虽然和这尿冰没有一滴关系，但我是住校生中的一员）。

这些囧境折叠着自尊，面子丢光，无脸和女生说话，沉默讷言，几乎真的“精神残疾”，但清华梦，让父母能为我骄傲的梦和爱的加持，驱驰我向前奔跑。

静宁一中毕业，高考数学发挥不理想，我绝望、灰心地填报了天津大学。班主任付胜利和化学齐春和老师，查证我的估分成绩，比招生手册中清华甘肃上年录取线高出8分（那时是高考结束后马上填报志愿），一致让修改自愿。命运就此转向，幸运真的降临，那张刀片刮去天大、写上清华的志愿卡，圆了我的十年清华梦。

## 二、初入清华园

校车在北京站迎接新生。从山村到北京是个漫长旅程，一个用视网膜和鼻子连接的两千公里曲线：起点是自行车、乡间土路，前段是长途汽车、黄土高原尘土和汽油颠簸混合味道、偶有林荫的盘山公路，中段是长长的蒸汽机绿皮火车、淡淡的白色蒸汽夹带着煤灰的味道，从长方体的兰州车站、郊区白色沙地一直延伸到宁夏、内蒙古戈壁滩的褐色落日，后段是八达岭黛色的山谷。

哥哥和二舅送我到兰州上火车，把我托付给邻座四个甘肃老乡后（他们去长春念书，要在北京中转），才放心离开。这个托付周到及时。初次到大城市、有点胆怯、怕迷路。而列车却是晚上 9 点抵达，错过校车接送时间。巧的是，老乡中转改签的是第二天早晨到长春的火车，于是，大家在站外广场把行李堆在一起，当靠背半躺围成一个圆圈而睡，老乡们等待去长春的列车时刻，我则等待清晨的校车。

露宿一夜，早晨醒来，去车站广场清华大学巨型横幅彩旗位置乘坐校车。那时还我没有学会普通话，只会用西北方言，羞于张嘴与人沟通，就跟在一个新同学的后面，做个模仿者，跟着"向导"，一起上校车大巴，到达清华大礼堂台阶前的校内系新生迎接点，一起由学长（材 6）用平板车拖着行李，沿着校河走到系的报到点。在我们填写学籍卡的时候，清晰地看到新同学写下闫强、材 7 班。没有约定，我和同班同学一路、一起报到！

清华由东西两部分组成，西边以清华大礼堂为代表，古典风格；东边以主楼为代表，苏式风格。这两大建筑相距 1000 米，地理分界线在校河转弯处航空馆，植物分界线是南北走向的白杨林荫大道，时间分界线是 1949 年。

清华大礼堂屹立在草坪边，爱奥尼亚式的雪白大理石立柱、古罗马式青铜铸成的穹顶，所代表的建筑群结构，蕴含着笛卡儿的自然科学观，突出个性、兴趣、数学描述、逻辑、推理演绎，这是学者的伊甸园。

清华主楼，整体由东、西和中央三部分组成，中央主体居中高耸，两边对称，依次排开，通过空中回廊互相连接。所代表的建筑群结构，突出集体性，个人螺丝钉精神，清华因而是红色工程师的摇篮。

材 7 班的男生宿舍是东边部分的 12 号楼，女生是 5 号楼，靠近清华主楼。我的宿舍是 310，里面靠墙两排木板双层床，中间四张大木桌，从门口到窗户，依次住着许晓阳、杨村林、李文飙 / 李卫民、黄永清、曾剑平、马铁中、张雪舟和我，窗外是一片片深绿的杨树叶。报到时，杨村林最具仪式感，姐姐和姐夫送来报到。宿舍同学到齐后，迎新节奏加快，紧接着的是班会、系会、军训前的组织动员等一系列活动。第一次班会，地点是宿舍和九食堂之间的白杨林，班主任王瑛老师组织，同学们自我介绍，老师让大家熟悉校规。系会在工程物理馆召开，主要是系领导讲话。

## 三、军训

军训是入校第一堂大课（大场面、大气氛、大动员），军训地点在 51397 部队，当时，我期待亲身体验短暂的军旅生活。

我听过一位幸运的志愿军的朝鲜战争经历：他原属于国民党傅作义部队，受降后改编，受隆重检阅后，第一批进入朝鲜战场；志愿军没有制空权，只能靠晚上急行军，到达作战地点；在战斗中，他们部队被打散，他和一个战友相伴，靠每天计数着吃几粒青稞，徒步走回北方，找到大部队。

郭磊庄军训，基本可以打造这样的连队和战士。

每个新生穿着绿军装，戴着军帽，在主楼前开动员大会，然后坐着专列，从北京站出发，沿京包线到达郭磊庄的教导团。

去郭磊庄的是我们系和环境系，两个系，改编为 2 个营，1 个女子连。我们所在营，指导员是王老师和何群；材 7 班归属 619 团一中队一分队，改编为 1 个排，3 个班。

军训住的营房，每个班一个门口敞开的小隔间，四个双层铁床。军训科目是队列和正步：一步一动训练，重复次数达到最大值，即使是不协调的顺拐，也能踢出标准正步，走出鼻尖和胸部呈一条线的队列。

当时急行军训练一个是紧急集合，一个是公路徒步拉练。紧急集合，不开灯，声哨一响，5 分钟内，大家打好背包，排好队，在操场跑圈，最后，检查背包是否散架。徒步拉练，打起背包，在华北平原上，沿着公路，从早晨走到下午。

军队纪律养成的方法是吼军歌，叠“豆腐块”被子，晚上 2 人 2 小时轮岗放哨。

军训班照片　前排：霍志刚（班长）、马铁中、闫强、李卫民
后排：杨勇飞、汪长安、赵占芳（军队班长）、我、张雪舟

军歌，只有一个标准，嗓门不能输给另一个排，尤其是在训练归途、在排队等候进入食堂的那一刻。“豆腐块”被子，军队的班长亲授，如何用手把被子砍成视觉几何方块，线条棱角！相比较，轮岗放哨要痛苦得多。深夜，睡得最香甜的时候，会被上一轮的霍志刚，把嘴贴耳朵喊“老刘”，从被窝拽出。我迷迷糊糊穿上军大衣，和闫强一组去营房外的黑夜中值班。晚上值夜，只有远处女子连的岗位有灯。我们的大部分时间是对着天空的星星和地面上女子连的灯光发呆，偶尔看见距离女子连最近岗位的男同学串岗，听见短暂的说话声。

战斗技能训练是军体操和步枪射击。军体操，训练格斗体能。56 自动步枪射击，趴在野外训练场，持空枪练习反复瞄准，由赵班长检查瞄准姿势。最后是实弹打靶考试，每人 8 发子弹，3 个点射，后面是连发。遗憾的是，我只打了 2 个点射，子弹就打完了。

军营枯燥似生活沙漠，平时晚上熄灯号前，连队活动室主要是象棋，另外，还组织过一次篮球比赛，穿插了一点文艺活动。连长特喜欢和马铁中下象棋，两个人棋逢对手，一盘棋，几乎可以下到熄灯号吹响！清华跳高冠军王老师和清华附中钟明率领的混编篮球队以及教导团男球队，对攻精彩，王老师是清华队的篮板王，钟明是射手，最后，清华以微弱优势赢下比赛。

文艺活动，明星是环境系女同学许巍，专业级歌唱水平，如果当时具备 2000 年校园音乐氛围，女生版的水木年华早在 1987 年就诞生了。

作为军训总结，在郭磊庄操场进行了一次阅兵，整齐的队列、标准正步，视觉冲击力足以展现武力，配上机枪，几乎可以上战场。短短 1 个月，完全能将一

军训结束与 619 团合影

群学生打造为一支军队。

在这个世界，人赖以生存的，有土地、河流、五谷、空气，还有情感，女生对情感这种物质产量贡献最大。军训结束，从郭磊庄火车站返回北京，列车开动前，车窗里女生开始哭泣，像退伍一样，告别无法装到相片里带走、无法储存、容易流失的军营生活细节。

军训在国庆后结束，返回学校以后，在西大操场，举行了军训阅兵成绩汇报。随后，步伐整齐、军容整洁的队伍，脱下军装，开启了校园生活。

## 四、清华力量

贫困和苦难对人生有利有弊，有人沉沦，有人奋发。

清华，是我七岁时的精神寄托，将黄土高原赤贫山区的土坯教室和大理石清华礼堂相连，与“自强不息”校训相合，勤奋潜行改变命运。

四十多年前，清华是那导引着我走出茫茫贫困丛林人生的流水声，是我这个没有人生地图、向导的农村孩子福音，是迷路后沿着丛林流水方向走出困境的路标，像流水一样虽然绕来绕去，但绝不回头、走出迷途、奔向大江大河。

财经作家吴晓波说：“时代淘汰一个人不是因为他的年龄大了，而是因为他对世界认知能力停滞、好奇心丧失。”

当下清华这两个字，依然激励我成为这个金句的信奉者，坚持在科研一线，探索信息安全新技术、新应用，更新认知力、保鲜好奇心。清华力量，每天驱动着我创造 50 岁以后的各种新可能性，时间越久，积累的力度越大。

1992 年清华大学毕业照

**汪国庆（材料系 材 7）**

海南大学教授，博导。上海暄洋化工材料公司执行董事，四川暄洋新材料公司董事长。主研防腐防污防火涂层材料、微纳结构及 FRP 复合材料、高性能无机材料、工业废弃物循环利用等。

# 我的清华梦想、清华琐事

我出生在江西省彭泽县一个很小的乡村，虽然天生特别爱读书，被人称为“书呆子”，但是因为资源有限，小时候读的书很少。那时最能解决我对书的渴求的只有两个机会：一个机会是过年的时候，到亲戚家去拜年，我不像弟弟那样对吃的东西感兴趣，我关心的是别人家里墙上有没有贴年画故事和是不是有书，如果没有这两样的人家，我一般不去或者去得特别勉强；另一个机会是母亲偶尔带我上街购物时，我总是求她给我一毛钱找个小人书摊，把我放在那里，她去买东西，我可以坐在小板凳上埋头看书。

1982 年，已上完初二未满 12 岁的我，因母亲生病和年纪太小（太小考上中专不能上），在家休学做农活，这一年看到弟弟和邻居家孩子上学，我很是伤心难过。我以前听说的最高等的教育就是中专和大专，对大学完全不了解。1983 年夏天的某个晚上在户外纳凉，听大人们在谈论彭泽县上市岭中学有个叫作陈劲松的男生考上清华大学，听他们那种羡慕的口气，我觉得清华这个学校好像很厉害，就这样，我在黑暗中自己下定决心，一定要上清华。因此，休学一年后再上初三的时候，我的目标就从考上一个中专变成了考上九江一中，我知道只有考上好高中才有可能上清华。中考报志愿前后，家长和当初中老师的亲戚们都劝我考中专，转户口早赚钱多好啊，上了高中又不一定考得上大学（二姑父的弟弟 6 次高考也没有考上）。我和他们哭闹了 2 个月，最后还是在乡村中学的何声恩校长帮助下把志愿改成九江一中，我才得以读上高中续梦。还记得九江一中面试的老师问我，“你的志愿怎么涂改过？”我才知道应该感恩何校长的爱护之心，就这样带着去清华的梦想去了九江市最好的中学最好的班级（那时，九江一中每年只从我们彭泽县招生 8 名）。

从 1983 年的那个夏天算起，四年后的 9 月，我如愿考上了清华大学；第一次坐火车，就坐了 36 个小时，我是和高中同班同学王琦（他读水利系）一起到的清华，到了宿舍铺好上铺睡下，觉得床铺仍在摇晃，感觉火车还在开。还记得班主任王瑛老师来问我的情况，我不好意思地对王老师说，“能让我先睡一会再说吗？火车还在开呢！”

清华的学习生活有很多的乐趣，也因为到了清华认识了那个当年在家乡鼎鼎大名的陈劲松学长。他是水利系的，因为这些年彭泽县也没有人再考上清华，劲松兄后来还在清华读研究生，所以和他的交集很多，基本上回家和回校的路上都是受他照顾，一路听他讲他做的三峡相关的研究。他更是经常教导我要学好数学和英语，可惜我虽然也很努力，结果并没有期待的那么好。日子过得太快，劲松兄后来去了美国留学，联系就很少了，再联系上，他已经是美国大学的教授，要是他留在国内，肯定是三峡大坝建设的重要一员。

到了清华，进了自己填的第一专业，心里还是很满足的，但是和北京的同学比起来，见识真的不是一点点差距，虽然我已经在高中跨越了从农村到城市的差距，但是在见识和读书上和大城市来的同学相比还是差异很大，所以我尽量把时间放在学习上；英语的差距尤其大，特别是听不懂，感觉很尴尬，努力多年后，我的英语水准还是很一般，特别是重音和语感一直不好，这一点直到多年以后我到美国做访问学者才彻底调整过来。大学初期，高中好友也都到中国几大都市读书，同学之间的信件是少不了的，每次寄信时候，在信封上写下地址和 100084 的邮编让我很是觉得自豪。

到了北京不习惯的事情真的很多，北京的冷和干燥是我没有体味过的，特别是冬天那种枯黄的感觉，以前没有体会过；吃的方面很是不习惯，食堂里的馒头，吃两个都吃不饱。一个冬天过去，就发现自己的头发由乌黑变成了黄毛，人也长胖了，估计是没有控制好饮食。我们女生聚餐的日子不多，但是有一次印象深刻，我和老郎（同班程如烟同学，因为她和排球名将郎平有点神似，我们给她这个绰号）去五道口买羊肉，准备晚上几个女生去精仪系老韩（光 7 韩艳梅）男朋友（是清华年轻老师）宿舍聚餐。老韩是特别好的人，很照顾我们，给提供便利。火锅的炉子是一个小电炉，火力不够，大家为是不是要盖上盖子煮和煮多久才能打开吃争论不休。我这个从 5 岁开始做饭的人对羊肉需要涮多久没有概念，大家吵吵闹闹，很是好玩；我还能记得的就是那天的刀切羊肉是免费来的。在五道口街上买羊肉时候，小贩把切片羊肉交给我们正付款时候，突然小贩不要钱，拼命拉着小摊奔走了，我和老郎都被吓傻了，才发现是城管来了。在原地等了半个小时，也没见小贩再来，北京的冬天实在是冷，我们就回了学校，这样吃了一顿霸王餐。还有一次经历，也特别难忘，就是和小猪同学（我们班的女生杨璟）一起被她的男朋友请客吃“肯德基”，去前门中国的第一家肯德基店。对于我来说，太好吃了，还有可乐，都是以前没有过的体验，杨璟记挂她的妹妹杨琼，点了一块大鸡块留了准备带回去，放在盘子边上，结果我们吃得很欢，竟然没有发现服务生太勤快，把我们留置的鸡块当作垃圾打扫了。那份遗憾保留了很久很久，以至于到现在我只要一去肯德基就能想起那鸡块。

在清华还发生一件惊心动魄的事情。五年级时候女生宿舍从 5 号楼换到 7 号楼，住在 1 楼，偶尔发现窗户是可以拆下的（估计是前面的师姐的杰作），因为谈恋爱晚归和做实验晚归的原因，大家很高兴能够这样。我们宿舍里的 4 个人，分别是材料 7 的金磊和贺立，材 7 班的林欣和我，经常爬窗归来，一直平安无事。直到毕业前有一天晚上，半夜我听到我床铺（下铺）对面的贺立大喊一声“有人”，我惊醒后打开蚊帐一看，一个黑影拉开门往外跑，我们也追出去，结果那人还是从一个破了玻璃的门框中跑掉了。回到宿舍，大家都惊魂不定，分析研究是谁做这样的事情？不敢相信校园内会发生这样的事情。早上起来，从被踢翻的开水瓶确认昨天晚上发生的事情。我们吓坏了，也不敢和楼管说，第二天我到五道口商场买上长长的大钉子把窗户钉牢，我们爬窗归来的历史也就结束了。

在清华学习过程中，我找到了一个真实的差距，听专业老师们谈陶瓷上的成就，长安街上的高压钠灯关键材料是清华课题组研究出的，也喜欢上了实验室里面一遍遍单调的重复工作，还能经常熬夜通宵或者早早去把实验室的炉子烧上。实验室里面的设备高大上，记得黄勇教授（系主任）对我说，“你做这台热压炉烧结的实验时候，就是一张张 10 元人民币往里不停地烧的消耗”，让我对实验更生出无尽的崇拜和献身科学研究的念头。但是真到北京陶瓷厂和景德镇的陶瓷世界实习之后，感到科学研究和工业化的差距好大，看到实际工业中泥巴水乱流，工厂里到处脏脏的，就是个小作坊的感觉。再读邓小平的“科学技术是第一生产力”的论断，我的内心便种下一颗小种子，以后要做把科学技术变成生产力的事情。这个决心影响了我后面的所有决策行为，我因此在中科院硕士毕业之后去了一家应用型研究所上班，做应用研究，然后在稍有一点经济基础的时候，把上海卖房得 48 万元加上存款 2 万元开始创业“上海暄洋化工”，做钢铁防腐涂料的研究、生产和销售，为很多大型工程项目包括跨海大桥提供防腐蚀保护，在科技转化生产力的路上艰难前行，研究了一些具有特殊的高性能的绿色环保涂料，如“水性无机硅酸锌车间底漆”，将钢板预处理车间的 VOC 排放降低到只有原来的 1.3%；桥梁专用水性抗滑移涂料也是非常独特的产品，用在非常多的大型桥梁的关键连接面的保护上，改变了原有的不环保的措施。

在清华的学习生活中，“牲口”（特别厉害同学）如云，像我这样的普通人做到及时调整心态健康生活也不是一件易事。比如，刚到清华时候，英语和高等数学对我是很大的挑战，让我心生后悔，是不是来错了地方。在三教晚自习时候，偶然在走廊中看到报刊亭里有学长写的随笔之类，有一句话“清华一条虫，外面一条龙”，让我心生希望，想着怎么着也得坚持下去，从这儿出去之后没准能有容易一点的事情做。每天下午广播中“为祖国健康工作五十周年”的豪言融入到自己的血液中。2019 年企业的工厂被江苏泰州市政府动迁，从此可以不用操心金钱选择“躺平”过余生，大家都劝我不要再坚持做实业了，不要再建工厂，但是想到“为祖国健康工作五十周年”和在清华种下的“要做把科技变为生产力”的决心，觉得如果“躺平”简直就没有活过。因此又花费很大心思在四川省广安市找到一个化工园区，开始为自己的化工新材料实业的继续努力，虽然现在风险很大，但是总是要坚持下去，坚持下去，希望能作出一点贡献。

我是那种没有任何特长的群众，平时很羡慕学校运动队的成员，一直不明白有的同学（这个同学是同班的黄永清，后来成了我的先生）是运动队跨栏运动员，为什么要放弃？化工系体育能力很强，运动会的时候像我这种很渣的水平不敢报名；1988 年材料系成立，刚成立的材料系水准一般，所以我斗胆报名参加了系里运动会的 1500 米长跑，结果让我跑了个女子第一名，要代表系里参加学校的运动会。真到学校运动会的时候，我缺课去跑步，在操场边整队的时候，我好希望自己突然腿断了就好，实在没有勇气去继续校运会的跑步，但是就在这样内心的剧烈变化下还是坚持走到跑道，坚持跑完 1500 米。虽然我的成绩是第 9 名（清华只表彰前 8 名），但是那一天，我回到上课教室的路上，心情非常愉悦，这一次运动会的经历让我明白，坚持是能战胜自己的法宝，自己在个人毅力上得到升华，不会唱歌的我一路是哼着小曲回到专业课教室上课的。

在清华培养出来对科研的热爱，一直影响着我，所以在多年创业之后，我选择回到校园做一位大学老师，继续对科研的热爱。现为海南大学材料学院的教授，我的主要研究方向是防腐防污涂层材料、微纳结构及 FRP 复合材料等。在之前工作、创业和在海大当教师的过程中，获得过一点小成绩，曾获上海市徐汇区拔尖人才、中国船舶工业总公司先进工作者、上海徐汇区三八红旗手、上海市优秀技术带头人、上海腐蚀学会40年“突出贡献奖”等。

目前我努力在做好大学老师的同时，也继续做把“科学技术变成生产力”的实业，累但在努力坚持，希望有所创造，做出一点好的结果。清华一直给我努力前行的力量，清华人之间的互助、信任和不断进步的期盼，鼓励我一步步坚持往前。

**作者毕业照**

**作者近照**

**刘文（材料系 材7）**

毕业后先在天津工作，后到上海，曾供职于摩托罗拉、康宁、西门子、库柏电气、艾配克斯工具集团等。喜欢历史、旅游，现居上海。

## 清流材料气自华

丁卯戊申，吾辈入清华。秋高气爽，清流自芬芳。各路才俊齐聚华府，八方翘楚争相亮翅。注册入班，结识新友，工物74始立焉。未及熟识便赴军训，军装着身俨然守土卫士，自豪荣耀之情满于胸中。刻苦训练，争创佳绩，迎首长检阅，谓天之骄子勤文而能尚武矣！训练之余，文艺活动展才气，指挥能手，舞蹈交际，歌颂青春，寄思故乡，每逢空闲，急书家信，报之近况，又读老友回信，于其中得勉励之意。

既军训结束回校，全体已颇熟识，各人才能亦有发挥之处。学业之余，更有许多欢乐时光，系足球赛问鼎，校排球班级赛亚军，集体荣誉的欢乐犹在眼前。白天致学，严谨求真，夜晚恳谈，激情澎湃。时代召唤，青春飞扬。不负青春和责任，这应是得益于价值观相近的集体。

入学二年，材料建系，我班幸为材料系7字班之开端，至今过三十余载而同学情谊弥浓。期间每人经历精彩各有感动，虽无大成，却能守护真义，独善其身，且尽所能报家国及母校之恩。更多的还有沉淀下来的友谊。自毕业各奔东西，虽身处各地，也能大庆之际齐聚母校，开怀畅饮，追昔忆往，实属难得。各地同学常相聚，把酒言欢，微信互赞，不亦乐乎！

区区数言，未能尽述材料7之全貌，然吾班之谊犹如清流淌于心间，虽光阴流逝，其势未减而愈浓，感人肺腑，沁人心脾，正如朱熹《观书有感》诗句：“半亩方塘一鉴开，天光云影共徘徊，问渠那得清如许，唯有源头活水来。”正是清华母校的源头活水，引出涓涓活水，滋养追求真理的一方园地，培育出来代代俊杰。作此文以表对母校感激之情。

2021年9月30日

作者毕业照

作者当年同学照

**潘军（电机系 高7）**

现任职华控清交（清华控股，MPC 多方计算领域的领军企业），负责所有合资公司的技术工作。曾在华为工作 15 年，从事网络安全产业规划和解决方案设计。喜欢看书、台球、跑步、喝茶聊天。

# 我的母校我的班

当年，是我哥的一句话让我下了决心考清华，他说清华的五年是他最快乐的时光。现在我也可以跟我女儿照样凡尔赛一遍："清华的五年，也是我最快乐的时光。"

常说同学是一种缘分，与母校何尝不是？十年修得同船渡，园子里的五年，应该比同船渡的缘分要深不少吧？

那时传言清华的男女比例 7 ∶ 1（1993 年才攀升到 5 ∶ 1），考前自然顾不上这些，进了园子才感到有些恐惧。而到了班上，顿觉无力，33 人中只有四朵金花，7 ∶ 1 还高高的，无愧班名高 7。令人振奋的是，班上居然还成了一对儿！太给力了！

与高 7 结缘不能不说起分班，我猜分班的老师是有强迫症的金牛座（理工男多少都有点儿强迫症吧？）证据无比明显，33 人 32 个姓，只有一个是重复的！甚至其中有三个在新百家姓 TOP300 中都找不到！我们高 7 班一定是他 / 她姓氏收藏的杰作，绝对可以申请清华吉尼斯吧？

那时在招生的 30 个省市中，我们班来自其中的 20 个。有趣的是，30 年后的今天，我们分布在 20 个不同的城市，一如潮来潮往，冥冥中若有天意。

至于宿舍，也有奇妙的缘分在里面。清华的男生宿舍每间 6 人，我们班 29 个男生，很运气的是我所在的 315 房间只有 5 个人，多了一个铺位放行李。可为啥是我们呢？在宿舍排序里，315 前不着村后不着店呀？这么些年来我们一直以为是点兵点将的结果，直到毕业二十余年后的一次聚会，年级辅导员张老师才亲自揭秘。原来当年是他老人家分配的宿舍，很自然地把这个幸运签投给了自己刚刚毕业离开的 315。更奇妙的是，接力张老师铺位的孙同学，彼时恰在他的麾下。

虽说一分耕耘一分收获，有时也会遇上爱开玩笑的上帝。我们班酷爱足球，兼之高压传统，几乎每天的业余时间都泡在了足球场上，可最后只收获了一个白光杯亚军。而没怎么投入的篮球，却狂揽三个蓝光杯冠军。记忆中的色彩渐渐淡去，唯独点球决胜的一幅幅场面铭刻脑海。三十年后，大家喋喋不休唏嘘不已的仍是当年与白光杯的缘铿一面，绝少提及蓝光杯的无比高光，莫非得不到的才是最好并不仅仅指爱情？

另一个好玩的事儿发生在大一，我们班 317、315 两个宿舍包揽了全校宿舍评比的前两名！您没看错，是两个男生宿舍，全校的意思是参选的还包括女生宿舍。我们的诀窍是在五道口商店后面的小书摊买了十数卷墙纸，宿舍被铺天盖地地包裹上。一开门仿佛进了礼品盒，评审员们被震得晕乎乎的，那种美感简直太“暴力”了！每每想起，总有一种偷吃了美味的小愉悦。顺便说一句，317 赢在偷偷摆窗台上的那一小盆塑料花，太鸡贼了！

毕业时照例哭得稀里哗啦，以为从此天南海北难会面，相思只能托鸿雁。哪知世事如白云苍狗，互联网、高铁、“大灰机”接踵而至，哪怕远在重洋之外，也能半日即达。感情极好的我们，毕业二十周年，33 人到了 32 个，海外不管多远，全都回来了。这出勤率杠杠的！会不会绝后不知道，但至少可以算是空前了吧？

毕业后，我们班有 10 人在海外，占比 30.3%，略高于 2019 年本科出国深造的 24.6%。另一个数据虽然没有对比，但一定会让母校和老师们感到欣慰，那就是我们还有 15 人从事电力及相关领域的专业工作，占比 45.5%，为中国电力独占世界鳌头做出了贡献。其中有最年轻的正高、拿国务院津贴的专家、身居集团高位的领导……甚至还有“打入”美国内部成为实时电力市场专家！

快乐的时光总是那么短暂，离开学校才知世事艰辛，自带的母校光环其实也是一种束缚，不能奢望为之增加一丝丝光彩，却悻悻然生怕抹上一点点污渍。

离开学校的同时也就几乎离开了专业，幸亏学到的精髓还在，Keep curiosity, Keep learning。更幸运的是，遇到的校友都是半个故人，几字班就是接头暗号，母校和校友总是适时搭把手，沟沟坎坎的也就不那么难了。

压力也是一种养料，汲取了，才能成长。慢慢地，释然了，对于母校，不再有畏怯之心，更多亲近之感。近三十年后，按捺不住心中的情结，终于又回到了母校的生态圈，希望能为母校略尽绵薄之力。每天，看着办公室下方的南门，我们曾经出入学校最多的地方，不同的天气，闪回当年不同的心情。有将朝圣的忐忑，有喝完酒的酣畅，有离别时的不舍，也有闯世界的豪放。当年的少年如今平添了几缕白发，而绿藤满壁的南门，依旧那么平和、安详。是啊，学生之于母校，如鱼之于水，对于鱼，水无处不在；对于水，鱼始终在心头。

这，就是一辈子不能分割的，我的母校我的班。

## 苏波（电机系 高7）

1996 年赴美田纳西大学留学，获电机及工商管理硕士。先后在思科公司任主任工程师、高级项目经理。现任北美松下汽车系统公司高级主管，负责车载系统及智能汽车研发。现定居于美国亚特兰大。

# 忆青葱岁月

今年 8 月中从亚特兰大开车送孩子去纽约上大学。车上看着儿子对新的大学生活那充满期待的神情，不由想起了 30 多年前自己第一次从青岛坐火车去北京的情景。时隔多年，很多大学生活经历早已在记忆中模糊，发黄的相片里的人和场景也渐渐淡忘，但有些画面总挥之不去。有些经历可能潜移默化影响一生。

我是 1987 年考入清华电机系的，1996 年到美国读书并工作至今。记得当年第一志愿是清华建筑系，当时分数肯定没问题，但可能没有交一张要求的素描，阴差阳错到了电机系高电压专业，我们戏称“青蛙大学田鸡系烤鸭”专业。当时我对一个在建筑系的高中校友写生、画画、设计的生活羡慕不已，看着自己专业的十几万伏高压设备毫无兴趣，经常感叹命运多变。除了基础课外，专业课知识本科毕业时几乎都还给老师了。到美国后发现自己在本科学的基础课程为从事 IT 行业打下了很好的基础。反而在美国有些国内学建筑的朋友要转行到好找工作的 IT 行业是要费好大的劲的。真是祸兮福所倚，所以要感谢在清华电机系受到的基础教育。

清华的五年生活感触最深的是和来自天南海北、全国各地的佼佼者相互学习、相互影响、共同成长的一段难忘经历。大学是第一次离开父母独立生活。高 7 班 33 个同学来自近 20 个省、市、地区。东北人的豪放和幽默，西北人的淳朴和厚道，南方人的细腻和聪慧，让我慢慢体会和学习了怎样与不同性格的人相处。到美国后接触到了更多不同种族、不同文化背景的人，更让我懂得了 DEI（Diversity, Equity and Inclusion）的重要。“忽有故人心头过，回头江山已是秋”，附一张高 7 班同学毕业合影，想念同窗五载的兄弟姐妹们。

我们班男生对体育的热衷让我至今记忆深刻。记得每次系里足球或篮球比赛前，大家总要在熄灯后点着蜡烛开排兵布阵会，比对待期末考试还慎重。现在还可以回忆起孙立时、马晖、闫军、崔宏等开会时的认真劲。大学里很多时光都是在足球场上度过的。有时一踢就是三四个小时，肆意挥洒着青春无尽的能量。那时国内足球甲级联赛超热，有次和于洋晚上去看国安队比赛，比赛结束后地铁公车都赶不上了，没钱打出租车，最后和北大两个女球迷讨价还价让一个拉脚踏板车的大叔把我们送回宿舍。大学踢球的高光时刻是 1989 年代表电机系踢清华系级联赛赢得了清华冠军，记得第一场比赛还进过一球。赛后系党委书记李凤玲老师在六食堂给我们准备了庆功宴，每人还发了一套白色球衣。惨痛的记忆是在电机

1992 年毕业前拍摄于新修复的二校门

系白光杯比赛中点球输给高 6，很多同学难过地流下泪水。班主任金老师当时在场，自掏腰包让我们买个新足球重整旗鼓。大学里我们班是系里篮球三连冠，可最喜爱的足球项目却从没在系里拿过冠军。这可能是班里很多人当年的遗憾。附图是珍藏的一张高 7 足球主力在东大操场比赛结束后拍摄的相片。

前排从左到右：苏波、崔宏、范志勇、李侃宁、闫军
后排从左到右：于洋、杨勇明、胡辉、徐宏忠、马晖、孙立时
没在相片的：王诚东、黄从利、张骥、慕世友 等

在清华养成的热爱体育的习惯一直持续至今。到美国后打网球、高尔夫球，一周至少去三次健身房。这些在清华养成的爱运动的习惯也都传给了两个儿子。

其他有印象的清华生活的画面还有很多，校河的春色，荒岛的黄昏，荷塘的明月，三教的灯光，现在感觉一切都是那么似曾相识又有些模糊。现在宿舍不会是 6 个人挤一个小屋吧？ 手机的普及让下一代很难想象一座宿舍楼里只有一台电话，楼长整天通过喇叭喊人接电话的日子。周末食堂的舞会是不是早已被专业的舞厅代替？记得和同宿舍范志勇、余勇等周末去各大高校食堂跳舞，我的夫人也是去北大食堂舞会认识的。我要感谢隔壁作媒，给清华和音乐学院的学生提供了认识的机会。有趣的是孩子大了，几年前我和老婆又开始在这边重新学 Foxtrot、Waltz、Swing、Ramba 和 Salsa。一切好像都始于清华。

转眼毕业快 30 载，孩子们开始继续演绎我们的大学生活。孩子们的生长环境、文化背景和我们当年大不相同。想分享一下我们的大学生活经验和心得，却无从说起。感叹年轻就是资本，青春可以挥霍。让他们自己在生活中历练，从失败中学习，像我们当年那样自己慢慢成长吧。我们的青葱岁月只能和老同学们一起追忆了。

最后附一张去年全家合影，祝老同学们身体健康，生活幸福。盼疫情早日过去，大家早日再聚。

2021 年 10 月 6 日写于美国亚特兰大

作者毕业照

作者当年生活照

作者家庭近照

刘汉英（工物系 工物73）

现就职于美国通用电气公司。

# 第二故乡清华园

30年前，同学们各奔西东，无问西东中还有一丝牵挂和关注，弹指一挥间，却不知已过了多少春秋和日夜；力求成为家里家外的中流砥柱，却不知已付了多少辛苦的耕耘和追逐。

想当初看到清华园的介绍和名字，因这一个“园”字而心动，于是背起行囊来到了清华园。到了清华园见识了五湖四海的学林高手，可谓群英荟萃。第二故乡的清华园，培养了一个个求知求真的生命，莘莘学子在各行各业里开花结果自不多说。

同学情谊再叙说，心有灵犀自琢磨。
清华学堂勤学索，历代学子多收获。

第二故乡清华园的回忆里有很多生活里的点滴趣事。记得第一个月的军训，虽说那黑的馒头还得抢着吃，晚上站岗还得壮着胆子，害怕黑黑的那头会不会冒出什么东西出来，不过那时还算是少有的不用学习不用工作的美好时光。听说队里领导因为那些“长得好看又善良辫子长又长”的小芳，还认真讨论过是否需要剪辫子，以保证头发不露出军帽。

开学不久，到学校舞蹈队转了一段时间，我靠着仅有的一点灵感，为当时四个班里仅有的9朵新生金花编排了一个印度舞。当时系里的文艺队长，听说此事特地找来清一色的红绸做成统一的舞台服装，9朵金花一起舞，还伴有特色印度服装。当时系里那场演出还有另一节目是给班里几位勇敢的男生编排了一个集体舞，可算是二绝。以后几乎每年都会参加系里的舞蹈节目表演，也自编了一段与师妹的双人舞并得了奖，简单的学习生活里算加了一点色彩。

班里活动记忆犹新的是新生香山之游，班里的篝火野餐，学跳集体舞等。北方的包饺子对于出生江南之家的同学也算一新事，北京同学邀请同学们去家里包饺子其乐融融。虽说同学们没缘加入华龙一号的设计，可下面列出工物 73 班所有同学的名字来的一首诗，也有响当当的英雄本色。

英勇刚强武军森，伟国宗嵘远军胜。
华龙明晖志俊林，话旧谈新显上乘。

记得毕业前夕，在各班的联合晚会里，9 朵金花表演了舞台时装秀，各人把漂亮的衣服都找出来，搭配着让不同的金花穿戴上台表演，眼看着一件件漂亮的衣服在第二轮上场时都已被用完，只剩下一个特色斗笠和针织的宽松短袖，咋看也没觉得有时装秀的风格，只好硬着头皮即兴表演了一段斗笠舞，掌声、喝彩声不断。

第二故乡展现的还有刚柔并济的特质，刚是坚韧不拔的精神，柔是清华学堂荷塘大礼堂与历代学子相伴成长，犹如摄影作品里蓝天白云映衬下的年轻的音容笑貌。在第二故乡经历过的求知求真的心仍在探索，探索一个新生命的传奇。

30 年后，同学们各奔西东，无问西东外还有清华 87 级的守候。

**杨健（化工系 工化 7）**

1987—1992 年在化工系应用化学专业学习；1990—1993 年在中文系科技编辑专业获第二学位。1993 年到人民日报社工作，做科技采编 15 年，任评论员近 10 年。2019 年至今在互联网企业任职。

# 吃在清华

如果用一只 30 多年的筛子去淘洗岁月，最终剩下的会是什么？

在化工系工化 7 班的班级微信群里聊起这个话题，多数人的答案竟然是：“吃”。

多想一下倒也并不违和。1987 年前后的中国，还远远没有走出短缺经济。1988 年夏天价格闯关，抢购潮席卷全国，好多人家光是食盐就囤了一麻袋，唯恐价格一并轨，按市场价连盐都吃不起。

郭磊庄军训，跟人民子弟兵一起吃着清汤寡水的伙食，秀气的女生们一顿也能干掉四五个二两的馒头，还在蹿个儿的男生就更不用说。快开饭的时候，一个班（部队的班，不是学校的班级）的男生围着饭桌站定，钟同学眼尖，瞅见一盆菜里有块毛都没刮干净的猪肉，早早地把筷子架在盆边。班长一声“开始”，他就一个饿鹰扑食，飞快地把那块大肉叼入口中，周围的兄弟直看得敢怒不敢言。

学校的伙食自然比部队要好得多。十食堂的小炒，东区大学生之家的馅饼，都是脍炙人口的佳肴。即便是草根本色的九食堂，也不缺各种鸡腿和酱肘子，香气氤氲，让人直咽口水。

只不过这样的美味，绝不是谁都能吃得起的。更多的时候，大家都在中间排队，假装对左右两边的小炒和肉食窗口视而不见，老老实实地早上油饼，中午水饺，晚上炒菜或者面条。

从统计角度看，水饺可能算是南北咸宜、最受欢迎的品种。上午假如有四节课的话，一般不容易买上。这样一来，能在 11 点食堂一开门就去拔得头筹，成了令人幸福的事。饺子一两五个，饺子汤和辣酱免费管够。记得有一回我先打了六两，回到宿舍刚坐下就吃完了，一点没有饱的意思，于是又跑下去买了四两。呼噜呼噜把饺子汤喝完，兀自意犹未尽。一下狠心，“吃就好好吃一顿”，转头回去又买了四两，才算是了却一桩心愿。

大锅菜究竟有哪些花样，现在能记住的不多了。印象比较深刻的，有尖椒炒肉、木须肉、红烧瓦块鱼、芫爆里脊和葱爆羊肉，当然西红柿鸡蛋也是必不可少，只是没什么味道，很少买它。那时候的商品流通还在初级阶段，很多南方的蔬菜，像苋菜、空心菜、木耳菜甚至小葱，北京都难得一见。郭同学来自江南水乡，上大学前没见过肉皮冻，在窗口看着晶莹剔透的很有些诱人，就买了一份，又要了个米饭压在上面。端着饭盆回到宿舍，扒开米饭一看大惊失色：“咦，菜呢？我买的肉皮冻怎么不见了？”

当时班里从城镇和农村来的同学大概一半一半，家庭经济条件可能有好有差，但总体来说差别不大。每个月 18 元助学金以餐票的形式发下来，大家都挺珍惜。班里组织的踏青等团队活动，各人总要买些面包、果酱、火腿肠，有时还要带上一两瓶饮料。这笔开销很多时候就只能从伙食费里挤：一早去食堂买四个油饼，早上两个，中午两个，如此这般几天，春游或者秋游的经费就有了。

晚自习之后到熄灯的那段时间，是另一场盛宴的开始。这时候吃得最多的是方便面，通常是那种散装的，只有一个小小的调料包，盐、味精混着一点点虾皮，味道却是无比鲜美。廖同学偶尔会买上一瓶辣酱，估摸有 500 毫升大小，一人抠上一大勺，其他宿舍的同学闻到香味也会过来分享，往往不到一星期，就连瓶子底都用水涮干净了。物质的会餐结束，精神会餐接着开始，天南地北的美食在黑灯瞎火中轮流登场，伴着咕噜咕噜的肠鸣走进我们的梦乡。

等到国庆、元旦，真正的盛宴终于来了。用平时一份菜的钱，可以买到远为丰盛的菜品，八个人凑齐十几个碗，辅以啤酒饮料，大快朵颐。到最后实在吃不下了，就开始“老虎棒子鸡”地猜拳，输了的人接着把剩下的菜一口口使劲吃完。这时候，另一位不胜酒力的钟同学（不是军训抢肉吃的那位）会打来开水搓上热毛巾，挨个给大家洗脸，嘴里还不断安慰：“没事没事，你没醉。”

过节有时候也会去校外打牙祭，最过瘾的是涮羊肉。南门外的馆子里，羊肉号称四两一盘，每个男生几乎都要吃上五盘，即使分量不那么足，也是蔚为壮观。更何况总要再点些其他的配菜，吃完之后有时候会让人站不直身子。

“人民对美好生活的向往，就是我们的奋斗目标。”很多年以后，每当我们听到这句话，就会想起青春校园里那些对“吃”的无限向往。而跟这向往相匹配的，更有许许多多学习和奋斗。凭着这些学习和奋斗，我们一步步走近自己的目标，我们的国家一步步走向富强。

**张献忠（化工系 化 71）**

现在 Air Products 空气化工产品公司负责亚洲区能源管理工作。

# 一件虚惊一场的趣事

1987 年入学时我们化工系住在 12 号楼，当时一个宿舍住 8 个同学，4 张上下铺，中间摆 4 张两面抽屉的桌子。我是 315 室最后报到的，被安排到了靠门口那张床的下铺。可能是班主任赵老师分床位时看到我的名字叫张献忠，认为这位同学一定像历史上那位农民起义领袖，所以让我在门口驱妖镇邪。我多冤啊，其实当年我身高不到 1.55 米，典型的发育不良。父亲“文革”期间将本来叫张旭东的我改名成了张献忠，我姐和我弟也分别改成了张红卫和张光辉。

大约是大三下学期，宿舍进行调整，由 8 人调整为 7 人，黄式辉同学从 315 搬走了，这样我那个床位就理所应当地变成了行李堆放处。经过和“酒肉朋友”钟向宏的“软磨硬泡”，我转移到了靠窗那张原属于他的下铺，和赵劲松成了上下铺。我们宿舍除了丁展来自北京和梁鸿鲲来自河北怀来新安镇的职工之家，其他六位都来自农村，我们各自也成了老家心目中的有本事的人。这不，寒假赵劲松回到辽宁营口老家，一家乡镇农药厂拿了一份农药样品让他带回清华化工系帮检测一下成分、破解一下配方。老赵抱着回报家乡的热情把样品带回，并临时放到了我俩床头的架子上，等待找合适的地方去分析破解。某天，突然一声玻璃破碎之声响起，我们闻到有隐隐的异味升起，出于化工专业的敏感赶紧查找原因，发现床头有已破碎的玻璃瓶，明白是老赵带来的农药洒了。面对这白色粉末，我们尝试用湿抹布擦拭收集，但看到有烟雾冒出，觉得有危险就没有进一步“毁尸灭迹”，赶紧向系里老师汇报。老师们经过紧急磋商，让我们 7 个人立即搬出 315，到 313 或 316 另两个宿舍自由组合拼床睡（丁展回家住了），将 315 封闭等待处理。当年的我们真是淳朴可爱，同学之间谁也不计较对方是不是干净卫生，身上是否有味儿，很快就配对组合成功。张相立接纳我一起睡到了他的只有 90 公分宽的上铺，成了同睡上铺的兄弟。这样的睡法很方便夜谈，聊着聊着很晚才进入梦乡。系里紧急联系了位于昌平的解放军防化学院帮助解决问题。防化学院是我系的友好单位，不知大家还记不记得，20 世纪八九十年代每年在东大操场举办的“马约翰杯”田径运会都有防化学院应邀参加。防化专业的兄弟单位出手果然不凡，通过了解农药性状，派了个人穿着防护服戴上防毒面具用喷雾器在 315 一通猛喷，然后告诉大家，通风换气一天后即可搬回，人家体现出来的那种专业自信让我们崇拜得五体投地。我们 6 人和其他同铺同学“卿卿我我”两天后搬回了自己的窝儿，独自躺到床上还倒怀念起兄弟同卧一榻互吹乱侃的那两晚来了。专业的好奇驱使我们打听防化学院用了什么神奇法子，据说这种农药本身对人毒性不大，他们简单地用氨水喷洒，说是氨水能与农药主要成分反应生成无害物质。大家来顿时了一通感悟：“兄弟们，好好学习吧，生活离不开化工，我们可以大有作为。”

赵劲松可能是受此事件刺激，后来立志从事化工安全研究，现在成为了我国著名的安全专家，多次受环保部和安监总局邀请参与我国重大化工事故的分析处理，不辞辛苦地到全国各地宣扬安全生产和工程伦理理念。

作者毕业照

作者当年同学照

**曹葵（化学系 化师 7）**

现供职于中国人民大学附属中学，担任化学教师，高级教师，实验中心主任。主要从事实验室管理、实验课程开发与教学工作。

# 另类的化师 7

6 字班毕业 30 年，里面为什么有一个 7 字班——化师 7？化师 7 班是清华历史中一个另类，自然也是一个时代的终结与见证者。

另类首先就是化师 7 字班的化师班和清华的 6 字班一起毕业了。当时的清华都是 5 年制，只有几个师资班是 4 年制，因此，当别的 7 字班还要继续在校园学习一年的时候，化师 7 班就已经和 6 字班一起毕业了，当然这也就是数师 6、化师 6 两个班不能参加 6 字班毕业 30 年的原因。几年之后，清华新学制建立，5 年制统一缩短到了 4 年，几个师资班反而成了先导。

另类还体现在清华男女生比 4 ∶ 1 的时代，化师 7 班出现了 1 ∶ 2 的倒挂，当年很多同学走过化师 7 班上课的教室时都不禁会扒着窗户往里看，怎么这么多女生！这男女比例在理工科学校是绝对的前无古人后无来者，也是一道校园风景。据说师资班清华一共招过 4 个班，78 级的化师 8，1986 年的数师 6、化师 6，87 级的化师 7，化师 7 班就成为绝笔，直到后来清华有了文科专业，男女比例才走向正常化。

女生这么多，在秃子班林立的校园自然稀罕……毕业后，过半女生都是和清华校园内的同学结为伉俪。

第三个另类就是入校时全体同学有了去向，化师 7 班是海淀教育局委托清华代培的师资班，据说那时教师奇缺，中学老师有很多是高中留校生、大专生，急需大量教师，各地都在招教师。可是在经济高速发展的年代，没几个愿意做中学老师的，那年北京还专门进行了师范类提前高考来保证师范的生源，化师 7 班的同学都是提前高考录取的，而北京师范类提前高考好像也就搞了两三年。1991 年

全班郊游时，组化师 7 班号拍照留念

毕业分配进单位，自然成为各中学最早一批的本科生。

那时要拿清华师资班的录取通知，先要到海淀招生办签署委培协议，等于是先把自己“卖”了。因此毕业后除了个别人，都进入各个学校做起了中学老师，埋没在茫茫人群中，远不如其他清华学子风光。那个年代非师范院校毕业在教育系统也是另类。不像现在，越是有名气的中学，师范类毕业的越少，中学名校中的师范毕业生反而成了另类。时代的变化太快太剧烈。

不过上学时每个月有 38 元专业助学金，师资班同学们的经济状况可能是清华同学中比较好的，每月准时下发的助学金，支付饭钱还有剩余，基本上不用向家长要生活费。

第四个另类是同学们都住在清华西北边紧邻圆明园的海淀农校，距离化学馆并不算远，和住在 12 号楼的物化 7 班比起来，上下学路上还可以看看风景。不过这个农校几年前去看已经变了招牌，社会的发展让农业已经渐渐从我们生活中离去，不知道这点变化是不是正确。最开始圆明园不收钱，化师 7 班同学们的晨跑都是到圆明园，每天跑到正在复建的黄花阵迷宫再返回，看着黄花阵一点点建起来，里面的阵型烂熟于心，以致十几年后带娃再去黄花阵，可以很轻松地顺利穿行，娃很是惊奇——爸爸怎么知道怎么走？

很多老师不知道化师 7 班住校外。记得一次上什么课，好像在三教，距离宿舍比较远，有同学没有带书，老师让回去取，左等右等这个学生怎么还不回来，一问其他同学，才知道我们在校外住。之后又有同学没带书，老师再也不让同学取书了。

第五个另类就是所有同学都是北京人。别的班同学来自五湖四海，据说开学季总能吃到各地美食，在那个物质贫乏、交通不便的时代，我们对外地不但有陌生感还有憧憬。我们班都是北京人，回家就很方便，一到周末，宿舍就没有几个人了，并且宿舍还有非常住人口。

大一上军事理论课和中国革命史，让我们这些未来老师体会到什么老师是好老师。记得革命史课老师讲得非常有意思，好像是个校长，教室总是满满的，没人逃课。有一次临时换了个代课老师，讲得实在乏味，课间就跑了好多人，军事理论课更是如此，教官几次一换，水平差异不可言传。原来做个老师并非容易事，其中的奥秘只有做过了才知道。遗憾的是至今全班没有一个人能做到特级教师，没有成为最优秀的教师，或许几年后之中会有特级教师，无愧于清华的招牌。

**作者毕业照**

## 祁金利（化学系 物化7）

现任北京市统战部副部长、北京疫情防控领导小组副组长。曾任北京市大兴区委常委，延庆区委常委、宣传部长、统战部长，前线杂志社副总编，清华大学新闻中心副主任、电视台主编、学生部副部长、研究生工作部副部长、就业中心主任等。

# 有一种理想叫作“我想成为你”

记得有一位老领导说过，清华有师生“相亲”的传统。转眼本科毕业就要30年了，离开学校的时间也有十几年了。30年对于清华毕业生来说是个大年。刚毕业的时候留在学校工作，多次参加学长们30年秩年活动，总看到学长们与自己当年的老师相逢的情景，他们热烈拥抱，执手问寒问暖，宛如子女之于父母，让人感动。看着白发苍苍的老师们，我有时甚至不愿意我们的30年秩年的到来。

30年过去了，我们也都从青葱的少年变成了老成持重的中年人，也早已经完成了从为人子女到为人父母的转变，经历了从工作人员向各条战线工作骨干的转变，不少人还成了大大小小的管理者、领导干部。也许是不当家不知柴米贵，不养儿不知父母恩，经历了几十年的生活工作，更加怀念在我们入学之初，和我们朝夕相处，给我们无微不至关心的老师们。

1987年的9月，刚刚入学没几天，我们就穿上绿军装，赴张家口参加军训。当时我们的班主任是周蕊老师，辅导员是刚刚硕士毕业的尉志武老师。记忆里的周蕊老师，戴着眼镜，脸上总是挂着笑容，一举一动，一言一语，都充满着对学生的和善和关爱。周老师的工作非常细致认真，出发前要带的药品、衣物，都一一提醒大家。她为人也非常真诚，记得她也和大家聊起上学时候的军训生活，讲起当时的趣闻，一下子拉近了和大家的距离。她很少批评大家，性格随和，给人很强的信任感，大家有了什么事情也都愿意和她说道，我感觉她就像母亲一般。一年级之后周老师不再做我们的班主任了，但偶尔也会在化学馆看到，每次也都热情的聊上几句。后来周老师不幸患病，英年早逝。想起来让人唏嘘不已。我多想在30年秩年活动中能够和她一起在回忆当年的美好时光啊！

尉志武老师是个文质彬彬的帅小伙。对于我们这些刚入大学门的毛头小伙来说，硕士研究生那是非常令人仰慕的。尉老师就像隔壁家大哥一样，每天和我们一起早早地起床出操，陪着我们叠被子，参加夜间紧急集合，记得部队干部还表扬了他。他为人非常随和，很少见他生气，但配合教官的工作又非常细致周到。作为清华的高材生，在我们看来他就是博学的偶像，训练间隙我们常常围着他问大学生活里的这样那样。他也和大家嘻嘻哈哈地打成一片，不断地给大家讲各种有趣的故事。记得当时班上有的同学对哲学很感兴趣，还捧着大本的弗洛伊德的著作、尼采的著作研读，也时不时地向尉老师请教对这些哲学家的观点的看法。尉老师也没有架子，结合自己的生活思考，也经常探讨得不亦乐乎。我就是从尉老师身上第一次认识了什么叫清华大学的政治辅导员。“双肩挑”是清华大学政治辅导员的优势，果然在后来的岁月里，尉老师不但在科研上做出了出色的成绩，而且也成为优秀的党政干部。

时光过得非常快，军训很快结束了，一年级也很快结束了，我们的班主任和辅导员也都换了。从日本留学回来的李勇老师成了我们的班主任，一直陪伴我们到五年级毕业。辅导员老师先是李艳梅老师，她现在是国家教学名师；后来是邱显清老师。

李勇老师因为跟我们朝夕相处时间比较长，因而给大家留下的印象最深刻。直到现在李勇老师还在我们班级的微信群里。李老师虽然是个男同志，但工作同样是非常细心，非常耐心。那时候他也是刚结婚不久，逢年过节常常花时间陪大家，有时候还让师母包了饺子，给大家煮好了带过来。我们班组织郊游的时候，他与师母两人和大家一起游玩。他真是用心来做班主任工作的，把大家都当作亲人一般。

李老师待人非常真诚，而且非常包容。常言说，百人百脾气，30 来个人也是什么脾气都有。李老师每次和大家谈话都非常尊重大家，设身处地替人考虑，即使大家一时接受不了，也从不强人所难，而是不厌其烦地进行沟通。因为他同时也是一个非常负责任的老师，并不降低工作的要求，也不对同学放任自流，同学有缺点有错误，他也积极地履职尽责，帮助大家成长。我常常回忆起他认真地、友好地、耐心地说话的样子，从他身上我也看到了，什么叫思想政治工作，什么叫作润物细无声，什么叫作言传身教。后来李勇老师先后担任了化学系、清华大学第一附属医院、清华控股的党委书记，现在任出版社的党委书记。

邱显清老师作为辅导员，带领我们时间也是最长的。其实他当我们辅导员的时候也还是四年级学生。想想高我们三年级的同学就能当我们的辅导员，这个人得多优秀啊！这是当时给我印象最深刻的。用今天的话来说，邱显清就是神一样存在的高年级同学。他品学兼优，曾经获得过学校的特等奖学金。他个子并不高，似乎看不出有多高的体育天赋。但让我感叹的是他过人的毅力。靠着勤学苦练，刻苦钻研，他还获得了体操的三级运动员资格，是一名优秀的体操运动员，这让我敬佩不已。从他身上也让我看到很多清华人之所以出类拔萃，不单是天资聪颖，而且还具备优良的精神品质，来自于非智力因素。而辅导员做工作不光是靠思想工作，很重要的是自己的身体力行。邱显清老师过硬的素质本身就是非常生动而有说服力的教材。

抓学生的思想政治工作是辅导员的重要职责。在那个时代，校园里的各种思潮还是很热闹的，一会儿尼采热，一会儿萨特热，一会儿又是什么弗洛伊德热。学生当中什么托派（考托福）、麻派（打麻将）、鸳鸯蝴蝶派（谈恋爱），也是形形色色。要正确认识这个时代和社会并不是一件容易的事儿。同学们当中有着各种各样的思考和疑问。作为辅导员就要面对这些东西。给我的感觉，邱显清老师是非常注重思想政治理论方面的学习的，而且有着非常强的政治定力和辨别力。他花了很多精力和同学聊天，印象中和我聊天就很有多次。他说话很真诚，但并不失尖锐，特别是涉及思想问题。多少年后回想他的批评和建议，依然感到很受益。

到了五年级的时候，我有幸在催化教研组实验室做论文。非常巧，邱显清老师也在这里攻读博士，于是和邱老师的接触更多一些。他在老师和同学当中非常有威信。除了他政治成熟、学业优秀以外，还在于他平常的待人处事风格。比如他吃苦耐劳，对于实验室里面的脏活重活从不推诿；对于老师和同学的需要，他总是热情给予帮助；他心胸宽阔，从不计较个人的蝇头小利，不计较个人的得失，和他在一起共事，让人觉得心里很舒服。我从他身上看到了清华人的厚德载物、行胜于言。在以后的岁月里，邱老师逐步成为一个优秀的领导干部，这一点儿都不偶然。

30 年过去了，我们还有好多老师依然工作在第一线，依然生龙活虎，洋溢着青春的气息。想到老师们能够和我们一起欢度重逢的时光，这令我们非常高兴。

我越来越觉得清华之所以是清华，不仅在于有众多的大师，更有一大批专业素质过硬、道德品质优秀、对学生充满爱心的老师，他们让学生心日中种下了“我想成为你”的种子，是学生践行清华精神的鲜活榜样。

## 王倩（化学系 物化 7）

在美国南卡罗来纳大学化学系工作，从事生物材料化学、有机化学、生物有机及组织工程学研究，现为卡罗来纳讲座教授。曾在瑞士洛桑大学、美国圣地亚哥 Scripps 研究所做博士后研究工作。

# 十年点滴清华事、卅载难忘物化 7

我是化学系物化 7 班的一员，1987 年入学，1992 年本科毕业，然后在本系读直博，于 1997 年 10 月份博士答辩结束，在清华化学系拿到学士、硕士、博士学位。白驹过隙，转眼 30 多年过去了，午夜梦回，常常忆起清华园的春花秋月，还有当年有幸结识的良师诤友以及清华十年的点点滴滴。趁本科毕业 30 年之际，随笔记录一些当年的趣事，聊以纪念生命中最难忘的一段时光。

## 一、清华第一印象之“挫折教育”

我和史东辉同学是因参加化学竞赛被特招入学，所以没有参加高考，也有机会提前接触到系里的老师。

1987 年暮春集训结束，我们俩从集训地将行李扛到清华，准备暂时放在化学系馆里。从西南门进入清华园，穿过荒岛的荷塘，看着美丽的校园，想到这将是我们未来五年学习生活的地方，两人心中都不自觉地充满自豪。等到了化学馆，推开重重的馆门，闻到化学馆那特有的化学试剂的味道，看着门廊两侧清华化学系毕业的著名化学家们的照片，心里恨不得大喊一声：“世界是你们的，也是我们的，但是归根结底是我们的。”

系办的老师热情地将我们的行李放好，然后带我们见教务处的白广美老师。白老师生来一副非常严肃的脸，看着我们少年轻狂、豪情四射的样子，对我们说：“每个能上清华的学生刚开始都不知天高地厚，以为自己是天之骄子，但进入清华后才会发现自己就是泯然众人。很多人都因为受不了这样的反差和压力而出了问题。”

白老师后来说了许多鞭策、鼓励的话。我们心里也知道白老师是响鼓用重锤，担心我们弓满弦易断。后来和白老师接触多了，发现他面冷心热、善于用冷幽默来教育学生。但回到家里和父母聊起白老师的玩笑，父母立刻紧张起来。其实自从知道我被清华录取后，他们在高兴的同时心里一直非常忐忑。我读书的中学是东北林区山沟里的子弟学校，教学质量一直很差。比如我所处的年级，初三时一共 1000 多学生，能上高中的只有不到 300 人，而高考时理科班应届生考上本科的就只有 4 人。

父母都是我们中学的老师，历史上曾经教过一位特别优秀的学生，比我高几届的一个姓高的师兄，当年高考是我们延边朝鲜族自治州的第一名，被哈工大录取，那是多少年以来我们林业局的骄傲和传奇。但他到了大学后，因为学业、生活等方面的不适应，精神方面出了问题，不得不退学回家。我去清华读书，父母本来就非常担心我也会像那位师兄一样出问题。所以从我到清华的第一天开始，父母每星期都会给我写一封信，共同做我的思想工作。

为了省邮票、多写内容，他们选用最薄的信纸，正反面都写得密密麻麻的。同学们看到我每星期雷打不变的一封厚厚的家书，再加上信封上父亲漂亮的行楷，估计都在猜想我们父子之间如何大谈文学、艺术、哲学、人生（此处，请自行脑补《傅雷家书》），可谁都想不到我父母是想尽了一切方法劝我："60 分就非常不错"，"挂两科也没问题"，"如果心情不好，就离主楼、五道口、圆明园、化学馆远一点"，等。

## 二、倒数第二名的骄傲

军训回来开始上课，和同学们相处多了，心中的胆怯和自卑减少了许多，眼界大开：原来英语还分美式英语和英式英语、正经大学生也可以弹吉他、北京人挂在嘴边的"丫的"竟然有如此深刻的含义、东北那圪垯的"银"说的竟然不是普通话，而大学食堂里的餐桌竟然可以脏得如此理直气壮！

因为大家的英语程度相差很大，入学后需要分级考试。和许多同学一样，考试的第一部分的听力测验将我彻底打蒙了，整个测验，我就听懂了"Apple"一个词，只好用抛硬币来解决听力题答案的选择。等懵懵懂懂地出了考场，我还是没反应过来，搞不清楚到底是谁吃了那个苹果。

结果可想而知，我和班里十几位同学一起被分到英语一级，而班里有四个同学被分到英语三级，其他十几位分到了二级。

知道结果后，我心中其实非常得意：看了公布的成绩排名，我竟然不是最后一名！而是倒数第二名！走在回寝室的路上，兴奋地想尽快写信将这个好消息告诉父母，这太振奋人心了！我竟然有一科不是班里最差的！

这时候听到背后有人喊我的名字，一看，是同班的张学工同学。因为我们总在一起打篮球，所以关系非常好。他追上我，搂着我的肩膀，说：“兄弟，没事儿的。咱们这次没发挥好，别在乎，下次让他们看看咱兄弟的真正水平！”

我当时支吾道：“没错儿！咱们一起加油！”心里想的却是：“兄弟我不是没发挥好，是超常发挥了！要是我考出真正水平，那还有余雪平什么事儿！”余雪平就是当时的最后一名，是物理奇才，可惜天妒英才，英年早逝。不久以后，张学工果然在第二轮考试中发挥正常，升入高一级的英语班。

清华的数学课很难，我中学时又从没接触过微积分，所以第一学期的数学每节课都上得磕磕绊绊，刚开始的时候每道作业题都得请教同学。看到学得游刃有余的许多同学（如同寝室的李卫红），心中经常暗暗地嘶吼：“数学为什么不分级啊！为什么让我和李卫红这样的“牲口”在一起学数学啊！这不是把我往主楼的十楼上推吗！”

## 三、两任辅导员

“牲口”是我们大学期间的口头语，是褒义词，泛指在某一方面做得特别出色的人，那种大写的、能完成非人壮举的人。比如一个人不仅数学考满分，而且政治经济学也考满分；又比如某人天天早起跑一个 5000 米，没事干再跑马拉松；再比如某人高一上清华、3 年本科毕业、再用一年拿到硕士然后读博等。

而我们物化 7 非常幸运，前后两任辅导员都是在各个方面都做得极其出色的清华人。

物化 82 的李艳梅老师是我们的第一任辅导员，物化 84 的邱显清老师（我们一直称他“老邱”）是我们的第二任辅导员。他们在学生时期就是清华园里叱咤风云的优秀学生，后来都留校工作，成绩斐然，网上随便可以查到他们的成就，这里就不多说了。我最敬佩的是他们俩的为人，都是平和谦逊、正直而不做作、能力超群而不张扬。

比如老邱，他和你探讨问题的时候总是非常专注地听你说话，然后再讲出他的想法。他不会隐瞒自己的观点，但也从不强迫你接受他的观点；他会非常坦率地说出自己的缺点，但从不炫耀自己的成绩。如果你和他是初识，绝对不会想到他学业上是绝对的“牲口”，是清华第一次评选特等奖学金的四名获奖人之一。当时是研究生、本科生一起评奖，这可是清华大学里的万里挑一的人啊！

李艳梅老师是我博士时的师姐，多少年都是校园里的一道靓丽的风景。我最佩服的是她的口才：身为福建人，没有南方口音；无论是平时聊天还是大会发言，都能平静、清晰地表达自己的观点。清华百年校庆时她曾代表年轻教工在人民大会堂发言，我的父母看了中央台的直播，打电话对我说："你们化学系有个漂亮女老师的发言最有水平，那个风度比中央台的主持人还好。"

我心里得意，说："那肯定是我师姐李艳梅老师！"

我大一、大二是班长，所以和李艳梅老师有许多相处交流的机会。在我遇到困难时一直记得她的一段话："如果你的火车还有半小时就要发车，你人在清华园，这个时候你是要尽可能去赶这趟火车呢？还是在没尝试之前就放弃？这样的生活态度往往决定了一个人成功与否。"

她正是用这种态度去追求学术研究的突破：从最开始的红细胞膜的结构研究到磷化学，到后来的糖化学，她在种种不可能面前从未放弃。后来她的课题组做出一项世界瞩目的工作：用超分子组装的方法来提高寡糖半抗原的免疫活性。这是一项跨多个学科的研究成果，其研究设计之巧妙令人惊叹！

## 四、班主任

物化 7 的第一任班主任是周蕊老师，娴美平和，衣着朴素干净，举止温文尔雅，就是我小时候读《我们爱科学》杂志时心里所想象的大学教授的样子。她非常关心我们每个同学的生活、学习，对所有同学都一视同仁，和人交谈时总是和和气气，眼睛里含着笑。我当时经常和周老师一起谈班里的工作，直到今天还经常回忆起和周老师相处的一些零碎的小事。

我是到了清华才知道世界上还有酸奶这种东西。那时候校园里只有一种灰瓷罐的酸奶，味道非常好。同学消费水平普遍不高，喝一瓶酸奶已经是对自己的犒劳。周老师和我们谈工作，经常会请我们喝酸奶。在这个时候，她会显出清华小女生的样子（她应该是 1964 年考入清华化学工程系的），眼睛弯弯地带着笑，惬意地吸着酸奶，不紧不慢地和我们聊天。

记得第一次请我们喝酸奶，看到我手忙脚乱的样子，她对我说："王倩，你拿吸管的时候，要用两个指头拿在离吸管头两厘米的地方，这样手碰过的地方不会进到酸奶里，也不会碰到嘴。"

然后，她又顽皮地笑了笑："这可是将来找女朋友的必修课。"

周蕊老师是个非常棒的老师，她大四的时候给我们上的"统计热力学"，这是一门非常难的课，但周老师讲得深入浅出，条理分明。这也是我上大学后第二次惊喜于自然科学的玄妙与优美：同样是热力学的基本定律，竟然可以用截然不同的方法去证明！（第一次是大二时读过一本有关非欧几里得数学的书，突然顿悟了数学、物理及量子化学的联系。）

即使后来因为工作的关系不再是我们的班主任了，周老师也一直和物化 7 的同学保持联系，关心我们的成长和发展。很令人悲伤的是，她后来得了肺癌，不久就发现脑转移。

我那年暑假回国，代表班里的同学去清华校医院探望她。那时她的肺癌已经转移，基本上不见任何外人，但听说是物化 7 的同学，就强打起精神见我。我是和李勇老师（我们的第二任班主任）、尉志武老师（我们大一军训时的领队）一起去的医院。到了后，我们稍等一会儿，周老师的爱人将我们引进病房，看见周老师坐在轮椅上，衣着还是和往日一样朴素而干净、眼睛同往日一样弯弯地含着笑，就那样慢慢地和我聊着班里同学的近况，娴静而典雅。

那是我最后一次见到周老师，不久以后她就去世了。

“Chemists never die; they just reach equilibrium”。是的，化学家不应畏惧死亡，因为我们知道生命终究会回归热力学的平衡状态。

我们很幸运，二年级时迎来了第二任班主任李勇老师。李老师是北大的杰出毕业生，当时刚从日本留学归来，他有一辆从日本带回来的 21 变速的浅色自行车，在校园里骑行，像一阵风，像一缕阳光，朝气蓬勃。对我们而言他是老师，更是兄长、朋友。我们经常跟李老师开玩笑，说他不是清华毕业的，但比清华学生更像清华人。李勇老师的身上体现了真正的清华校风，在工作、生活中非常善于分清主次矛盾，有超强的逻辑思维能力，永远能冷静地分析问题，又注意小节，即使对工作琐事也总是踏踏实实、任劳任怨。正是因为有李老师这样难得的班主任，我们物化 7 才形成了独特的凝聚力。

而我最钦佩李老师的是他的正直。我和李老师私下里讨论过许多事情，他说的一句话对我影响极深：“如果遇到事情不知如何选择的时候，与其空谈大道理，不如从我做起，从小事做起，做一些实实在在的事情。”（大意如此）

在后来的 30 多年里，每当我工作、生活中遇到难题，我都会想起这句话。尤其在国际形势风云变幻的今天，反智主义和民粹主义的猖獗，在全世界范围内加剧了不同国家、不同意识形态之间的对抗与冲突，自己身居海外，家国两相忘、亲友各天涯，这句话更是我行事的座右铭。想不清楚时，就从小事做起，争取身体力行地做一些对社区、社会有益的事情吧。

## 五、12 号楼 205 的兄弟们

在上大学以前我的性格一直十分内向，在清华的十年，尤其在物化 7 这个班集体我找到了渴望已久而且陪伴我终生的友谊。

我们 1987 年入学时班里一共有 31 位同学，24 个男生、7 个女生。男生分在三个寝室，我们八条大汉一开始住在12号楼207，后来调整到205室。同寝室的江学忠同学大一下学期因病休学，后来转到物化8。2007年，我们入学20年聚会，有同学带着孩子们一起参加。我们参观12号楼时，当年的寝室已经被用作教工宿舍，十几平方的房间住两个人。

几个孩子看到205，大叫："这么小的地方怎么可能住得下两个人！！"

我们老同学们无言对视：可能？不仅可能，而且奢侈得很！想我们当年，七八个人一个屋可是一起住了四年多！

写到这里，觉得很对不起205的兄弟们：福建三明的江学忠、广东高州的熊兼勇、湖北荆州李卫红、安徽宿松段生权、江苏盐城朱凯培、河北秦皇岛刘伟、四川奉节陈劲松，还有来自吉林敦化的我。真正感情深了，反而没有那份才气将这份友谊写出来。

这里只写写我们的诗人刘伟，他大学毕业后分配去了北大考古系，后来就和同学们失去了联系。这里多调侃他几句，希望他如果有机会读到这篇逸事，能重新回归组织。

四五年的朝夕相处会让每个寝室形成一种非常独特的气质。我们205的同学都是从农村或小城镇过来的，来自秦皇岛的刘伟同学就是我们中唯一见过大世面的人了，所以他责无旁贷地肩负起沟通我们这个土里土气的寝室和五光十色的清华园及外界天地的重任。他的第一个外号是"诗人"。我们刚入学，他就经常捧着搪瓷饭盆，边往嘴里塞馒头，边大声吟唱：

从明天起，做一个幸福的人
喂马、劈柴，周游世界
从明天起，关心粮食和蔬菜
我有一所房子，面朝大海，春暖花开

从此我们知道了海子。

晚上洗漱完毕，其他人开启卧谈模式，讲些熄灯后才能出口的故事，刘伟就很痛心疾首，会突然大叫："所罗门的歌，是歌中的雅歌！"

我们大家都自惭形秽，立刻觉得自己不够高雅。然后听到刘诗人继续吟道：

愿他用口与我亲嘴；因你的爱情比酒更美。
耶路撒冷的众女子啊，我虽然黑，却是秀美！
他虽然白，但发挥不出来！

好吧，高！就是高！

结果一时间大家都纷纷走向高雅，觉得自己书架上没有几本“五角丛书”里的《台湾当代爱情诗选》《外国爱情短诗萃》《一个女大学生的手记》等就配不上清华学子的形象。

刘伟除了向我们普及高雅文化外，也经常半夜三更跑到清华大礼堂前和北大图书馆草坪上，去听校园歌手唱歌，然后回来鄙视我喜欢听的张蔷、李卫红喜欢听的高胜美、朱凯培喜欢买的《读者》和《青年文摘》。

## 六、外号

谈起外号，同学五年后很自然的每个人都会有个外号，但大多数都是从姓氏或长相演化来的，利用谐音或象形，冠之以各种动物名，技术含量实在有限。比如刘辰阳同学，我们2018年在上海小聚，我的女儿也在，这是她第一次见到刘辰阳，当时就很惊奇地对我说：“狐狸伯伯长得真像狐狸啊！”

瞧，一个连“狐狸”二字都不会写的美国中学生都能看出来的外号，实在有损清华人的智商和想象力。

但也有例外，我们班两个同学的外号非常有意思：“土溜子”李卫红和“强种”祁金利同学。

李卫红的外号来自于我们寝室的一次卧谈会。那一次大家谈起各地的治安，很快衍化为地域之争，每个人因为对自己家乡的浓厚感情，都自豪地声称自己家乡的地痞流氓是最最厉害的。比如我，就很理工科地列举了一系列数据：多少位高中同学被人开了瓢（东北话特指脑袋被打破），多少初中同学用菜刀将别人送进医院，多少小学同学被判了死刑执行了枪决，等等。

但最终，还是荆州土溜子的事迹征服了大家，卫红同学也就光荣地有了“土溜子”这个称号，或简称“老土”。

李卫红是我们班第一个结婚的人，夫人是他的青梅竹马。他现在和朱凯培同学一起致力于精细化工，尤其是液晶材料中间体的生产，事业做得非常成功，是该领域的执牛耳者。他的儿子是我们班的下一代里第一个结婚的，并给他添了个孙子。李公子结婚是在荆州老家举办的，我们寝室去了三位，朱凯培、熊兼勇和我，喝喜酒的间隙我们几个不约而同地在市内四处溜达，希望能邂逅真正的“土溜子”。但肯定是因为小康实现了，社会和谐了，人们素质提高了，我们都没有运气领略到传说中的“土溜子”的风采。

祁金利同学是一位多才多艺的人，不仅字写得好，而且写政论文章时可以下笔万言、一蹴而就，旁征博引、气吞山河。刚入学不久就在元旦联欢晚会上表演了自己创作了相声《武松打虎》，当时是和史东辉合演的，效果奇佳，若是稍加修改绝对是可以上春晚的水平。他说山东快书也是准专业水平。

物化 7 是典型的清华班级，大家都很热心于运动，而且每个人都有自己喜爱的项目。祁金利同学是河北正定人，酷爱武术，曾是校武术队的成员，除了各种武术套路外，他还一直坚持身体素质训练。为了勉励自己，他在床头龙飞凤舞地抄录了张伯苓先生的名句："强国必先强种，强种必先强身。"

同学们皆叹为观止，佩服祁同学善于用理论来指导实践，能牢牢占领理论宣传的制高点，于是"强种"就成了老祁的外号之一。

老祁毕业后留校工作，后来在清华大学政治学系硕士毕业，又拿到法学博士学位。他很长一段时间都在负责宣传工作，曾任前线杂志社副总编辑，有了展现他文笔的最好舞台。现在他在北京市委工作，但一直保持着对中国传统武术的追求，不忘"强种"之初心。

而我最佩服的是老祁写古诗词的功力，这里引他 2020 年 10 月写的一首《咏柳》：

谁家神笔，信手绘天地。莫道塞外春不度，羌笛吹处尽绿。
曾追季高赴边，羞杀芍药牡丹。百芳霜来踪灭，素颜临风傲然。

这首诗用词洗练洒脱、不拘格律，引典信手拈来却妥帖精妙。托物言志，尽显意境，深得古诗词的神韵，我是真心喜欢！

## 七、"I am a Soponge"

在清华读书时曾听过这种说法："清华大学藏龙卧虎。这么说吧，无论你在任何一个领域有多牛，只要午饭的时候跑到十食堂（现在的听涛园）前的十字路口一吆喝，你就能找到在那个领域比你更牛的人。"

对我而言没必要那么麻烦，不用去十食堂，只要走到对门寝室，找到史东辉，就可以达到目的，开始我的全方位求知过程。

史东辉是上海育才中学毕业的，我们相识在化学奥赛训练营，但化学在很长时间里对他都只是小玩闹。他中学的时候已经是全国高级程序员，玩中华学习机起家，而那个时候，大多数中学生都分不清计算机和计算器的区别。他英语入学就是最高的三级，说得一口流利的美式英语；他对音乐有极其执着的喜爱，是我们班许多人听英美流行音乐的启蒙人；他的动手能力超强，对许多问题，尤其是研究课题，总是有令人叫绝的奇思妙想。

最重要的是，他是一个非常正直、善良的人，其善良性格的一个体现就是对弱者充满了同情，所以能容忍我大一的时候成了他的影子，除了睡觉之外，几乎每时每刻跟在他身边，汲取各种知识、常识。

锻炼时我跟他练长跑，长跑时跟他学习如何呼吸，再一起报名参加运动会长跑项目；吃饭时我站在他身边，听他和李晖或其他高级英语班的同学们拽英文，讲一些大城市（特指北京、上海）的时髦话题，即使听不懂，也觉得自己的形象高大起来；跟他学游泳，尽管最后自由泳还是游得像狗刨；听他聊音乐，从此知道了 Simon & Garfunkel，George Michael，Pink Floyd 和 Dire Straits；从他那里借磁带，第一次听说中国还有“华语音乐排行榜”；而那一期的第一名是赵传的《我很丑，但是我很温柔》，第二名是姜育恒的《和往事干杯》，第三名是张雨生的《天天想你》，第四名是童安格的《其实你不懂我的心》，天啊，真真是华语流行乐的黄金时代啊！

老史在我的面前打开了一扇又一扇的窗户，我们于是成了战友，在大学五年一起参与了许多有趣的事情：一起去旁听研究生课，一起参加“挑战杯”，一起在实习时帮化工厂修复仪器，一起跑到别的班上电路设计课还撬走了那个班的奖学金、狂拉仇恨，一起帮别人编程、通宵玩游戏，一起加入了李永德老师课题组并共同发表了有生以来的第一篇学术论文、申请了第一个专利……

Simon & Garfunkel 有首歌 ——“I Am a rock”。我曾将它的歌词改了，来形容史东辉对我的影响（注：老史的英文名是 Stone）：

I do have need of friendship，friendship gives me everything；
It’s laughter and it’s knowledge I embrace；
I am a sponge；and he is a Stone,
And a sponge feels no shame,
And a Stone never dries.

我最佩服老史的其实是他的睿智。记得当时大家都非常喜爱崔健的歌，朋友们聚会，不喝啤酒是可以的，不吼两嗓子崔健的歌是不行的。曾经有段时间，突然有人质疑崔健的身世，说他是韩国人，家境优越得很，根本不是“一无所有”，大家其实都被骗了，云云。

我问老史他的看法。当时正好是午睡时间，老史边往床上跳（他睡上铺），边对我说：“他的歌跟家庭出身有个屁关系！听音乐又不是查户口！”

振聋发聩、快哉斯言！

现在社交媒体上的“鸡汤”“民科”太多了，少的就是这种理智的声音。

## 八、那些风花雪月的事

我们宿舍离九食堂最近。第一次去打饭就大开眼界，看见许多成双成对的情侣坐在堆满了鱼刺、猪骨头的餐桌旁边，卿卿我我——你喂我一口米饭，我喂你一口白菜——旁若无人。顿时鸡皮疙瘩和世界观碎了一地，心中充满了鄙夷：这哪里是纯洁神圣的爱情啊！这简直是精神鸦片！

但人在江湖飘，谁能不挨刀呢！当时不曾想到后来自己也会奋不顾身地投入了恶心广大观众的事业中，且乐此不疲。这就像 George Michael 的歌里所写：“It's natural，It's chemical，It's habitual，It's sensual”。生物学家最近也的确证明了，恋爱及失恋所诱导的信号通路和鸦片类的毒品所诱导的通路是高度重合的。

这里要记录一下我们班自己成就的三对姻缘。

大一的下学期，春风吹醒了清华园，催开了玉兰、连翘、丁香花，也加速了大一的少男、少女们的荷尔蒙的分泌。结果“五一假期”回来，我们突然发现班里的 7 个女生已经被订走了两位：钱晓青被张明军追到，而金光泽和我们寝室的陈劲松走到了一起。回想起来，大家又觉得不出意料：陈劲松刚入学就左手《新概念英语》、右手一把吉他，做足了孔雀开屏状；而张明军一到晚上就在水房里，用海南文昌普通话动情地吟唱：

只要你轻轻一笑
我的心就迷醉
只有你的欢颜笑语
伴我在漫漫长途有所依
春雨秋霜岁月无情
海枯石烂形无痕
只有你的欢颜笑语
伴我在漫漫长途有所依

咸鱼上树、家猫叹春；如泣如诉如诵、如梦如幻如真。所以早点儿把张明军嫁出去是非常有利于其他男生的身心健康的。

最出乎我意料的是我们班的第三对。1988 年的初冬，有一位同学偷偷地告诉我，说史东辉和向东在谈恋爱！这绝对是平地惊雷，我实在无法想象老史在我的紧密贴身防控下，在紧张的学习、锻炼、革命工作之余，怎么还能瞒着我、有机会、有时间、有心情、有胆量去找女朋友，而且还成功了，而且竟然是一个班的，而且班里很多同学都知道了，我却还被蒙在鼓里！

这使得我一度精神恍惚，觉得自己被自己的智商背叛了！只能说明不是我军不强大，而是爱情使得敌军变得太狡猾了！

这 6 位同学以身作则，成功地将我们的大学生活翻开了一个新的篇章，风花雪月很快就成了我们课余生活的主旋律。

据说 87 级的清华学生有 20% 以上的婚姻对象是清华人，我们班肯定是超额完成任务了。除了这三对，卢建平和曹晓平娶了清华的师妹，而段生权的妻子是清华的研究生，那就是另一段动人的故事了。最值得我们骄傲的是，这么多清华恋人从恋爱到婚姻，一直走到了今天，不知不觉三十多年过去了。而且他们都有了聪慧的下一代，将优秀的清华基因遗传下去。

## 九、逻辑思维与自行车

自行车是清华生活不可或缺的。无论是校长书记，还是大中小学生，无论是院士博导，还是扫地师傅、食堂大妈，在自行车方面都是平等的，那就是“好车不长命，破车万万年”。所以任何人第一次进入清华园，都会被那自行车的海洋所震撼：怎么会有那么多行姿百态的破自行车啊！

我的一个北大的朋友来到清华来看我，对我说：“其实所有清华的自行车都不用锁车。任何人需要骑车时顺手搬辆车骑走就行了。反正在清华，任何地点、任何时间都能找到无数破自行车。这样你们也不必怕偷车了，因为即使清华园里一半的车都被偷走了，剩下的车还是够覆盖所有使用需求的。”

这位兄弟有关共享单车的想法逻辑上是不错的，可惜提前了 25 年。

但我们当时的确利用缜密的逻辑思维拯救了许多个体自行车的命运。

第一个故事是史东辉同学的自行车。当时他为了讨向东的喜欢，买了一辆半新的 24 坤车，没骑几天，在光天化日下被人偷走了。那个时候大家收入都不高，所以自行车绝对是主要财产。我天天拜师老史学习各种技艺，这个时刻觉得自己应挺身而出，既然没钱帮他买，就得设法帮他找回自行车。我们一起分析事实、做出合理推断：

- 自行车是白天丢的；
- 偷车贼一般应是男性；
- 12 号楼离校门很远；
- 男性偷车贼应不敢骑着这么一辆小坤车大白天招摇过市；
- 所以车应该是被转移到不远的地方暂放，到半夜才会被运出校门；

– 但车子很可能被换了车锁。

于是吃过晚饭，我和老史出了门，一人拿着钳子、螺丝刀准备撬锁，一人拿着锤子用来防身，再一人一个手电筒，自近而远，挨个车棚找去。结果不出我们所料，在别的车棚找到了他的自行车，车锁已经被换了。我利用长期练出的撬锁手艺，一分钟内将锁撬开，俩人把自行车又“偷”了回来。

逻辑的力量啊！

我的自行车是刚入学时花了 125 块钱在缸瓦市旧车市场买的一辆 28 红旗车，车看起来不起眼，但非常好骑。车子陪了我 8 年，后来车钥匙断了，我就干脆不用车钥匙，每次用螺丝刀开锁。记得有一次妹妹来看我，几位同学一起请她到南门口的一家刚开的台湾餐馆吃饭。我们将自行车停在南门外的铁栅栏边。

妹妹看见我的破车锁，说：“你的车锁都坏了，也不怕人偷车？”

我吹牛：“别看我这车表面上是红旗，骨子里其实是飞鸽。就算被偷走了，它自己还会飞回来！”

吃完饭，我喝得酩酊大醉，出来怎么找也找不到自己的自行车，只好让同学把我和妹妹分别拉回宿舍。第二天，我妹妹从女生宿舍过来找我，问：“你的自行车飞回来了吗？不是飞鸽吗？”

我才想起来自己的自行车丢了，觉得自己丢车并不可怕，可是绝不能丢了我们清华人的脸，就开始逻辑分析：我的车比同行的几位同学的车都破，而且我的车锁的钥匙断在里面，所以没有理由偷车的人会瞄上我的车。又回忆起自己和妹妹吹牛时，似乎旁边有几位学生擦身而过，而且面带不屑，就跟我妹妹说：“咱的自行车当时是寂寞了，自己飞出去玩，有点儿找不到回来的路了。走，和哥一起去把它领回来！”

妹妹鄙视地看着我吹牛。

但没承想，我们果然在前个晚上停车的栅栏的另一边找到了我的车。估计是那几位兄弟也喝大了，看我跟女孩吹牛，就想帮校友一把，合力让自行车飞到了栅栏的另一侧。

当然，他们也相信清华学生的逻辑分析能力，知道我们能把自行车给分析回来。

## 十、厚德载物

我们的专业名很有意思：物理化学及仪器分析专业。清华在 1952 年院系调整时将许多理科、人文院系分出，化学系被连根移到了北大。1978 年清华大学在化工系恢复招收理科学生，于是将学校里所剩不多的理科化学力量统一在一起，有了前无古人后无来者的“物理化学及仪器分析”这个专业，至 1985 年 11 月化学系正式复建，这个专业就保留了下来。

我很喜欢科研，所以从一年级开始就去敲各个教研组的门，希望找到合适的课外研究方向，五年下来，几乎转过系里所有的教研组：跟周蕊老师研究过自行车电镀液，跟室友朱凯培一起在无机教研组烧过纳米管，跟李艳梅师姐在分析中心学习提取红细胞膜，在廖沫真老师的指导下做过量化计算。最终，是有机教研组的李永德老师在我面前打开了研究的大门，而我的一生也和有机化学结下了不解之缘。

由于历史原因，我们入学时化学系的平均研究实力非常弱，但所有专业基础课的任课老师的讲课水平都是顶呱呱的：讲无机化学的郑同老师、讲有机化学的刘庄老师、讲物理化学的薛芳瑜老师、讲量子化学的吴国是老师等等。他们讲课都是深入浅出、神采飞扬。今天我自己也成了教师，站在课堂里就会有一种使命感，希望能像当年自己的老师们一样对自己的学生有更多的正面影响。

系里非常重视本科教学。记得当时的系党委书记高鸿锦老师教我们“仪器分析”课的一部分，高老师是福建长乐人，口音比较重，所以有些同学听不懂，提了很多意见。当时系里也非常重视，和同学们座谈了许多次，高老师也主动道歉。这其实在清华很常见，学生、老师之间的交流是平等的。

记得大三时我觉得自己的英语只学到四级，水平还是太差，就按照自己的课表，找到英语系的范红老师。范红老师是四川女孩，娟秀甜美，为人随和，说一口糯糯的普通话。她当时在教 88 级最高水平的英文班（当时正在讲 5 级英语），我请求她同意插班旁听。范红老师没有任何犹豫就同意了。而她每周的英语听力课和本系吴国是老师的一节量子化学课重时，我就又找到吴国是老师（他当时是化学系的系主任），解释了情况。结果吴老师也没批评我不务正业，只是让我按时借阅同学的笔记，不要耽误了交作业，并没有因为我的缺席对我有任何意见。

这种平等对待学生的态度对我的人生观影响很大。所谓“厚德载物”，最根本的就是要有同理心，能平等地对待每一个人，这是清华赋予我们的财富，不应遗忘。

## 十一、每个人的清华园

很庆幸我们的学制是五年，而我留校读博，所以有更多的时间在清华园里生活。在清华待的时间长了，会觉得清华园本身是有生命的，是和自己呼吸相连的。

相信每个清华人都会觉得自己所经历的清华园是最美丽的，每个人也肯定有自己最喜欢的清华的角落：春天三教旁边的连翘和紫丁香、夏天荒岛周围的垂柳荷花、秋天清华路两侧的银杏梧桐、冬天工字厅前的翠柏苍松。

因为我没有午睡的习惯，刚入学时中午最喜欢去两个地方：圆明园和图书馆。当时的圆明园还没有大门，出西门或西北门很容易就骑车到圆明园里，在福海边随便找张长椅，读书或温习功课，心很容易就静了下来。而老图书馆的四楼曾经是外文期刊文献阅览室，我们大一时中午还开放。躲在角落，坐在重重的木椅上，随便翻翻厚厚的外文文献，会觉得自己走进了历史里面，心是自由的，思想也是自由的。

相信每个清华学生都会觉得自己的班级是最优秀的——对此我深信不疑，因为物化 7 卧虎藏龙，每一位同学都十分出色。

物化 7 在校五年，拿到了当年一个大学的班集体能得到的全部荣誉。毕业后，同学们的发展也是多姿多彩：有坚守在本专业在物理化学领域耕耘的刘剑波，有在有机半导体材料领域奋斗的卢建平，有考上了北大物理系的博士又转行生物统计的余雪平，有继续读中文系的双学位后来从事新闻、教育工作的刘继安，有读经管学院或去哈佛读 MBA 然后在金融领域工作的金光泽、陈劲松，有前面提到的政治学硕士、法学博士祁金利，还有已经得到化学制药界两次大奖的段生权……虽然不能说每位同学都是叱咤风云的弄潮儿，但至少我们每个人都在自己的领域里自强不息地努力工作着。

相信每个清华学子都会觉得自己的清华时代是最美好的——因为清华五年是我们生命中最绚丽的一段时光。那时我们会哭泣，但更多的是开怀的欢笑；我们会沮丧，但更愿意拥抱阳光；我们会失败，却从不轻言放弃；我们会迷茫，但永远砥砺前行；我们会沉默，却绝对不自甘堕落；我们有幻想，但更愿意付诸行动、不负韶华。

对我而言，清华十年给我的远远超过了清华园的良辰美景和印着清华校徽的三个学位证。物化 7 是这样一个优秀的集体，每个人都有许多精彩的故事，无奈“宵人才短笔砚疏”，只能随笔写下些零碎往事，聊寄对那段痛并快乐过的青春的怀念。

2021 年 10 月写于美国

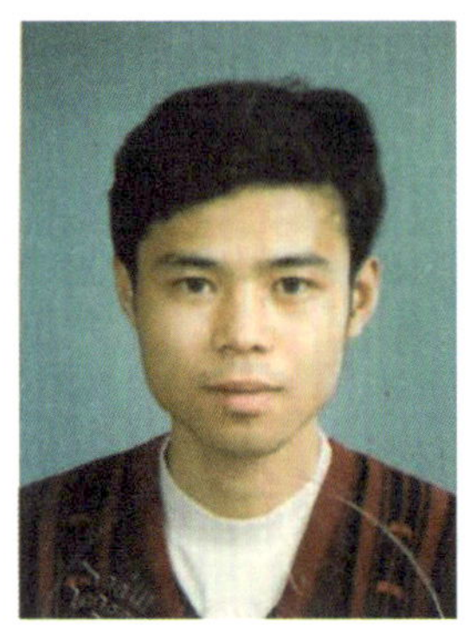

作者当年照

作者当年同学照

**傅强（环境系 环 71）**

桥牌国际裁判，世界桥联规则委裁判委委员、中国桥协国家级裁判，尝试将中国传统休闲牌类游戏向竞技化方向改造，使其成为智力竞技项目。曾任职于中国桥牌杂志社、联众公司、竞技世界公司（JJ）任职，担任《桥牌》杂志执行主编。

# 校园回忆点滴

## 一、阿六的生日

阿六的生日，也是我们“环已烷”的生日，说起来已经是 30 多年前的事情了。1987 年 9 月 20 日恰逢星期天，在郭磊庄的军营里，李春光同学迎来了自己大学生活中的第一个生日。生日正好赶在假日中，本来是很惬意的事，但那天上午阿六不知因为何故被班长或排长小小呵斥了一把，心情十分不爽，然而还是被我们几人裹挟着出去活动了。好像是在礼堂的后面，大家胡乱发了一通牢骚之后又胡吃海塞一把，乘着酒兴报了一下生辰，决定兄弟相称。洪江居长，称“阿大”，之后依次是吕斌、王雁晖、李金城、我和李春光，成为环 7 著名的“阿 ×”系列。由洪江提议，我们自称为“环已烷”，除了显示团结之意外，环者，环境系也；已者，六也。这个名称颇显示我们当时有限的专业知识。

当天我们就将这一消息广为散布并付诸实践，有事没事都反复地互相叫着，很快就在男兵连这边深入人心。女生们在开始的一段时间中搞不清楚代号和真人的对应，只能称呼姓名，大概在军训结束后一个多月吧，大家彼此熟悉了，也能朗朗上口地叫出“阿三”“阿四”或“阿六”了，这样一叫就显得比较亲切，而不是那么一本正经了。挺奇怪的，这里边的三个北京孩子分别居阿大、阿二和阿五，却很少有人这样称呼他们；而另三个外地同学阿三、阿四和阿六，他们的称号不久后响遍环 7，一直流传了下来。个中原因，可能是跟音调的平仄及响亮程度有关系。

年轻的岁月呵，青春飞扬。35 年弹指而过，如今见面仍然总是不假思索地唤出一声“阿六”，细细品味，往事不禁涌上心头。

## 二、清华的食堂与饭票

一本青春小说《草样年华》中说北＊大（实际上就是北工大）的饭票在学校方圆几公里都能流通，甚至公共汽车售票员找钱时都有可能给出饭票。这可能有作者调侃的成分，不过读至此不禁回想起自己上学时所用过的饭票。

清华的饭票印象中都是纸质，未用过塑料，并且在校外也未见过流通或代用，虽然清华的体量要大于北工大数倍。清华由于校区较大，宿舍、食堂也多，体现典型的计划体制，好像是不鼓励不同区域的学生串用食堂。西区主要为 3/4/5/6 食堂，共用一所巨大的建筑，朝西的是 3 食堂，主要供教工用；朝北的是 4 食堂，供硕、博研究生用。朝东的 5 食堂与朝南的 6 食堂供 1、2、3、4 号楼及新斋的学生用。回民食堂坐落在旁边。在东区，5、6、7、8 号楼中间是 7 食堂，9、10 号楼背后是 8 食堂，12 号楼对面路北是 9 食堂。略偏西一点在主干道尽头的是 10 食堂，很大；11 食堂则再靠北一些，与 10、9 食堂构成三角形。

各食堂用餐人数的流量主要是通过专用饭票来控制的，饭票设计得也挺神，非内部人员都搞不清一张饭票能当多少钱用。饭票主币印有“午菜”及＊食堂的字样，实际面值为 2 毛，这是只能在标明的指定食堂使用的，其他食堂不收。辅币印有“晚菜”及＊食堂字样，实际面值为 5 分，但它可以在不同食堂间流通。还有一些较小的辅币就不再“装神弄鬼”，直接写明“3 分”或“1 分”，也不分堂口了。唯一例外的是 11 食堂，它有两层楼，正餐外还接一些宴会，可以通收其他所有食堂的饭票。

这看上去是一个既有原则又不失一定灵活性的机制。不过我们上学的几年间是观念与形势都剧烈变化的年代，旧有秩序逐渐遭到冲击，或发生变化或不得不变化。首先是 4、5、6 食堂的饭票基本上就全面通用了，也是，估计大家都共用的是一个灶间，还分什么彼此。再之后随着物价上涨，买一个贵点的菜要点出一大摞“午菜”券，效率严重下降，因此 5 毛券就堂皇上市了，后来好像还有了 1 元的。这些新发币种就都不分食堂了。待我们走后几年又改用卡了，饭票也就逐渐走向寿终正寝。再往后，3、4、5、6 食堂也彻底合并，起了座楼，改叫什么“亚洲大食堂”了。

作者毕业照

作者当年足球队照片

邓双城（机械系 焊 71）

北京石油化工学院教授，从事机器人相关的研究。喜欢写诗。

# 水木湛清华：“和尚庙”里的诗歌与爱情

“一步登天”为湖南张家界景区的最高峰。辛卯年四月二十一日，我冒雨攀上峰顶，缓步而行，极目四顾，听雨洗长空，看万峰来朝，心怀为之一畅，遂赋诗一首：

人至最高方从容，纵声长啸傲群峰。
此身立定登天处，若是风来必化龙。

丁卯年的夏日，我们 87 级新生携带着大包小裹，历经长途跋涉来到清华园时，心情复杂得如同打翻了五味瓶。如梁实秋先生在《清华八年》里所说：“离开家乡，进入清华，好比人生的‘第二次断奶’。”有对新环境的惊奇和兴奋，也有对未知生活的惶恐与忧惧；但能够进入中国的顶尖学府，相信大多数同学的内心，更多应该是怀有《一步登天》诗中的豪情与骄傲，大家都期待着经过清华的洗礼，未来一步登天，遇风化龙。

时间似白驹过隙，转眼便已是 30 多年后。30 多年后的我，偶尔会有些许的疑惑：自清华毕业 30 年来，有多少同学已遇风化龙？有几多同学已借势成虎？诚然，87 级同学中涌现了不少精英，如同级不同系的杨斌同学现为清华副校长，龚宇同学现为爱奇艺 CEO，同级同系的张继红同学现任亦庄开发区工委副书记，唐盛弢同学现为启东中远海工副总经理。同班同学中亦不乏佼佼者，老班长孙洪源现为中招国际局级领导，老书记谭伟在家乡任局级干部，和我关系极好的涂卫东同学也成为了国企中通服的老总。然而，化龙成虎的同学仍属凤毛麟角，对于大多数同学来说，也许考上清华就是他们人生的巅峰，毕业后只是在平凡的岗位上兢兢业业地发挥着螺丝钉的作用。清华的神秘光环，似乎并未给大多数同学的人生带来一步登天的加成。

那么，五年的清华本科生涯，究竟给我们带来了什么？是精深的专业知识吗？其实，很多同学毕业后并未从事本专业的工作。就拿我们焊 71 班的 24 位同学来说，如今还在从事焊接相关工作的不足十分之一。我自己在高校工作，就丢了焊接，从事的是机器人相关的研究。当年在清华苦读五年学到的焊接知识，大多都还给老师了。

外国的 country 只是 country，中国的国家总是和家联系在一起的。母校这个词，全世界却似乎一样。它首先是一所学校，我们在其中学到日后赖以谋生的一技之长。它更是一位母亲，我们离开家乡的母亲，投奔了清华这第二母亲。母校教给我们知识，她更是言传身教，让我们在耳濡目染中，学到了她“独立之精神，自由之思想”。清华校名出自魏晋谢混的《游西池》：“景昃鸣禽集，水木湛清华。”清华园钟灵毓秀，草木得沾化雨，尚且既清且华。树犹如此，我们这群莘莘学子，在母亲身边日亲月炙，自然学到了她的高贵与优雅。这，也许才是母校赠予我们的最大财富。

正如我自己，在母校学到的焊接知识早已忘了，然而，作为一个爱写诗的工科生，历经 30 年的人生风雨，依然残存在身上的那点诗意，不正是当年清华园的月色洗染而成的吗？

## 一、清华有诗意

众所周知，清华是一所以工科为主的学校，在人文艺术方面与隔壁的北大相比，算是贫瘠之地。

清华人文在历史的长河中曾经群星闪耀。国学院四大导师梁启超、王国维、陈寅恪、赵元任，都是民国时期振聋发聩的名字，至今在清华园里仍能邂逅他们留下的足迹。在大礼堂草坪西南侧一个游人罕至的角落，矗立着王国维先生的纪念碑，由梁思成先生设计，陈寅恪先生撰写碑文。惭愧的是，在清华读书的近八年期间（在读完五年本科后，我又继续读了两年半的硕士研究生），我对此碑所知不多。反而是毕业后重返母校时，才关注此碑。如今每次返回母校，我都要到此碑前凭吊先贤，心里默念“惟此独立之精神，自由之思想，历千万祀，与天壤而同久，共三光而永光”。

清华中文系也曾是大师云集，闻一多、朱自清、钱锺书，都是中学教科书上如雷贯耳的名字。斗转星移，大师们已驾鹤西去，然荷塘边上，自清先生的白玉雕像仍正襟危坐，仿佛在吟诵着无边的月色；闻亭脚下，一多先生手握硕大的烟斗，似乎随时发出激情的呐喊。

1987 年我们入学时，清华人文已经不复当年的荣光。然而，不知道是不是因为校领导重视，还是是当时的大环境如此，清华人文艺术气息极为浓厚，一时反而有点欣欣向荣的景象，我偶尔甚至会怀疑自己真的是置身于一所工科院校吗?

印象中每次去图书馆或西大操场时，路过艺术团的教室，总能听到乐器排练的声音。当时的校艺术团极为红火。机械系压 7 班有位刘亚东君，给大家留下了深刻的印象。机械系在大礼堂举行迎新晚会，他上台唱了一首《浏阳河》。刘君的声音很好，却因为经验缺乏，没有跟钢琴伴奏合上拍，自己站在舞台上挺尴尬。后来他加入了校艺术团，经过几年的锻炼，成为了一个非常有实力的民歌手，经常参加校内外的各种演出。

学校当时开设了许多的全校性人文艺术选修课。教我们 Fortran 语言的卢应昌老师，就开了一门全校性的选修课“美术”。教计算机编程的老师，还能教美术，这本身就很让人惊奇。卢老师的这门课很受学生欢迎，我们班报名的人很多，但只有少许幸运儿选上了，同宿舍的涂卫东、丰驰就是这少许幸运儿之一。

我没有美术功底，没能选上“美术”，只好另选了两门。一门是“国外电影艺术欣赏”，主讲的是一位女老师。上课比较轻松，大部分时间都是在看有名的电影。《埃及艳后》《飘》，我都是在这门课上第一次接触。斯嘉丽和她父亲站在自家土地上的那个场景，曾让我年轻的心灵感到深深的震撼。

另外一门是蓝棣之老师主讲的“当代诗歌欣赏”。在课上我们第一次知道了朦胧诗。北岛、舒婷、顾城、杨炼、欧阳江河、梁小斌，这些 20 世纪 80 年代中国的代表性诗人，第一次进入我们的视野。在三教的前面，有人在卖这些诗人的诗集。我家在湖南农村，家里条件拮据，供我上学都极为困难。然而，当我看到这些诗集时，还是忍不住从本来就不多的生活费里抠下几块钱买了两本诗集。北岛的《回答》、舒婷的《致橡树》、顾城的《一代人》、梁小斌的《中国，我的钥匙丢了》，我贪婪地读着这些诗，就像饥饿的人扑在面包上。朦胧诗，给了我苍白的青春最初的滋养。

在快结课的时候，蓝老师为我们举行了一场诗歌的盛宴。他邀请来了许多诗人，课堂跟同学们互动。诗人食指朗诵了他著名的《相信未来》，他夸张的肢体动作给我留下了深刻的印象。诗歌三剑客中的海子、骆一禾当时已经仙逝，唯一在世的西川也来到了课堂。我请他在他的一首小诗旁签了个名。事过多年，那首诗我已不能背诵，只记得最后一句是“太阳照在 / 青葱的屋顶”。西川看到那首诗，有点小诧异，他说那是他早期的一首诗。他沉吟了一下，神情有点恍惚，似乎忆起了自己最初的时光。

课程结课后，我和同班的刘迺宸君都开始写诗。我只是偶一为之，刘君则比较勤奋，似乎时时刻刻都在想诗。他有一个本子，里面抄满了他写的诗句，可惜我当时没有记下来一两首。有一次我和他去颐和园划船，他突然想到一个好句子，还叫我帮着他记住。我读朦胧诗，有时感觉不好理解，刘君则似乎没有这个苦恼。迺宸后来去了美国，偶尔回国，我们还聚过。“中年心事浓如酒”，我知趣地没有问略有发福的他是不是还在写诗。

我写诗不刻意，灵感来了才写。五年本科，生活在全国顶尖的象牙塔里，个性恬淡安适的我，也没有觉得与别处的生活有什么不同。有了诗歌的陪伴，平淡的大学生活也添了些异样的色彩。在风雨如晦的黑夜里，我可以以诗为犁，犁开冰冻的夜，种一畦幽梦，一畦相思和一畦挂满窗前的月色；也可以在人情世故的红尘里，用长满青苔的诗行，一遍一遍敲打着，人间的冰凉。

在诗歌里，我们可以任意安放我们的青春。

青春如指尖的流沙，须臾便在风中落下；青春的脚印奔向远方，不再回来。30 多年后，回望清华园的青葱岁月，我的心充满幸福和忧伤。然而，当年身处幸福中的我们不知不觉。那时的我们，富足得只有青春；那时的我们，也贫瘠得只有青春。在诗歌中，我称之为“青春劫”：

白昼背离肩头
风赶着黄昏　寻找家园
午夜的月亮飘零在水面
脚印奔向远方
一棵树下的冬天
不再回来

梦倨立山岩
语言在一夜之间苍老
沉默的掌心
驶回一只放飞的帆船
载满沙粒和一颗
夭折的星星

青春丛林般的黑发
在落叶的敲打声里　锈迹斑斑

——《劫》

## 二、“和尚庙”也有爱情

众所周知，与隔壁北大相比，清华男多女少，有人称之为“和尚庙”。

“和尚庙”的称呼有点夸张，但清华女生少，我们作为亲历者是有切身体会的。机械工程系当年有焊 71、焊 72、压 7、铸 7 一共 4 个班，焊 71、焊 72 每班各 3 位女生，压 7 班 4 位女生。最惨的铸 7 班，半个女生也无，是著名的光棍班。平均来看，机械工程系的男女生之比大概为 8 ∶ 1。

谈情的资源极为有限，说爱的条件很不乐观，清华园恰如爱之荒漠。然正如歌德所言：“哪个少年不多情？哪个少女不怀春？”我们正处在情窦初开、心中小鹿乱撞的年华，自然有对爱情的美好向往。那时候中学阶段对学生谈恋爱管得很严，大家初入大学时基本上都是白纸一张，谁也没有更丰富的经验。既然都是不懂爱情的毛头小伙子，谈起恋爱来自然就幼稚得可笑。我就谈谈我们 7 号楼 310 宿舍的情况，权当对青葱岁月的忠实记录。

老大曾碧林，福建仙游人。老大因年齿稍长，心智最为成熟，思维比较缜密，喜欢打桥牌。他说起闽南话来，宿舍无人能懂。大家情窦初开，卧谈会不免谈到情爱之事。每每此时，老大都是作高深莫测状，一副过来人模样，似乎什么都明白，什么都经历过。他仿佛仙人立在云端，悲悯地看着我等凡夫俗子，让我等青涩小弟佩服得五体投地。然大学五年从没见他跟哪位女生谈过恋爱。毕业后老大回了福建厦门，有很长一段时间不跟大家联系。后听说是为情所困，人变得意志消沉。看来当初的明白人，原来最不明白啊。后来老大跟同学们恢复了联系，我还跟他通过几次电话。他现在状态不错，当初的明白人，总算明白了。

老二成文涛，北京人。当时从我的老家湖南衡阳到北京的火车要开 23 个小时。我来清华上学时，没要父母送，自己孤身一人来到了北京。在火车上一直没有座位，全程都只能站着。当我靸拉着拖鞋，红着眼睛来到清华的宿舍时，碰到的第一个人就是成兄。成兄祖籍是湖南蓝山，因而与我倾盖如故。第一次见面，他看我因熬火车而萎靡不振的样子，就让我在他的铺上先休息好了再去办其他手续。我不会骑自行车，也没有自行车。清华校园太大，有时上一节刚在三教上完英语课，下一节就要赶到校园西北角的化学馆去上化学课。我即使下了课抄小道尽力飞奔，也往往不能在课间有限的时间内赶到化学馆，迟到是家常便饭。幸赖有成兄，他知我不会骑车，就用自行车驮我去上课。五年如一日，风雨无阻，成兄的自行车后架没有驮过精致的美女，一直驮的是我这个糙老爷们儿。

成兄喜欢压 7 班一位行如弱柳扶风般的女生。每每在 12 食堂吃完饭后，他便默默地跟在那位女生的后面回宿舍，但从来不敢跟她搭一句言，说一句话。女生不经意间的偶然回顾，在他眼里都是“回眸一笑百媚生”，能让他欢喜一整天，从而在当天的日记里演绎出一大段唯美而忧伤的文字。总算成兄没有六宫粉黛，不然他只怕真要痴到说她们“全是庸脂俗粉了无颜色。”成兄的这段故事最终只是烂在了自己的肚里，唯有我和小涂几个死党知道，一直到毕业他都没有向那位女生表白。成兄毕业后去了美国，再回国时，已是携妇将雏，幸福满面了。

老三孙久红，湖北武汉人。孙兄人长得风流倜傥，我们宿舍两大帅哥之一，颜值比起现在的流量小鲜肉也不遑多让。从各方面条件看，孙兄都是我们宿舍中最有资格在大学期间谈恋爱的，用现在的词来说就是典型的“高富帅”，且多才多艺，足球能踢出刁钻的香蕉球。他喜欢我们本班的某位女生，在宿舍宣示主权，要我们都不能跟他抢，我们只有唯唯而已。但据我观察，五年同学，孙兄雷声大雨点小，一直也没采取任何主动的行动，似乎也只是暗恋。可惜了他的潇洒，遗憾了她的美丽，浪费了有限的好资源，也使班里少了一段爱情的佳话。毕业后，孙兄一直在奇瑞等汽车厂之间辗转奔波。他的家庭很幸福，有一对可爱的双胞胎儿子。

老四涂卫东，四川万县人。成文涛、涂卫东和我三人关系极好。同学们还曾给涂兄取绰号“大奔”，给我取绰号“小奔”。这是有一次看电视《西游记》，里面有一对小妖奔波儿霸和霸波儿奔，大概同学们觉得我和涂兄有诸多相似的地方，故以“大小奔”称之。那时四川到北京的交通极为不便，涂兄每次假满返校，大家都知道他是特定会迟到的。

涂兄算是正正经经地谈过一场完整的恋爱，对象是他在北理工上学的高中同学胥杰。大一时，为了排解心灵的寂寞，大家都纷纷给高中的女同学写信。一旦收到女同学的回信，一个个都激动万分。那时最幸福的事情就是一天同时收到好几封女同学的信。涂兄曾创过一个纪录，是一天收到六封女同学的信。当年的涂兄一激动就爱说 Shabby，收到六封信的那天，他不知道说了多少个 Shabby。他跟胥杰是一对欢喜冤家，两人经常闹矛盾，好了又吵，吵了又好，昨天吵架今天和，今天和了明天吵，我们也习惯了。有一次和好后，俩人围着颐和园昆明湖绕了一整圈，回来后涂兄跟我们说：“真累啊。”可我看他的神情分明不是累，而是幸福和炫耀。然而，“和尚庙”的爱情似乎有一个魔咒，就是成功率不高，涂兄与胥杰最后也没成。毕业后，涂兄先是回西南交大攻读硕士研究生，后来半路出家进了通信行业。涂兄充分发挥了清华人聪明能干的长处，现在已成为国企中通服的老总，经常上海、北京两头飞。只是不知涂兄在教训下属时，是不是偶尔还会来上一句 Shabby？

老六丰驰，贵州贵阳人。丰驰的母亲是贵阳剧团的当家花旦，他继承了母亲的优秀基因，人长得丰神俊朗，是我们宿舍和老三孙久红堪称伯仲的另一位帅哥。

丰驰有一个谐音外号叫“疯子”，平时行事潇洒自如，有楚留香之风。当时外语系也跟我们机械系一起上物理课。他喜欢外语系的 WXM 同学，为了制造接触的机会，他偷偷拿了 W 美女的笔记本，然后再去还给人家。这样的桥段，有点老掉牙了，估计现在的年轻人都不屑一顾，但在我们“大小奔”看来，已经算是色胆包天的大动作了，让我们咂舌不已。丰驰算是我们宿舍最疯狂的一位了，但现在看来，他其实也是很收敛的。也许是因为太年轻不懂爱情吧，丰驰的这段恋爱也是无疾而终，只开花不结果。毕业后丰驰进入了金融行业，很早就实现了财富自由。

我在宿舍排行老五，湖南常宁人。我心智成熟较晚，加上家庭拮据，穿着打扮都很老土，自然没有谈恋爱的打算。没有人跟我谈恋爱，我只好在诗歌中过过恋爱的干瘾：

春天的夜晚
是一颗欲说还羞的唇
唇边的幽香
是被月亮之镰
割过的春韭
愈割　愈生

——《春天的夜晚》

她的眼睛涨潮了
谁来抱紧满怀的涛声

——《看海》

是天空午夜梦回时
眼角的泪痕
轻轻一吹 就会坠落掌心

——《星星》

给我一张洁白的纸
记录春天的早晨
阳光在纸上
第一缕颤抖的舞蹈
仿佛在那悠长的小巷

你我擦肩而过时
彼此慌乱的心跳

给我你冰凉的手心
我要种下爱情的诺言
我要给诺言
一场及时的雨水

给雨水一片辽阔的草地
给草地一弯温情的月夜
给月夜一剪轻愁的背影
给背影一个星星般的眼神

——《给我》

然而，爱情女神竟然也意外地光顾了我。某次寒假回乡的列车上，我认识了一位C美女，互换了联系方式。回校后，有一次她到清华来看我，我把她带到了宿舍。我想削一个苹果给美女吃。可我一个农村娃，在上大学之前只吃过父母从集市上带回去的半个苹果，自然从未有机会削过苹果，更没有机会为一个漂亮的姑娘削过苹果。在漂亮的C美女面前，削苹果的小刀在我手中重若千钧，我越想削好，越削不好，不是削断了果皮，就是削多了果肉。老三孙久红见状，二话不说就接过了刀子，手法娴熟地为C美女削了一个漂亮的苹果，苹果皮还优雅地码在苹果上，一丝也没断。后来我带C美女参观了一下校园，就送她回去了。

没过两天，老四涂卫东给我带回一张明信片，上面写着“周六老地方见”，落款是CJ两个汉语拼音字母。我喜出望外，以为是C美女主动约我周六见面，心里非常激动。班长陈奕非常体贴地为我打理头发，让我以一个体面的姿态去约会，我当时对他格外感激。结果我到了约会地点一看，鬼影也没一个。我找了个公用电话，打通了C美女家的电话，她根本不知道这回事。我才意识到自己掉入了一个阴谋当中。这帮家伙，估计是嫉妒我找了个漂亮的“女朋友”，设圈套消遣我呢。陈奕是主谋，假约会的主意是他出的，并且亲自操刀写好了明信片，然后让小涂送给我。因为我还不熟悉C美女的笔迹，就上当了。其实我当时跟C美女只见过两三回面，还不是很熟。经过他们这么一搅和，这段“爱情”也就无疾而终了。

这事过去很久，本着“胁从不问，首恶必诛”的原则，我总是不肯原谅主谋陈奕。后来经不起小涂一再当和事佬，陈奕又一再道歉，我也就与他冰释前嫌了。陈奕君目前落户珠海，娶了个漂亮的湖南美女小熊，我曾去看望过他，受到夫妻俩的热情接待。说起往事，我与陈君相顾大笑，同浮一大白。

## 三、离开清华的日子

本科五年转瞬即逝，同学们劳燕分飞，奔赴祖国的大江南北。我继续在清华园苦读了两年半的硕士研究生，前前后后在清华园生活了近八年。本科写完诗，就藏之箧中，从未想过发表。读研时期，一次偶然翻出了旧作，就试着把其中的一首投了《星星诗刊》，后来得以发表。发表这首诗歌的编辑是叶延滨老师，现在是《诗刊》的主编，我现在还珍藏着他签名的录用通知。这首诗名为《致 L》，叶老师在发表时仅仅把题目改为了《致友》，也算是为五年本科生涯的诗与爱，作的一个总结吧：

如果生命注定充满苦难
就让我吞下那枚青涩的果实
转过身去
含泪倾听你的歌声

如果前途注定没有光明
我愿放弃太阳辉煌的历程
燃烧成满天星星的余烬
照你快乐地前行

你是爱歌唱的盲童
我是一枚锈蚀的风铃
拼命地摇动
却发不出任何声音

你是一位跛足的行者
我是路上的泥泞
努力托起
你艰辛的脚印

——《致 L》

离开清华后，我在京畿的一所高校开始了自己的苜蓿风味生涯。没有从事所学的焊接专业，而是从事医学机器人、人工智能、机器视觉相关的科研工作。对于诗歌的爱好一直没有抛下，后来还钻研了近体诗的格律与音韵，创作了大量的旧体诗词。我在《北京文学》《北京晚报》等杂志报纸上发表过作品，担任过中国网络诗歌学会的理事，结识了许多现在活跃在文坛的诗人，如洪烛、叶匡政、雁西、周占林等，有几位还成了好朋友。经人介绍认识了《中国，你的钥匙丢了》的作者梁小斌先生，相见甚欢。2003 年“非典”的时候，在一个名叫“飘雪”的文学网站上，担任过诗歌版的版主，并因诗结缘，认识了我现在的爱人。这，也算是诗歌带给我的一大人生惊喜吧。追根溯源，今日之果，其实早在清华园就已经种下了因。

熬夜写成这篇文章，神思恍惚之际，似乎又回到了清华 7 号楼 310 宿舍：老大正在钻研牌技，老二正在苦背单词，老三又在镜前用摩丝打理着头发，老四似乎又要怒吼出一句 Shabby，老五还在诌几句酸诗，老六还在琢磨怎么创造一次新的机会……

猛然之间，一阵喇叭声自窗外传来：“同学们，课外锻炼时间到了。走出教室，走出宿舍，去参加体育锻炼，争取为祖国健康工作五十年……”

惊吓之下，倏然清醒。还好还好，南柯一梦而已，喇叭声不过是路上的车鸣。自己身处斗室，既不是在清华的宿舍里，也没有作业需要赶交。

窗外晨曦未上，遂再闭目寻梦。然而，竟再也回不去了。

再也……回不去了……

**作者毕业照**

## 付正兴（机械系 压 7）

现任中国图书进出口（集团）有限公司技术总监。专注于利用人工智能、大数据等技术来有效整合图书出版业的优质数据资产，有效组织、挖掘内容资源。

# 我的大学

清华一直是我的梦，然而高三真的填写志愿的时候却退缩了，我的物理老师觉得可惜，再三鼓励，我才报了清华。那时候填写志愿是在考前，如果考试失手，情形将会完全失控。7 月考试，等到 9 月份的时候终于接到了清华的录取通知。

拿到的通知书是极简单的一页纸，还夹带了几张白底红字的行李标识卡片。那天刚好是黄昏，盲眼的爸爸妈妈知道后都非常非常高兴，久居人下的他们一直盼望着儿子能为他们带来些许改变，随便什么大学都足以安慰他们多年的期盼，清华的一纸通知已经是大大地超出他们的预期了。当天我们全家都没睡好觉，在 $12m^2$ 的蜗居里一直聊到了后半夜。然后就是父母为我张罗准备住校的行囊，母亲求邻居为我准备了一床厚厚的大红大绿的棉被，唯恐我在外冻着。虽然家境不好，爸爸还是第一次为我定做了一双三接头皮鞋，那鞋的样式非常老，却是我的第一双皮鞋。临行前，家里拼凑着给我带了几百元钱，我知道那就是我的一学期的花销。连省城都没有到过的我开启了人生的第一次独自远行，随着绿皮火车的徐徐启动，我的眼前模糊了。

十八九岁是一个奇怪的年纪，身形虽然长成而心理却还不成熟，未经社会历练的我，在清华园里迎来了自己全新的一页。压 7 班是个大家庭，全班 32 名同学来自二十几个省份，天南海北的聚在了一起，班主任林老师就是我们这个新家的家长。开学没几天我们就去了张家口进行军训，军训的强度很大，大家在军营中掌握军事技能、磨炼意志、调整自己的身体状态。每次饭前赛歌，大家都唱得十分卖力，哪个班的士气饱满就可以优先进入餐厅。大家的体力消耗很大，吃得都非常多，虽然饭菜做得也不精致，但是依然吃得津津有味。白天的训练挥汗如雨，挡不住晚上大家的悬谈会。在夜谈中大家更加熟识起来，一谈就是后半夜，虽然第二天还有高强度训练等着我们。当时大家的体力真好，年轻真好。

清华园里精英荟萃，一开始就给我带来了不小的压力，在英语分级考试中遭受到第一次打击，开始重新审视自己，从头开始。同学们都是来自全国各地的尖子，他们的知识面都很宽，他们的英语水平都很高，他们的爱好都很广泛，我顿时觉得自己要学的东西太多，往图书馆、自习室跑的次数渐渐多了起来。

一开始特别的想家，遇到了东北的同学就像是见到了家人。每天都盼望着收到来信，每到午休回到宿舍，看到别人手里拿着书信都由衷地羡慕。同学们一手托着饭盒，一手拿信，在宿舍间乱串，到处充斥着南腔北调。

在清华学习的课程非常多，五年下来我统计了一下学过的课有 74 门，因此学习是非常紧张的。清华的校园太大，最初的两年没有买自行车，搞得我十分狼狈，两节课之间休息时间太短教室距离太远，本来这节高数课在主楼，15 分钟后就要赶到化学馆，尤其怕上一节的老师拖堂，一下课就立刻背上书包向化学馆飞奔，文具盒在书包里响个不停。当我气喘吁吁赶到化学馆的时候，任课的廖老师已经开始上课了，浑身是汗在不断探寻中坐到了后面几排，经常是上了半堂课我还惊魂未定，真心希望教务处在排课的时候能够考虑到教室之间的距离。

第一学期，最不适应的就是这种走班制学习，以往中学的那种学生不动老师轮换的上课模式被打破了，我适应了好一阵子。清华的学习风气很浓，自习教室永远紧张，记得自己最爱去三教三楼自习，坐在那里感觉特别适应。

周末到了，身处大北京，想出去走走，就约了同学老应一起去动物园看看。大约一半是因为没有坐过公交一半是舍不得花钱，总之是走过去的。那时的白石桥路非常窄，上下行是两条路，被中间的两行树分开，在绿树的掩映下白石桥路特别漂亮。动物园很好看，就是回来的时候，我们都累得散了架。

清华园的环境十分优美，图书馆的墙上爬满了青藤，春天的时候大学生之家边上的迎春花永远是那么绚烂，从广播台附近的河边向西边望去礼堂在鲜花的掩映下特别的美。其实我最喜欢的是水木清华，工字厅后面的那一片小湖，夏天荷花盛开，我特别喜欢去湖边看书，记一些东西。朱自清先生的塑像就在那里，先生的散文我尤其喜欢，我一直以为那里就是他笔下的荷塘。后来听同学讲起其实真正的荷塘在荒岛，于是又迷恋上了荒岛，尤其是 7、8 月份的炎夏，蝉鸣阵阵，坐在荒岛的水边，想起朱自清先生从南面（应该是贴近游泳池东侧）沿着曾经的小煤屑路默默走来，想起那样的一个夜晚，那样的光与那样的影，还有那样婀娜的荷花，不仅为之神往。

广播台每天下午都会准时响起，呼唤我们出去锻炼，为祖国健康工作五十年。

操场上的人渐渐多了起来，从7号楼下楼经过9号楼去往东大操场，跟随大部队跑步，或者拉单杠（我的弱项），每次一身汗地回来冲个澡，然后在七食堂吃饭，上来会先干掉一瓶饮料，特别好喝。那个饮料瓶是烟褐色的，荔枝味，但无论如何也记不起是什么牌子了，毕业以后再也没有喝过那种饮料，仿佛这件东西凭空消失了一样，如今只有记忆中还保存着它的美味与美好。

大学时，特别爱唱歌，而水房的音效实在是好，于是一边洗衣一边唱歌。白天的学习比较紧张，夜晚熄灯的时候，同学们的夜生活开始了，躺在床上的人在交流今天的心得，有学习方面的也有校园里的七七八八的趣事，走廊里也有同学在健身或是切磋棋艺，“考托”的同学戴着耳机在疯狂地煲着“听力粥”……

压7班非常团结，全班同学成绩非常好，各种活动也不甘人后，在很多系里、校里的活动中都勇夺名次。二伟的成绩永远那么好，小谭清总是遇到什么难题一点就透，老鸭和翔忠永远那么直率而一针见血，老梁永远那么热情，老郭永远有那么一种长者的风范，骁忠的嗓门永远那么洪亮，老普的无线电修理水平都神了，老刘的吉他总是淡雅而有味道，张健在足球场上永远冲在前面，还有阿飞的舞蹈、老曹的表演都可圈可点，何导的小号嘹亮，姚做事永远那么稳重，percy和老应做事总是认真而执着，dreamer总是那么活跃，官山总是那么谦逊、大伟对什么都喜欢深究，老于总是做事充满激情，老大对诗词的研究相当有造诣，老樊的棋艺精湛，老五一直是豪爽而有主见，老九永远可以为我们带来欢乐，阿兵总是那么的儒雅，汝俊总是那么的细心而充满创意，小林总是那么绅士，还有我们四位聪颖、敏锐、美丽而温柔的女神，你们全都是那么的优秀，我从你们身上学到了很多很多……

五年的本科生活转瞬即逝，就在最后的7月里，我们送别了一拨又一拨同学，当时还没有手机，固话也很少，同学们的联系方式都不太确定，只能留下一处处家庭地址。大家也不太确定今生今世是否有缘再见，每一次握手再见都非常感伤，月台上一次又一次的分别，不同的列车把不同的人载向了各自的人生。戴上一副厚厚的墨镜，唯恐别人看到自己镜片背后红红的双眼。

前两天，因工作上的事在毕业多年后重新又回到了母校，回到我生活过的地方，远远地望着修葺一新的7号楼，眼中仿佛旧时的同学们还在走廊房间穿梭其中，耳畔似乎依稀飘来他们的欢声笑语……

唉，我的同学，我的兄弟姐妹，我们有幸在风华正茂的年龄相聚在一起，永远记得和你们一起朝夕相处的日子，永远记得焊接馆第一次包饺子，永远记得十渡的春游，永远记得颐和园的中秋节，永远记得水木清华边的清晨，永远记得纷飞白雪掩映下的闻亭，永远记得巍峨的礼堂，永远记得月光下的荒岛，永远记得大学生之家馅饼就蛋汤的美味……

漫步在学堂、水木清华、荒岛边，依然是旧时感觉，就在校医院南侧的那片树林里，我寻找了许久，始终找不到当年勤工俭学时种下的那棵玉兰，她到哪里去了呢？或许因为重新规划被移走了，或许我记错位置了……

一直感觉我的青春还有美好的大学生活，连同那棵娇艳的玉兰一起，将永远活在清华园里。

2021 年 6 月 2 日

**作者毕业照**

**作者当年生活照**

**梁立军（机械系 压 7）**

副研究员，现任清华大学街道办事处副主任，清华 87 级同学会秘书长，曾长期从事绿色大学建设工作。

# 运动重塑心态

无体育，不清华。

这六个字，带给我的是刻骨铭心的感受、受益终生的转变和阳光心态的塑造。

30 多年前的 1986 年，我从河北南部的一个小县城考入清华大学机械系。经过收到录取通知书的欣喜若狂、全校和全家范进中举式的庆祝后，我怀着依依不舍的心情告别家乡。乘坐了 8 个多小时的火车，终于来到了梦寐以求、举世闻名的清华园。

然而，天有不测风云，就在我开启大学生活的第二个月，我的身体出现了问题，一开始以为是感冒引起咳嗽，结果到校医院进行胸透检查并经会诊后，医生出具了令人沮丧的结论和建议：传染性肺结核，回家休学治疗。我的心情瞬时从高峰跌入了低谷，稍感欣慰的是如果一年内治愈，我还可以入学 87 级。

经过漫长而又短暂的一年居家治疗，经校医院体检确认初步治愈后，我重新入学进入了机械系压 7 班。然而，一年的居家隔离、病痛折磨、独处疗养，使我的心态从中学时的乐观、积极、阳光和向上，衰落为悲观、敏感而低落。

87 级的大学生活是从赴张家口 65 集团军军训开始的。在军训的一个月内，由于体质差、跟不上训练节奏，军训班长周宏伟体贴照顾我，给我安排了一个省力气的活：烧锅炉。看着大家在训练场上生龙活虎，背着枪械重装、野营拉练，排着队、唱着歌轮流进食堂就餐，我这个两鬓苍苍十指黑的“烧炭翁”心里甭提多自卑、多郁闷了。军训的目的在于体能练习、集体行动，不能和大家一起训练，表明我无法融入集体，我的沮丧可想而知。

军训结束返校后，由于身体尚在恢复期，校医院石莹大夫给我开了体疗建议证明。大一的体育课，我只能以体疗课代替。所谓的体疗课，就是在十食堂（今称听涛园）西侧的杨树林，几十个和我类似的同学跟着罗来芬老师练习站桩、八段锦、太极拳、拍打功等不太耗体能的项目。压 7 班是“优良学风班”和“甲级团支部”，全班不仅学习成绩好，体育活动也很丰富多彩。班里张健、王一兵喜踢足球，张健还是学校足球队成员，周飞、刘继华先后任学校舞蹈队队长，冯伟每天长跑几千米、一身腱子肉（人称压 7 猛男），张伟、郭培杰擅长游泳，于学东是冰上王子……而我像个冬眠的胖熊，整天只能从事着老年人运动。虽然大家并没有歧视我，但自己仍感觉像一只离群寡居的“病狮”，远离大家，不被接受。进清华后，我对学习成绩已没有追求，只要居中就知足了。那时我最羡慕的并不是谁的文化成绩好，而是羡慕大家上完下午最后一节课后飞奔操场，从事自己喜欢的运动项目。

从大二开始，在医生的建议下，我可以上体育基础课了。虽然跑步跑得没那么快、跳得没那么远，但我终于可以跟上大家队形了。这对我来说就是一个巨大的进步，说明我在体育上已经融入了压 7 这个集体，成为班里的一名合格成员了。从 1986 年第一次到清华报到开始，每天下午下课后的“同学们，现在是课外锻炼时间，走出宿舍、走出教室，去参加体育锻炼，争取为祖国健康工作五十年”大喇叭声，无不刺激着我、激励着我。经过两年的挫折和努力，清华啊，你的学子终于赶上来了，林老师和同学们，我再也不会给你们掉队了。人生就像长跑，虽然起跑晚了点，但我要从此开始，一点点追赶努力，开创自己的运动生涯。出汗的运动和不出汗的站桩截然不同，它能刺激体内合成出更多的多巴胺。每当我学习后累得头晕眼花、生活中烦恼遇挫，到操场上跑上几圈、出一场大汗就感觉好了很多。从大三开始，体育基础课改成选修课，由于申请不及时，当年我只能选没几人喜欢的举重健美。一年下来，在林泊荣老师的指导下，我的抓举和挺举总成绩比选课之初进步明显，拿到了大学五年所有科目中唯一的一个满分成绩。大四，我终于选上了心爱的乒乓球项目，跟着王欣老师，我的乒乓球水平提高了不少。运动给我带来健康、运动让我拾起了自信、运动为我找到了归属。从此之后，我更愿意参与班级的集体活动，也更愿意为大家做事，大家也更喜欢我了。记得大四那年，我还当选为班级的文娱委员，导演了《三色梦》参加当年机械系的“一二·九”文艺汇演，获得了三等奖。受益于体能的改善和充沛的精力，我的社会实践活动又进一步延伸到系外，从大四开始报名参加学校的学生治安服务队并成长为副队长。治安队打击扰乱舞会秩序的流氓地痞、骚扰女生宿舍的不法分子，维护学生安全，受到学校保卫处的肯定和表扬。

1992 年毕业留校工作后，我的运动习惯继承并保持了下来，并且进一步丰富了内容。除继续坚持跑步和打球外，我于 1995 年学会了游泳，除了仰泳不太熟练外，其他三个泳姿都熟练掌握。2010 年以后，北京的雾霾天越来越多，无论室内还是室外，运动只会让肺部吸入更多的 PM2.5。雾霾最严重的那一段时间，我暂停了跑步、打球和游泳，迷上了爬山。阳台山、鹫峰、九龙山、海坨山、灵山、百花山等北京周边的高峰，我利用周末时间几乎都爬遍了。站在高高的山顶上、头顶蓝天白云、俯视脚下笼罩在雾霾之中的高楼大厦，其愉悦的感受不是心旷神怡所能描述的。自 2015 年开始，北京的空气质量越来越好，我喜欢的四项运动因地制宜地交替进行，夏天游泳、春秋爬山、冬季长跑，乒乓球随时开打。为测试水平，有时也参加比赛，自由泳曾游进所在年龄组第六，乒乓球打进过全校教工前八，20 公里长跑平均配速 6 分之内。2017 年曾紧跟冯伟速度爬阳台山，爬升 1430 米，路程 13 公里，上下用时 2 小时 56 分。没被压 7 运动达人甩下，也算给冯伟一个小小的惊讶吧。

清华培养的运动习惯，不仅使我甩掉了“病夫”之帽，而且使我保持了健康的体魄，如今虽然已过天命，我的大部分指标都很正常，血压没超过 80 和 120，心率最低到 45。最重要的是，运动重塑了我的心态，使我更快乐、更阳光、更积极。这种心态无论对自己、对家人、对同学、对同事、对朋友，都是一种催化剂，催化出爱心、信心、细心、恒心和诚心。

感恩母校、感恩体育部、感谢压 7 班、感谢林老师和同学们！

**作者班级同学照**

## 李成（计算机系 计71）

来自陕西，毕业后进入政府部门从事信息化工作至今。曾荣获全国“五一”劳动奖章、全国劳模等荣誉，作为火炬手参加了北京奥运圣火传递。

# 重走校园路　再忆少年时

几年前的一个国庆节恰巧出差在京，百无聊赖间突然涌现一个强烈的念头：再回母校看看。于是说服当年的大学死党吴同学向家里领导请个假，暂舍一下儿女情长，陪我来次校园一日游。一路观景思旧、睹物忆人，随性拟此“游记”。

沿着西门绿荫道漫步，身处熟悉又陌生的校园，我俩开始尽力修复尘封的记忆，幻想着能回放一两个浪漫片段。于是，我们来到路边一张长凳边呆立、凝视、假想……后来，旁边的吴同学终于受不了了：别装了，咱们那时还根本没有摆这些长凳呢！一语惊醒梦中人，作罢！

邮局，现在看上去有点破落的邮局，每月的零花钱可都是从这儿取出来的。那时也算懂事，每笔开销都在小本子上记清楚，准备着假期回去向父母汇报。算下来当时一个学期其实用不到几百元，但真的很能体谅父母赚钱的不容易。

清华校园是大师高人云集之地。随便遇到一个提着布袋子或挎着菜篮子的人，可能就是个学术泰斗、科研巨匠。这位老者会是什么人呢？看着他稀疏的白发、略显佝偻的身姿和写满慈爱的面容，心中不禁涌起一种暖暖的感觉。当年的老师们，无情的岁月也让你们变成这样了吧，你们还好吗？

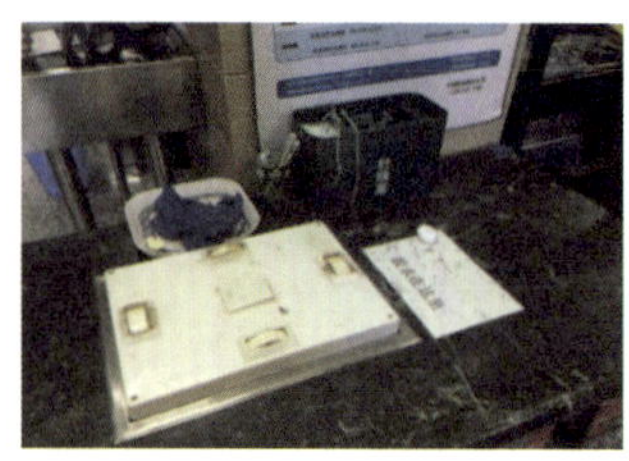

当年没有手机和互联网，一封封家书带着我们对亲人朋友的牵挂，我们会在这里贴上邮票，寄出乡愁……

照澜院，最有生活气息的地方，我们当年可没少光顾此处。遇到谁的生日或交了新女友之类的好事，大家就一齐起哄让他做东来这里“撮一顿”。

刚好是午饭时间，我俩便在照澜院校园餐厅，专点了当年在食堂百吃不厌的鱼香肉丝。味道依旧让人痴迷而且分量挺足，关键是价格亲民，强烈推荐！

酒足饭饱，来到一教。当时这里是电教室，很多课室配备有电视机，一到周末，这些技术资源得到最充分的利用，我们在此处没少看过录像片。印象最深的是有次播一部英文原版片，可能担心大家听不懂，有一个志愿者拿个话筒在旁边有一句没一句地当起了同声传译，那个别扭啊，结果很快就被大家毫不留情地轰了下去。

这个地方印象最深刻。亚运那年的一个上午，我们正在此处上大课，我有点走神打盹，感觉声音有点异样，一睁眼看到刚刚满满一屋子的人瞬间少了一大半，再一看才知道，同学们几秒钟功夫就逃离座位，迅速聚集在室外这个台阶下。我这时才稀里糊涂跟了出去。原来刚才是大家都感觉到地震了，而我却一点儿反应也没有。真的是天生愚钝没慧根啊！

这里算我们的中央公园吧。据说上世纪八九十年代那些著名校园歌手常聚于此弹唱、对练。我没遇到过这些高手，但那时自己正对吉他有兴趣，所以每次经过时，总会留意到有几个吉他手们盘坐草坪在放声歌唱，当然周围必定还会有若干长发飘飘的女生目光痴痴、柔柔和唱……这画面简直让形单影只的人们不忍目睹。

学堂前几个学生模样的在摆造型拍照。我们两个大叔模仿他们的样子要要酷吧，谁让我们沧桑的外表下有一颗“骚年”的心呢？

这老图书馆，虽说小点矮点，但为啥就是比旁边的新馆耐看呢？

爬山虎当年没这么多吧。疏于修剪还是就要这种效果？一定是想提醒我们啥叫岁月蹉跎。

国庆节了，这些车的主人们你们怎么还这么刻苦？致敬！

其实，我当年要是也这么用功，成绩会不会再好点呢？

二号楼南边的草坡，很美但很陌生。应该是后来修建的吧，但也实在想不起当年这儿的原样。后来听说这里叫“情人坡”，是上世纪 90 年代李健等校园歌手弹吉他唱歌的地方，也是现在校园小情侣们最爱去的地方。

我们 87 级校友的捐赠物——青桐林。当年我们一群人跟着胖胖的体育老师在这儿练太极拳。那些套路早忘了，但其中一位学员我可记得，就是被领导摸着头说“计算机要从娃娃抓起”那位神童。记得他其貌不扬、言语不多，但听说是少年班特招，然后两年读完五年的课，然后直接被美国名校录取，然后直接被盖茨看中，然后在微软研究院……牛得说不下去了。

东大排球场，泥地变塑胶了。“同学们，课外锻炼的时间到了，走出宿舍，走出教室，参加体育锻炼，争取为祖国健康工作五十年。”每天下午四五点钟，随着校园广播响起的这段声音，不管哪个系的，不管认不认识，也不管老师、学生，大家陆续赶来，凑齐一圈就开始垫、传、扣。有位满头银发的老师经常会在这块场地与我们对打，而且手法细腻、身手敏捷，常引来阵阵喝彩。不知他现在可好？

东大操场旁边的网球场还是那么简陋。当年就是立志能到里边打场比赛，所以花 20 块钱买了一把二手木头拍，每天下午去主楼西侧对着那面墙抽球（期间多次被里面的老师警告、驱逐）。尽管直到毕业也未遂心愿，但这里确实是我打网球的启蒙之地。

提供了五年伙食的八食堂是我们最该记住的地方。但看来这个机构也升级了。当年专业研究我们“肚子”的师傅们，你们现在全部是在研究“量子”吗？

这是我们的窝——9 号楼。早已成为校后勤部门办公室了，而且听说马上要拆掉了，到时每块砖还要拍卖给系友们。强烈反对拆楼卖砖，坚决支持拆楼送砖。谈钱伤感情啊！

女生楼，我们的邻居，当年让很多男同学惦记的地方。现在旧貌换新颜了，正如我们的女同学们吧。祝你们青春永驻！

通向西主楼之路。毕业设计就是在路尽头的实验室完成的。那天顺利通过毕业论文答辩，教研组老师们为我们举行庆祝会，还专程从王府井新开张的麦当劳那里买来汉堡包（那可是北京乃至全国第一家门店），这待遇……感动得我和张教授（此人博学多思诲人不倦在班里被尊为教授）即兴吼了一曲“Sailing”以表谢意。

吴同学说想在这块公告栏上找找有没有哪个食堂晚上会开舞会。够幽默，但别骚动，忘了我们已是中年大叔了！而且，也不想想现在是啥年代了。

夜幕降临，我们也该走了。母校之于我们是摇篮，我们之于母校是子女。我们终将五湖四海各奔西东，但那割舍不去的情愫，却如一条看不见的线，时时将我们的心与她拉近。

再见！（此处哽咽，略去 1 万字）

**——后记——**

将游记发了朋友圈求共鸣，结果引发吴同学的感慨，作诗一首以示才情。不过他为何还想着要追蜂引蝶呢？

想必我们虽已年过半百，但只要初心常在，那就永远风华正茂！

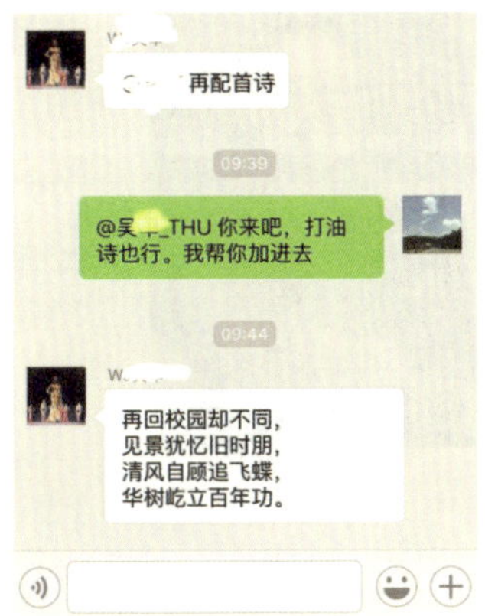


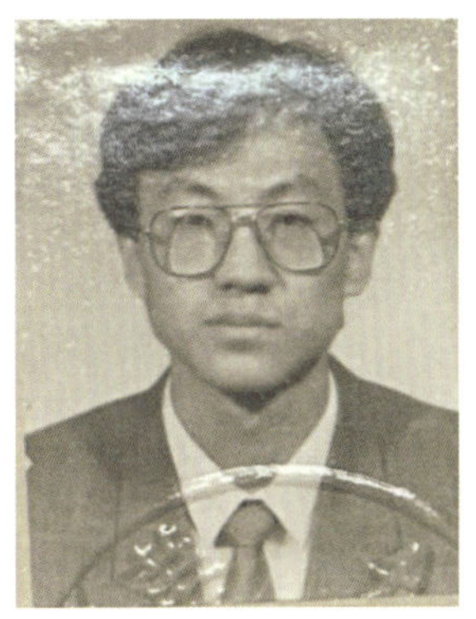

作者毕业照

作者当年同学照

作者最近生活照

**李军（计算机系 计 74）**

就职于全球债务评级公司，与妻子和女儿生活在纽约。1997 年赴美留学，先后在咨询、通讯、投资和金融服务行业工作。

# 归来（The Return）

（回忆小说）

沈猛不敢相信这种事会发生在自己身上。

一个月前从清华毕业，告别同学，坐火车从北京到广州通讯设备厂报到。两天一夜的路程，一觉睡去，谁知醒来竟然到了一个无法用语言形容的地方，唯一看着有点眼熟的是个和自己说话的东西：有点儿像电影中的那个外星人 ET。

还没等沈猛来得及疑惑，ET 就用播音员般的普通话告诉他，这个地方离地球四光年，他们星球对自己之外宇宙中的文明虽然不干涉，却得监视。最近他们预测到地球在未来 1000 年计算机技术会高速发展，地球的科技水平对他们来说不值一提，但人类的潜能可能会造成非线性的发展轨道，这个变量的影响他们必须了解。于是就决定从人类最好大学计算机系的毕业生里选最出色的学生，“请”来聊聊，作为模型变量输入的参考。

沈猛迷惑：“可我也不是成绩最好的啊？干吗选我？”

ET 停顿一下说：“因为你不一样。”

这是沈猛在经历了 12 年义务教育 5 年高等教育后第一次听到“不一样”，像是个优点似的，想着自己现在的处境，不知是当喜还是当忧。

以后的日子倒也轻松，就是回答一些全不搭界的问题，一部分完全听不懂，一部分则是在半梦半醒间答的。

到了一个月上，ET 说可以了，送你回地球。沈猛第一次感到自己和地球有这么紧密的联系，很兴奋，同时又隐隐的担心报到晚了单位会不会给处分。

再醒来时看到的是个年轻漂亮的女护士。女护士告诉沈猛他是在北京到广州的一列叫“和谐号”的火车上被发现的，到站了还昏迷不醒，就被送到医院里。

沈猛还没从重新见到人类尤其是漂亮的女人的兴奋中平静下来，就蓦然听到电视里那熟悉的新闻联播的声音:“各位观众，晚上好，今天是 2022 年 4 月 21 日，农历三月二十一，星期四……”

“什么？ 2022 年！离毕业 30 年了！怎么会？！在外星人那儿明明就待了 30 天啊，难道天上一天，人间一年？难道吴承恩说的都是有依据的？！难道我这一辈子，都错了？”女护士听了沈猛的忧虑之后，很平静，安慰他没关系，说这样的人她见过很多，然后转身就给精神病科和保安打了电话。

以后的几天是各个科室的会诊，得出的结论是这个人除了思维比较跳跃外就是个一般人，暂无精神问题。沈猛身上唯一剩下的证件就是清华大学的毕业证，电话打过去，查有此人，音容笑貌吻合，30 年前毕业，然后杳无消息。于是医生测了骨龄，明明是 20 岁不到，感觉到事态严重，就报告了有关部门。

转天有几位穿西装无领带的人来访，和外星人一样就是想和沈猛随便聊聊，一样说的好多词儿听不太懂，但态度极其和蔼，还不停让沈猛喝茶。临走说以后还会来麻烦，你就在医院住着，估计你也没医保也没钱也没地方去，我们那儿有专门经费可以先报着。

沈猛又出现了的消息迅速从清华传了出来，让那些一直牵挂他下落的同学们异常开心，尤其是他 9 号楼 303 的兄弟们，立刻想办法怎么也见上一面。探视不让，加上还有几位在美国，就决定先来个网上视频会议。

沈猛从女护士手里接过了一个叫 iPad 的东西，觉得不可思议，这就是叶永烈书里的可视电话吗？那书里可还是显像管的呢，显像管电子枪能搞得这么薄了吗，看来真的是 30 年过去了啊！这苹果公司莫非就是系里那个 Macintosh 机房的苹果？在那儿偷机时的情景还历历在目。

iPad 开始振动，沈猛深吸了一口气。这些本是他才在一个月前分别的好友，却有了种恍如隔世，近乡情怯的感觉。按下接听键，屏幕上华容道似的布局中出现了七个大大的头。

“沈猛？”

沉默片刻，其中一个头试探地问道。其实他根本无须问，面前这个童叟无欺，如假包换的沈猛和他们七个记忆中的毫无区别，倒是他们七个早就各自长出沧海桑田了。

面对着七张似是而非的中年人的脸，沈猛有种和年长者说话的压迫感：“您，您，你是……熊？”

熊开心地笑了：“你们看看，我就说我样子一点儿没变，他第一个就把我认出来的。”

“那是因为你先开口问的好吧？”下面格子的李军立刻不服道，“沈猛那你看我是谁？”

“你我当然知道，你是刘欢！要不谁的脸这么大？”沈猛一下回到大家在宿舍里斗嘴的阶段。

众人大笑，刚开始那种近乎陌生人之间的尴尬烟消云散 。

宇杰说：“沈猛，大家每次聚会都聊到你，一下就消失了，都觉得你是被哪个非洲部落的公主看上后赶着去继承遗产了。”

小 P 补充道：“还有就是大家吹过去的事争执不下时都说，要是沈猛在就好了，他是数据库百晓生，什么烂事儿全在他脑子里。”

“没错儿。”华军抢过话头，“那次小易他们在系里办的双人赛，明明咱俩拿的第一，现在他们全不认了，过不过分？！这还是法制社会吗？”

“不会吧，那不才去年……嗷，也 30 多年前的事儿了。”沈猛醒悟道，“中场休息时咱俩都用脑过度需要吸氧，就咬牙花一周的饭费到七食堂吃了个鸡腿，然后回来就把个原本铁铁的 3NT 宕一的牌做成了。”

“就是这么回事儿。我到今天都保持打牌累了吃个鸡腿的优良传统，成功经验嘛。当然现在不能吃了，改吃鸡翅。”华军说着不自觉地摸了摸下巴。

沈猛接着道：“看你们现在都像吃得不错的样子。那时晚上总饿，老蒋十点之后还用他的大功率电炉煮方便面，不光憋电闸，香味还把我们馋得肚子咕咕叫，都和他的锅共振了。”

老蒋忙说：“我现在在长沙开酒店，你出了院到我这儿来住住，保证很快吃成我的现在这副样子，补偿你。”

“电闸憋了就开卧谈会。”李军接过话头，“有一次我看了个特好玩的电影后回宿舍，你们都让讲讲，结果我唾沫横飞讲了半宿，最后发现大家早就睡着了，我原来是对着天花板在那儿眉飞色舞，而且后来还没人记着这事儿了。”

沈猛说：“这事儿还真有。那电影叫：《意大利人在俄罗斯的奇遇》。不怪他们记不住，我那晚算坚持听的时间长的，直到睡着的时候意大利人也还没到俄罗斯呢。”

宇杰这时插话道：“记不记得那时你提议的咱们两人一组出去找友谊宿舍，不许通过熟人，只能生找，全得靠个人魅力。”

沈猛回答道：“对。咱俩去的北医，他们女生楼随便进，敲前两个门都断然拒绝，第三个开门的脸皮薄，说宿舍其他人还没回来想婉拒。你就直接走进去一屁股坐在床上说没事儿我们可以等。后来还真把人等回来了，说说还居然同意了。然后两个宿舍去圆明园联谊。熊抱着吉他，玉树临风，出尽风头。熊你现在还弹吗？”

熊答道：“放下好多年了，我抓紧练练。你的功夫……当然还在，等你从医院出来了，咱们再联袂一曲《笑傲江湖》！”

沈猛说：“好啊！还得带上小 P 这个改歌词大王。”

小 P 不解道：“我又怎么了？”

沈猛幽幽念道：“我是飘落水面的狐仙，叫刁一得，常常闭上眼睛自己看自己，但别离开我，请听我说明，这一切，全都不是我的错。”（原词：飘落湖面的水仙；刁得一；闭上眼睛想起你的情；这一切，全部都是我的错）

小 P 茫然：“听着没错啊，有什么问题吗？”

又是一阵大笑。

一直沉默的 Jack 这时开口道：“沈猛，又看到你太好了，记得快毕业的时候咱俩聊过苏轼词里有一句：万里归来颜愈少，用今天的话叫：归来依旧少年。没想到还真被你给实现了。”

沈猛一时不知该说什么，透过眼前这些被岁月改了朱颜的面孔，他分明看到的是五年朝夕相处的旧时模样。“归来依旧少年，这话说得真好，我是，他们何尝又不是呢？”

**后记：**

沈猛，广西南宁人士，聪明绝顶，古怪精灵，是我清华五年睡在下铺的兄弟。毕业之初还电话联系，自 1997 年最后一次参加校庆之后，音容两渺茫，同学再无他的消息。相信他现在一定健康快乐，家庭幸福。更希望他冥冥中看到此文，如他的一贯作风：某年某月的某一天，突现在灯火阑珊处，叙别来别去情，饮不醉不归酒，那将是人生一大快事！

故事当然是编的，一些事需要我们这个年代的人才看懂，有些还是计 7 的 inside jokes。宿舍里发生过的则是确有其事，虽然不一定完全准确，也不一定发生在谁的身上，也许真要等沈猛这个存储器回来时才能了断了这些官司。如果言语中冒犯了哪位，我先行谢过，以后找机会再当面冒犯☺。

最后希望 87 级各位同窗精神健旺，常来常往！祝贺毕业 30 周年！

计 74 李军于纽约，2021 年 10 月 27 日

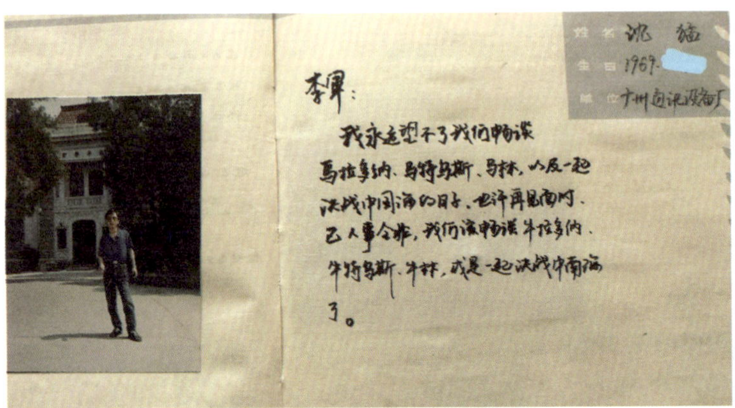

姓名 沈猛
生日 1969-
单位 广州通讯设备厂

李军：

我永远忘不了我们畅谈马拉多纳、马特乌斯、马林，以及一起决战中国海的日子。也许再见面时，已人事全非，我们该畅谈牛拉多纳、牛特乌斯、牛林，或是一起决战中南海了。

当年沈猛同学给作者的留言

作者当年生活照

**潘军（计算机系 计 74）**

现任北京星云互联科技有限公司董事长。

# 青葱五年——C 程序版

```
/*

* 清华五年  清华校园是学习的圣地，是主旋律。本程序是一个简单的回忆......
*
* Version: @（#）清华杂忆 .c 1.0.0  10/26/2021
*
* Author:  潘军
* This program is free software; you can redistribute it and/or
modify it freely;
*
* 程序结构稍显混乱，阅读者自行理解。
* Note:  重要！重要！  本程序中的函数、 程序均为回忆，不代表每件事本作者都参与
其中！
*/

#ifdef TSINGHUA_1987
#include <清华大学 .h>
#include <清华大学 / 计算机系 .h>
#include <清华大学 / 环境系 .h>
#include <清华大学 / 主楼 .h>
#include <清华大学 / 主楼 / 主楼后厅 .h>
#include <清华大学 /  教 .h>
#include <清华大学 / 三教 .h>
#include <清华大学 / 阶梯教室 .h>
#include <清华大学 /  主楼 .h>
```

```
#include <清华大学/东 操场.h>
#include <清华大学/  操场.h>
#include <清华大学/荒岛.h>
#include <清华大学/  堂.h>
#include <清华大学/九 堂.h>
#include <清华大学/  堂.h>
#include <清华大学/   堂.h>
#include <清华大学/九号楼.h>
#include <清华大学/九号楼/301.h>
#include <清华大学/九号楼/303.h>
#include <清华大学/九号楼/306.h>
#include <清华大学/五号楼.h>
#endif

/* 大事记 */
extern void 军训();
extern void 友谊宿舍();
extern void 补课();
extern void 精工实习();
extern void 挑战者杯();
extern void 亚运会实习();
extern void 未来风谜社();
extern void 毕业设计();

/* 教室 */
extern void 上课();
extern void 讲座();
extern void 自习();

/* 机房 */
extern void 上机();
extern void 打印();
extern void 重启();
extern void 玩游戏();

/* 食堂 */
extern void 打饭();

/* 大学生之家 */
extern void 吃饭();
extern void 夜宵();
```

```
/* 运动，操场 */
extern void 踢足球 ();
extern void 打篮球 ();
extern void 打排球 ();
extern void 跑步 ();
extern void 引体向上 ();

/* 宿舍 */
extern void 拱猪 ();
extern void 敲三家 ();
extern void 找朋友 ();
extern void 围棋 ();
extern void 桥牌 ();
extern void 睡觉 ();

/* 娱乐 */
extern void 唱歌 ();
extern void 跳舞 ();
extern void 闲逛 ();

/* 考试 */
extern int 考试 ();
extern int 补考 ();
extern int 重修 ();

/* 毕业了 */
extern void various_life_begin ();

#define 教室   1
#define 机房   2
#define 食堂 3
#define 大学生之家 4
#define 操场    5
#define 宿舍    6
#define 恶人谷 7
#define 其他 8
#define 开学 91
#define 放假 131

static int year; /* 主线计时 */

void 匆忙赶路 (int place)
```

```
{
    switch (place ) {
    /* 每个分支中的事件非顺序发生和必然发生 */
    case 教室 :
        上课 ();
        讲座 ();
        自习 ();
        break;

    case 机房 :
        /* 种木马偷账号 (); */
        上机 ();
        打印 ();
        重启 ();
        玩游戏 ();
        break;

    case 食堂 :
        打饭 ();
        /* 打架 (random ()); */
        break;

    case  大学生之家 :
        吃饭 ();
        夜宵 ();
        break;

    case 操场 :
        踢足球 ();
        打篮球 ();
        打排球 ();
        跑步 ();
        引体向上 ();
        /* 打架 (random ()) */
        break;

    case 宿舍 :
    case 恶人谷 :
        拱猪 ();
        敲三家 ();
```

```
        找朋友（）;
        围棋（）;
        桥牌（）;
        睡觉（）;
        break;

    default:
        唱歌（）;
        跳舞（）;
        闲逛（）;
        break;
    }
}
int main (int argc, char *argv[])
{
    int pass; /* 一个标识 */
    int score, fail_class = 0;

    while (1 ) {
        pass = 1;
        year++;
if (year < 1987 ) continue;
if (year > 1992 ) break;
switch (year ) {
    case 1987:
        军训（）; /* 一生难忘的经历，各种饭桌上吹嘘至今 */
    break;
    case 1988:
        友谊宿舍（）;    /* 目标明确：外校女生宿舍。吃喝游玩乐在其中，享受过程，
        无果 */
        break;
    case 1989:
        锻炼身体（）; /* 空暇时间多，加强体育锻炼   */
        break;
    case 1990:
        精工实习（）; /*
        一次难得的经历实践的机会，车铣刨磨铸。感觉穿上粗布工作服的样子特别帅
        */
        挑战者杯（）; /* 居然拿了一等奖，虽然是众多团队成员中之一 */
        break;
    case 1991:
```

```
        亚运会实习（）；/* 更多是为了混张证可以去免费看比赛 */
        未来风谜社（）；/*
        附庸风雅，参与其中。荒岛谜会祝校庆，宿舍挑烛写谜刊。
        “四两拨千斤（食品）--- 巧克力” */
        break;
    case 1992:
        毕业设计（）；    /*       */
        break;
}
/* 主流活动，列入主程序 */
for (int day = 开学; day < 放假; day++{
      匆忙赶路（教室 ）;
      匆忙赶路（机房 ）;
      匆忙赶路（食堂 ）;
      匆忙赶路（操场 ）;
      匆忙赶路（宿舍 ）;
      匆忙赶路（其他）;
  }

score = 考试 ();
if (score < 60 ) {
      score = 补考 ();
      if (score < 60 ) {
          score = 重修 ();
          fail_class++;
          if (fail_class > 2 )
                pass = 0;
        }
    }
    if (!pass ) break; /* 跳出循环 */
  }
/*
这里表示毕业了，当然如果 pass = 0，是另外一种离开学校的方式。
* 不管怎样，新的一段人生开启了 ...
*/
  various_life_begin ();
  return !pass;
}
```

**邓智勇（建筑系 建72）**

现任四川大学设计院副总建筑师；福建华景建筑设计有限公司四川分公司总建筑师，IKUKU建筑网“邓在在线”专栏主持。

# 吃在清华

我1987年从四川考上清华建筑系，吃不惯北方的饭菜，刚进校时每顿饭只能吃一半倒一半。后来我就每年从四川带富顺香辣酱，拌在菜里。当时清华有13个食堂，建筑系住大屋顶的2号楼，最近的食堂是五食堂，两侧紧连的是六食堂与四食堂，挨在一起还有个回民食堂。这四个食堂，约在上世纪90年代末被推平了，重新建起来的就是著名的万人大食堂。后来清华重建综合性大学，新建或恢复了不少文科专业，来了许多文科师生，给这个超大食堂取了个酸酸的名字，叫观畴园。从张家口炮团近两个月的军训回来后，我再不用倒饭了，比起炮团里一天三顿的永恒的洋葱、土豆、青椒来说，清华的食堂已经算美味了。炮团里的伙食有个好处，洗铝饭盒用自来水一冲就干净了，就像那个时代的一首著名的歌里一句歌词所唱“菜里没有一滴油”。

五食堂我常吃的菜是烧豆角与烧茄子。这些都是大锅饭菜，相比下六食堂的小炒相当不错，刚进校时才8毛钱一份，最便宜的豆腐只卖6毛钱，那是我的最爱，去晚了也没有了。那时吃饭还要粮票，粮票在北京分米票与面票，清华食堂把米票与面票分得很清楚，我想不通的是面票可以买米饭，米票却不能买面食。下午踢球回来，天晚了，四食堂里米饭已卖光，只剩下冷冷的馒头。米饭我能吃4两，馒头我只能吃一个2两的。寒暑假时会给每个外地同学把北京粮票定量换成全国粮票。粮票其实我们也吃不完，吃不完的部分就换成袜子、香烟了。那时的粮票很有市场，特别是全国粮票最受欢迎。因为农民没有粮票，没有粮票在城里的饭店就吃不成饭，农民的命运与土地绑在了一起，不能到处跑，更别想进城里了。清华建筑系三年级时有去外地实习的任务，我选择的是长三角一线，印象中上海有半两粮票，对上海人的精细当时真是肃然起敬。那些天天在学生宿舍间穿来穿去专门从事换粮票生意的人，以安徽籍的居多。据说这部分人取消粮票后就成了卖光碟的贩子。那时清华食堂的早餐还是很丰富的，有油饼、油糕、麻团、麻花、豆包、糖三角、鸡蛋与各种粥等。刚上学时，我们还常常买油饼与粥，就着豆腐乳或咸菜。很快，我们几乎忘了早餐的味道，因为建筑系常熬夜画图，早上起不来。直到毕业班时，我们宿舍的一个同学谈恋爱，女生很勤快，每天早上给男朋友买早饭，还送到我们宿舍。我们都还在被窝里，女生轻车熟路地推开我们宿舍门后，就安安静静地坐在男朋友床边，让没有女朋友的我们重新回忆起，清华的早饭原来还是挺丰富的。

大二开学后，建筑系的学生宿舍从 2 号楼调整到了东区新建的 23 号楼，同时新建的是十四食堂，是个圆形的食堂。我因此才很确定清华之前有 13 个食堂。23 号楼其实与我们的老宿舍 2 号楼只一河之隔，我们常常在冬天里还是去四、五、六食堂去吃饭。冠冕堂皇的理由是那里食堂多，可供选择的菜也多。其实还有个理由，男生虽然搬走了，女生仍然住食堂旁边的新斋。为什么在冬天可以去？因为刚开始 23 号楼旁的小桥还没修，我们就能毫不费力地从结得很瓷实的冰面儿上跨过河面。十四食堂最受欢迎的是饺子，但你得早去，一到中午下课时间，排的队列像长龙，还得绕好几个弯儿，从取菜台到门口，再折回去，再拐弯儿……蘸饺子的除了醋外还有生的辣椒酱，这种酱在四川一般只能炒菜当佐料使。为了买到饺子，经常有加塞儿现象，在荷尔蒙、肾上腺素等各种激素作用下，免不了就是打架干仗。此类事件在十四食堂，多是饺子引起的。十四食堂周边是清一色的男生宿舍。或许没有女生的缘故，这边干仗比四、五、六食堂频繁多了。我没在十四食堂与人打过架，倒是临毕业时在六食堂与加塞儿的人打了一架。那时的食堂师傅应该还是带编制的，几乎都是地道的北京口音，不像后来多是外地口音。有回我病了，发烧，吃不下饭，我同学去食堂专门请师傅给我做病号饭。那时候我们身子骨还皮实，吃几顿病号饭也就好了。等好了后，我去当面谢师傅。师傅操着京腔："觉得好，给哥们儿写封表扬信！"我于是对北京人的大方由衷地佩服。回到宿舍我就央求同屋毛笔字写得最好的刘畅写了一页感人肺腑的感谢信，昭昭地贴在食堂门口，写这类文书他也倍儿拿手。十四食堂的伙食除了饺子都乏善可陈，常吃的菜有所谓鱼香肉丝，因为没有其他菜可点。后来有个同学给我说，他离开清华后再没吃过鱼香肉丝，甚至见到丝状的食物都没有胃口到想吐。十四食堂最不利的是周围没有其他食堂，还没女生。荷尔蒙、肾上腺素等各种激素高到爆表的好几个系的男生们不干了，就串联起来决定罢吃。大家商量好，从某日起一律不到十四食堂吃饭。到了那天的开饭时间，有零零星星几个男生可能没通知到或者忘了罢吃的日子，埋着头就要往食堂去，食堂的大师傅举着大勺眼巴巴地望着这几个男生，在临进门前还是被别的同学劝走了。我没去数，那天中午到底有几个男生去十四食堂就了餐。

学校的食堂分布很广，清华很大，只要有宿舍就有食堂，没有宿舍的地方也可能有食堂。印象中邻近主楼就有个，在小山包上。我都是临毕业了才知道那里也有食堂，还是因为一个女生非要请我吃饭。原因忘了，或许是她请我帮过小忙吧。印象中这家食堂很小，醋泡皮蛋还很可口。很可惜，待到后来我读博士时，这家食堂已经没了踪影。除了宿舍附边的食堂，我们最常去的就是十食堂了。它位于宿舍区与教学区的必经之路的十字路口，而且还有个好处，十食堂是清华最早采用快餐餐盘的食堂，在当时是唯一。我们同学中有天天只在这个食堂吃饭的，原因是不用带碗，吃完当然还不用洗碗。我班上还有同学把餐盘顺回去上美术课当颜料盘使。十食堂因为交通便利，也是整个清华的信息中心，是贴 GRE、TOFFLE 等各种广告最密集的地方。

各个食堂都有冷荤与凉菜的窗口，其实北方的凉菜才是与川菜差别最大的地方。我开始吃不惯，比如清华的香肠有广味香肠，比较甜；还有红肠、蒜肠等四川没有的。凉菜也不放红油，比较生脆。但是到了今天，我反而吃不下四川的凉菜却更欣赏北方的凉菜了，不油腻而且清爽可口。

临近考试，学校考虑到这些如狼似虎年纪的学生晚自习后饥肠辘辘，就特别把八食堂在晚自习后开放供应伙食。八食堂的夜宵在我们记忆中占据着重要位置。逢年过节，清华的传统是给学生免费发放餐券，各个食堂在这一天都要特别制作丰盛的食物，我们宿舍往往每人各买不同的菜拼在一起，再买些啤酒，随后楼道里传来的就是此起彼伏的捶桌子声儿和喊叫声。

清华的食堂除了是吃饭的地方，也是跳舞的地方。其中生意最好的是东边的地下食堂和七食堂。很重要一点，这里女生宿舍最集中。晚上的舞会，一般女生免费，男生得花钱买票，举办方的收入在当时还是很可观的。因为投入的成本很低，把餐桌码在边上就可以了。乐队就是学生自己，平常也没机会展现自己的才艺，其中打架子鼓的最拉风。清华的食堂舞会颇能吸引周边几个学校的女生，比如女生多的北京语言学院。舞会里混进来的社会上的地痞流氓也不少，我们有次英雄救美还因此认识了几个外系的女生。地下食堂的副业太受欢迎了，后来就改成专业的舞厅，加了一些娱乐项目，并且被脑子活泛的同学承包了。老板跟其中一个员工谈恋爱，女生就是我同班同学。除了这两个食堂，西大饭厅在新年前后也特别受欢迎，原因可能因为它当时是所有食堂空间最高大的。我们几乎每次都在这里办跨年舞会。

食堂只在饭点开放，错过了饭点时间，同学们在校园里只有三个去处，最奢侈的是教师生活区的照澜院餐厅，照澜院当时只有这一个餐厅，比较贵，穷学生去不起。那时北京的餐厅全是国营的，吃饭得先交钱开票。临毕业时，我哥哥出差到北京，他住的宾馆位于南城。晚上 8 点过，饭还没吃几口，大街上的餐厅服务员已经开始扫地撵人。当时四川改革开放得较深入，服务态度和水准已经大为提高，搞得我哥哥到北京后很不习惯。吃了几天北京的饭，他唯独对北京的东北大米赞不绝口，扬言回四川要买一袋走。我们最常去的，在东边是七食堂与地下食堂之间的大学生之家，我们常常简称为“之家”，还有北苑的小食店。北苑的小食店在我们进校不久也没了踪影。只剩下“之家”，没有竞争对手，独此一家。里面卖的东西千年不变的是馅儿饼、包子和西红柿鸡蛋汤。鸡蛋汤是典型的北方做法，勾了很重的淀粉，稠稠的。师傅也是京腔京韵。就是这样单一的伙食，生意却异常火爆，我们眼睁睁看着它发展壮大，开始仅仅是进深很小的一字排开的简陋的平房，后来把外面的庭院加上屋顶也变成了室内，就像贫嘴张大民家里一样，室内也有树。再后来，是把最外侧的庭院也加建成了室内。这样的室内则很好玩，是一层层平行的墙。到了晚上这里非常热闹，还可以简单炒些菜，到了夏天有冰啤酒、冰汽水、冰淇淋等。我在北京第一次喝啤酒就是上完晚上的课，刘畅约我共享一瓶啤酒，对着瓶子吹，他喝前一半儿，我喝后一半儿。北京的冰淇淋又大又便宜，那时是袋装的，夏日里我们一般围坐在外面庭院的露天圆桌边，用方便筷子扒着吃。建筑系女生比例高，外系的男生常献殷勤，我们几个男生有次路过那里，就碰见我班几个女生与外系的几个男生坐在一个圆桌边吃冰淇淋，我们很荣幸地被邀请蹭了回冰淇淋吃。这里也并不总是这般温馨的场面。大二时，我班俩同学坐在这里喝酒，与邻座的无线电系的同学相互看着对方不爽，在荷尔蒙和肾上腺激素的作用下，一言不合，其中一位同学直接用板砖拍在对方耳朵上，把人家耳膜都震坏了，给了留校察看的处分。

当时清华东门外是菜地，南门外很荒凉。只有两个餐厅，一个叫金达莱，一个叫银达莱，都是吃朝鲜冷面的地方，也能点菜喝酒。我的一个同学比较刻薄，说这里的装修如同澡堂子，没有包间也没有卡座，只是用那种澡堂子常用的屏风简单划分成小空间，地面是冰冷的瓷砖，灯光印象中是冷冷的日光灯光源。客观上说像澡堂子也确实不为过。我们偶尔会到这俩餐厅打下牙祭。那年巴西输给阿根廷。我宿舍从不喝酒的小耗子气得主动要酒喝，比中国队输了都难受，我们一帮人激愤地杀到南门外两个“达莱”中的一个。小耗子喝完啤酒把啤酒瓶狠狠摔碎在马路上。除了这种日子，谁遇到失恋等事儿，两个“达莱”也是我们的疗伤之地。有个同学不胜酒力，喝完后每次都被同学放倒在自行车架上像抬货物一样七手八脚给抬回来。有时疯劲还未过，就直接扔在礼堂前的草坪上喂蚊子。

1994年年末我在成都工作两年多，我家距离成都刚好超过单位对探亲假的下限50公里，我就请了考研假和探亲假两份假回到北京考研究生来了，就住在当时在读研究生的同学宿舍。当时已取消粮票，清华最大的变化的是“之家”的师傅多了陌生面目，那是广西桂林做砂锅饭的人。明显的感觉是口味相比当初的馅儿饼、鸡蛋汤可口多了。考研期间这是我常去的地方。春节我故意没回四川，躲着不见当时的女友，因为已下定决心离开成都。没有北京户口在当时的北京是难以立足的，这点她比我清楚；所以她跟我约定我们的关系到我考上研究生为止。北京的天跟我当时的心一样冷，西北风呜呜地吹。偌大的清华稀稀拉拉没几个人，剩下的这几个除我外多是家特远比如新疆的同学，还有一门心思考GRE最后冲刺的同学。食堂也只有一家开放，桂林做砂锅饭的师傅也都回广西了。我一个同学把食堂的饭卡留给了我，没走的还有我另一个同学。我俩有备而来，买了一箱方便面，用电阻丝加热自来水煮面。然后大大方方跑到食堂门口从码得像山一样高的大白菜里顺一棵回宿舍，洗干净下在方便面里，能吃好几天。除夕晚，唯一开放的食堂把所有没回家的同学召集起来，供应了免费的饺子。饺子的味道完全忘了，门窗在西北风下嘎嘎作响，只记得对远方亲人的思恋格外浓烈。

待我10年后再回到清华读博士，清华的食堂完全改变了。我们博士楼在紫荆学生公寓区的W楼，我读本科时这里还是北门外的农田，公寓区的中心有两个跟这个新区一起修建起来的食堂，全新的食堂，离我们最近的叫紫荆园，西边一点的是桃李园。食堂好几层高，几乎每层都有自动扶梯，窗明几净，桌椅板凳干净亮丽。窗口全是小窗口，分不同的菜系在各个楼层上，师傅也几乎全是操各种外地口音的人。他们户口不在北京，他们的学历普遍不高，上过大学的几乎没有。有一个例外，那几年流传过他们中一个年轻的厨师哥，受清华学风感染，热爱并发奋学习英语，最后托福能考出不错成绩，读了清华夜校的励志的故事。

各个食堂被同学们评出了所谓的清华十大名吃。桃李园的麻辣烫榜上有名，据我观察这里排的队最长，但非常有序，师傅手脚麻利，学生一边排队一边看着手机或报纸、书，不知不觉就到了。紫荆园一层的铁板烧窗口我也经常光顾。紫荆园楼下有西餐和咖啡屋，桃李园楼上有可以点菜的餐厅和四川火锅，其中鲜花椒鱼片是我最爱点的，我女儿喜欢吃酸酸甜甜的铁板牛柳。我每天晨跑，出门时带着饭卡，跑完步直接到紫荆园里吃早饭。早饭也是琳琅满目，各地风味和中西餐应有尽有。万人大食堂，我在最后写博士论文时经常光顾，这里离图书馆近，中午吃个便饭赶紧再回到图书馆。说万人太夸张，没觉得比紫荆或桃李人多多少。菜的质量和种类也很有限，里面有个自助餐厅，菜品比起紫荆或桃李来也逊色不少。我倒是对一楼偏于一角的永和豆浆情有独钟，常在这里吃包子和粥。此外，就是一楼门口的面条，不是说味道多好，主要是图方便。这里来吃饭的清华附中学生也不少，因为这是离附中最近的食堂。楼上也有个点菜的餐厅，我个人觉得不如桃李园，但每当校庆，这里也是爆满，我猜主要是原来四、五、六食堂的食客来怀旧找感觉。

留下来的老食堂除了没有自动扶梯，其他都类似紫荆园和桃李园，有许许多多的窗口，像城里大 Mall 里的大排档，而且是档次不低、卫生条件最好的那种，价格还便宜。总之，无论花样还是服务的质量与我读本科时比，都发生了天翻地覆的变化。我的一个同学说，清华的教学质量是否达到了国际一流不敢说，但清华的伙食百分百是世界一流。

作者毕业照

作者当年生活照

王静（建筑系 建 72）

毕业后从事建筑设计工作至今，现居杭州。

# 陈志华先生不只教我们外国建筑史

陈志华先生的课总得提前占座，能靠前就尽量靠前，晚点儿不但没好位置，还可能没位置；如果踩着点儿来，恐怕不但没处坐，还压根挤不进教室，没处站。

刚开始上“外国建筑史”的时候，如果是下午的课，上午最后一节课后，就有同学赶去主楼 914 教室，用课本或笔记本占好座位再回食堂吃饭。随着课程深入，内容愈发精彩，占座愈发激烈。高班同学明明已经学过考过，居然回炉蹭课，更添我们压力。大家纷纷比拼真身更早到达，用沉甸甸肉身代替占座的课本、笔记本。

希腊雅典卫城的帕提侬神庙遗址

## 一、学生中间流传着陈先生的故事

学生们热情似火追捧课程，陈先生倒算不得热情。课下，他总是沉思的样子，很少笑，一身灰扑扑衣裳，偶尔沉默着穿过走廊。建筑系走廊两边挂满优秀学生作业，他不咋看，也不评。

学生中间流传着陈先生不跟别人说话的故事。

20 世纪 80 年代后期，应该是北京市领导的决定，要复原颐和园后山的苏州街。历史教研组另一位教授是中国古建筑专家，毫无抵抗地接下设计任务。我们那会儿只是低班学生，并不太懂群众喜闻乐见而专家为啥反对，只听说陈先生认为做假古董堪比破坏真古董而反对复原。反对自然无效，陈先生竟迁怒于那位承担设计任务的教授，旗帜鲜明地不跟他说话。

陈先生上课没有废话，也不说笑话，但常常批评。陈先生写很多建筑专业评论文章，我读到的批评居多。他一面科普保护真古董，一面批评假古董，批评“大屋顶，小亭子”的建筑复古。社会总要进步，什么力量也挡不住新的美学形式诞生。陈先生热烈欢迎新建筑，也曾经感叹，它们要跟那么美的屋顶、斗栱、柱式、拱券竞争，创造新的美学形式，太难了。他批评北京城里的很多大院堪比“地主大院”，说那不只是物质形态上的地主大院，还是思想上的封闭、保守，是城市开放、活力的敌人。

我现在猜想，他可能不讨人喜欢，很多人压根也不爱理他。

三十多年过去，新的建筑形式已经喜闻乐见，城里的“地主大院”对城市活力的伤害也有目共睹，关于“小街区，密路网，开放街区，增强城市活力”的呼吁已经是全社会共识。

我们用的教材《外国建筑史》是陈先生写的，它也有个传说。

“文革”结束，大学恢复招生，建筑系要开“外国建筑史”课程，陈志华拿出《外国建筑史》新书稿。早在 1962 年，32 岁的陈志华就编著出版了《外国建筑史》仅供学校内部使用。新版经改写和压缩，水平大为提高，1979 年作为陈志华专著出版，1997 年、2004 年、2010 年三次再版，至今不失其权威地位。陈先生啥时候做的这件事？不问也知道，在被批判、被“劳动改造”的间隙里做。没出过国，资料啥啥都敏感，咋写？这个，不问也知道，迎着困难写。

陈先生从未说起自己写教材的事儿，上课也不用这份教材。他一开课就说：“教材既然有，你们看看就好，不用我再说。”

## 二、看见人，才能理解他们创造的建筑

与其说陈先生教我们，不如说他享受与我们一起走的一段旅程。先看见人，认识人，听人说话；再走过人们曾经走过的路，看到人们看过的阳光蓝天绿树；最后，才能理解、欣赏那些人创造的建筑。

我永远记得陈先生讲的古希腊。古希腊的年代相当于我们的春秋战国时代，强大的波斯入侵希腊城邦，挑起希波战争。

战前，雅典的商业、手工业和航海业就很发达，平民地位高，建立了自由民民主制度。雅典卫城古已有之，陆续建成。中心神庙为保护神雅典娜而建，每逢四年一次的雅典娜节，以自由的平民为主，大家在卫城游行狂欢，其已成为城邦象征。

战争中，波斯曾攻占雅典，摧毁了雅典卫城所有建筑。这大大激发了雅典人反抗侵略者的斗志，他们要保卫的不仅是自由和海上贸易的利益，更要保卫自己的民主制度。他们比那些贵族寡头统治的城邦行动更坚决，承受壮烈牺牲，尤其以平民为主的海军立下赫赫战功，使雅典成为希腊城邦盟主。公元前479年，希腊战胜波斯。

战后，经济和文化迅速恢复，各城邦密切交往，文化融合，雅典当仁不让成为希腊政治、经济和文化中心。雅典人热情万丈重整雅典卫城，要比原来的卫城还要雄伟壮丽。

重修雅典卫城以及花多少钱、怎么花，都由民主决策。这是平民要去纪念自己的胜利，纪念民主的胜利。雅典卫城永远记下了这一历史的黄金时代。

希腊雅典卫城帕提侬神庙正面山花部分雕像　选自陈志华：《外国古建筑二十讲》，15页，北京，生活·读书·新知三联书店，2002年

课堂上的我们屏气凝神，跟着陈先生讲解，一幅幅幻灯片看过去，就像来到两千多年前的希腊雅典。

早晨，节日庆典的队伍在山下的广场集合，来到胜利神庙的陡崖下，能看到削壁面上挂着战利品，削壁女儿墙以及胜利神庙上战争胜利场面浮雕。绕过削壁，登上陡坡，穿过朴素的山门，迎面是铜铸镀金的雅典娜像。她手执长矛，巍然屹立，以垂直形体对比着横向展开的建筑群。再向前走，就是统帅全局的帕提侬神庙——位置最高，体量最大，形式最简洁，风格最庄重，装饰最华丽，色彩最鲜艳——那个时代最伟大的建筑杰作。

雅典人按游行、祭祀、狂欢的亲身体验而设计雅典卫城总体布局，正是现在设计师的“以人为本”。

当年课堂上的我们，犹如亲身跟随游行庆典队伍，在灿烂阳光下被雅典卫城高贵的单纯和静穆的伟大所震撼。教室里安静极了，掉根针都能听见。

陈先生继续解说帕提侬神庙。帕提侬神庙形体单纯，恢弘大气。它平面长方形，长约 70 米，宽约 30 米，周围一圈柱廊，柱高 10.48 米。貌似简单几何形，其实加入了若干弧度和斜线的细节。帕提侬神庙的柱子不是绝对垂直，而是略向中央倾斜，位置不同斜率不同，它们的中心线可在上方 3.2 千米处汇于一点。帕提侬神庙台基面不是标准水平，呈中间高两边低的弧度。帕提侬神庙采用陶立克柱式，外轮廓是上细下粗的弧形。这样的匠心设计，使它看起来更稳定、向心、坚实，如同活着的生命体。

所以说，帕提侬神庙体现了古典时代希腊艺术家精致敏锐的审美力和工匠技术的高超娴熟，证明了自由人类释放出的巨大创造力。

帕提侬神庙东西山花的雕刻图片放出来的时候，陈先生似乎停顿了，然后引用 18 世纪意大利古典主义雕刻家坎诺瓦的话说：“所有其他雕刻都是石头做的，只有这些是有血有肉的。”

仔细看看这些雕刻吧，他们的衣褶似乎带着体温，皮肤下面血液还在流动。

这是两千多年前人类艺术达到的巅峰。

毕业多年之后，当我在中国杭州的工作桌前绘制一根石柱、一组线脚，当我出游欧美，在博物馆站在一尊古希腊雕像前，我都会想起陈先生说过的话，为眼前一根石柱、一组线脚、一尊雕像的美而感动。

## 三、要退休的年纪，为啥跑到偏僻小山村吃苦？

清华的别称“五道口职业技术学院”并非浪得虚名。1991 年秋天，建筑系五年级同学就能正经干活，跟随老师进入各种各样实际项目。那会儿深圳广州经济形势一派大好，建设项目钱多，出差能坐飞机，看得我们古建组同学个个眼热。

古建组很缺钱。跟随陈志华、楼庆西先生，从北京到金华绿皮火车要跑十好几个小时，连硬卧票他们也嫌贵。

我们要去一个小山村做乡土建筑测绘。那地方很穷很偏，不但不通火车，连公共汽车也不通。清晨在金华下火车，乘汽车到建德县城，我们还要再换乘一种机动小三轮俗称小蹦蹦。车厢内很小，有同学连木板也没得坐，只好站着；车厢顶又不够高，站着的同学还得低头弯腰。车厢顶和侧边裹着帆布，屁股后面敞开着，泥土路上下颠簸扬起黄尘，一路行进，乘客们一路喝灰。

太阳快要落山，我们下了小蹦蹦。眼睛里只看见山外青山，耳朵里只听见溪水潺潺，山坳里白墙黛瓦的新叶村展现在我们眼前。

跟陈先生同在古建组的楼庆西先生担任本次乡土建筑测绘总摄影师。楼先生主要拍建筑，偶尔拍人。刚下车，我们还晕头转向，楼先生就兴致勃勃打开他的宝贝相机开工了。夕阳下抟云塔、文昌阁在金黄色田野上如此美丽，十个同学正好当模特，楼先生就给我们拍了张合影。

1990 年代的新叶村几乎是被现代社会遗忘的角落。村中心池塘边，总有几个面容呆滞的人在游荡。因为交通不便，附近几个村子世代通婚，出生人口智力缺陷比例明显偏高。

陈志华先生本来是研究外国建筑史的学者，来到新叶村时他已经 61 岁。要退休的年纪，为啥跑到浙江建德偏僻小山村吃苦受罪呢？

陈先生在后来出版的《新叶村》一书中写道："在建筑历史上，一向大书特书

清华大学建筑系 1987 级古建测绘组同学 1991 年秋天在新叶村留影，楼庆西摄。

的是宫殿、庙宇、陵墓和城郭，殊不知，正是在这些极其普通的村落里，我们祖先用奶汁和亲情喂养了整个民族，孕育了民族的文化。因此，乡土建筑中保留着我们民族的记忆，民族的感情最丰厚。研究中国文化史，不能没有乡土建筑。”

而现实情况是，中国乡土建筑的价值远远没有被正确而充分地认识。乡土建筑正以极快的速度、极大的规模被愚昧而专横地破坏着，我们正无可奈何地失去它们。

陈先生说，我们无力回天。但我们决心用全部精力立即抢救性地做些乡土建筑的研究工作。

正因为新叶村被现代社会遗忘，才保留着很多类型的古建筑，而且布局结构完整。在浙江西部，乃至整个江南，都很少有。

在陈先生眼里，新叶村是个惊喜。而对我们十个大学生来说，新叶村堪称小小惊吓。现代社会要予以消灭的苍蝇和跳蚤，在当时的新叶村活得很滋润。得知来了新鲜外人，它们可劲儿亲近我们。村民们管厨房苍蝇叫“饭蝇”，它们黑压压叮满顶棚。我们一天三顿饭，得时刻小心饭碗，发现一只，挑出去一只，剩下的饭接着吃。跳蚤尤其爱年轻的身体，一直对我们紧追不舍。每天晚饭后集体看图，一个同学后背发痒开挠，其他 9 位势必随之一起挠起来。

陈先生和楼先生 60 多岁的人，跟我们吃住在一起，比我们睡得晚起得早干活多，我们当然也不会叫苦叫累。

图中靠右为有序堂大门入口，最左侧门头为是亦居入口，引自《新叶村》第 50 页插图

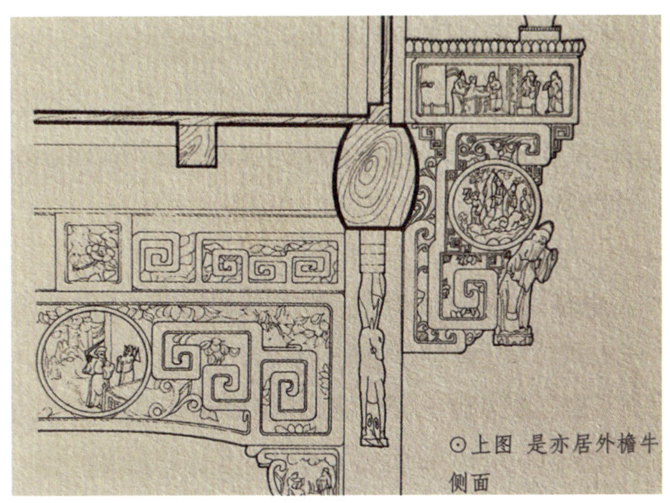


上图为是亦居住宅外檐下牛腿测绘图，我亲眼所见邹革同学一笔一笔绘制。图片引自陈志华、楼庆西:《新叶村》，141 页，石家庄，河北教育出版社，2003 年

我和其他两位同学一个小组，负责测绘南塘边名叫是亦居的住宅。一行三人走过陈先生走过的同样街巷，走到有序堂前，看见南塘的波光水影，我只感觉拐弯抹角被绕晕不识东西南北，村子破败不堪，南塘水脏兮兮。

我不知道南塘早于新叶村而存在，不知道朝山道峰山是卓笔峰，南塘作为“墨沼”，倒映这座峰形成“文笔蘸墨”的好风水，是来自新叶村 700 多年前的规划。那是陈先生时刻装在脑中的功课，等着深究。

上图为文昌阁正立面测绘图，引自《新叶村》，81 页

陈先生负责新叶村乡土建筑总体设计。他怀揣着社会、历史、文化的大局，悲天悯人又看得到乡亲们细微的生活。

“从家里闭塞的、小小的天井走出来，经过深沟一样夹在连续不断高墙缝里的狭窄阴暗的街巷，来到宗祠前的水塘边，空间忽然宽阔，阳光忽然明亮，感觉的变化十分强烈。”这是陈先生眼睛向下看，去敏锐感受 700 多年前新叶村公共空间规划的鲜活体验。

相较于待在清华建筑系的高冷，陈先生走在新叶村小街巷像换了个人，总是笑眯眯说话。从洗菜用的小竹篮、针线笸箩，到团扇、扁担，乃至老太太搓麻绳用的刻花瓦片，他都看在眼里，由衷夸赞。瞧他手拿罗盘，有胆大的乡亲免不得请他回家瞧瞧风水，他也并不嫌人家迷信而拒绝。我猜他看风水时可能送出了一些祝福，所以我们走在路上，曾经被款待尝尝新酿的米酒，或吃刚出锅蒸熟的芋艿蘸白糖。

待得越久，看得越多，越爱。我参加测绘的是亦居，刚去只觉得黑咕隆咚封闭阴暗，没等测绘完毕，我就爱上了它。我们测绘的成果忠实记录了是亦居的风采，跟着新叶村其他的研究、测绘一起出版成书。是亦居作为乡土文化小小一滴水，也有机会被世人看见，记住，成为让人珍惜的遗产。

30 年后我读到《新叶村》一书，更多理解当年为啥陈先生、楼先生总是精神抖擞。太多功课需要做，还要跟“拆”字比速度。陈先生承认他们贪快贪多，抢救一个是一个。

我们测绘 9 年之后的 2000 年，新叶村被批准为省级文化保护区。完成新叶村测绘之后，1992 年春天我们测绘的诸葛镇，于 1996 年被批准为国家级重点文物保护单位。

## 四、如今我年过半百，多懂了一点陈先生

我们毕业了。毕业 10 周年匆匆返校；毕业 20 周年，也匆匆返校；即将毕业 30 周年，我才意识到，这么多年过去，我没再见过陈先生，没去看过他，连张贺卡也没寄过。而陈先生，今年 92 岁了。

老人家总是忘记眼前的事，记得很久之前的事。陈先生还记得自己年轻的时候吗？

1949 年，差三个月不到 20 岁的陈志华已在清华大学社会系读了两年，却壮着胆子跑到胜因院梁思成、林徽因二位先生家，申请转到当时的营建系。梁先生很高兴，絮絮叨叨说了很多，无论建筑设计还是城市规划都需要社会学思考等。怯生生的陈志华听不清楚梁先生太多话，只清晰记得林徽因先生的热情。

林先生催陈志华赶紧去注册组办转系，还说营建系欢迎你。我们本来就想着让营建系先去文学院、法学院上两年课，三年级开始学建筑，五年级毕业。你正符合我们设想。

林徽因先生的教导，陈志华一直记得。林先生讲解卷草装饰纹样，用纤细的手指比画，强调软塌塌曲线要不得，越是圆润的曲线，越要给它倔强，给它力量；林先生讲希腊建筑装饰纹样卷草和蛋剑如何经由印度传入中国，如同一堂系统大课；林先生曾经写下几页纸，密密麻麻小字，关于科林斯柱头和卷草的断想。那几页纸一直被陈先生好好保存着。

还有更多有关林先生的记忆，写在《记忆中的林徽因》一书里，被我读到。

那是 1953 年吧，人民英雄纪念碑的工地上，年轻的实习生陈志华，眼看着雕花师傅一锤一锤，把石碑上的花环打造出来，靠工棚门口放着。吃饭的时候，大家端一碗菜，捏两个馒头，慢慢欣赏，赞叹。陈志华知道，那是林徽因先生设计的花环小样。

那个石刻花环小样，做了林先生的墓碑。

几十年过去，陈志华成了我们的陈先生。去瞻仰林徽因先生墓地，墓碑上林先生名字在“文革”中被红卫兵凿去，一直没有修复。陈先生想，不需要名字也罢，看到那个花环，就看到了林徽因先生。

陈先生说他从社会系转到营建系，原因之一是仰慕梁思成先生和林徽因先生；自己当了老师之后，才领会到他们的气度和风格正是教师最重要的品德。

如今我年过半百，多懂了一点陈先生，多懂了一点清华建筑系那些老先生们的气度和风格。

我保存着一组照片，那是毕业前的一天，楼庆西先生掌镜，陈先生、李秋香老师陪着我们古建测绘组十个同学照了好多合影，从东区主楼前大台阶，到西区大礼堂、水木清华、近春园。在我心目中，陈先生一向惜时如金，不肯浪费一丁点时间。而那天，天好热，花了好长时间，跟我们一起拍照，看我们笑闹，照片里的陈先生安安静静笑眯眯的。

2022 年 1 月 20 日，陈志华先生永远离开了我们。但翻开他写的书，就能在书中与他重逢，再次听他说古希腊、古罗马，说中国浙江的新叶村、诸葛镇。

士当以天下为己任，我没听陈先生说过这样的漂亮话，但我看到，他一直在做，做了一辈子。

1992 年春作者在浙江兰溪诸葛镇村民家中

1992 年 6 月，陈志华、李秋香和即将毕业的古建测绘组同学们在清华近春园遗址合影，楼庆西摄

**作者毕业照与生活照**

齐建会（建筑系 建73）

从事医疗工艺设计，参与几十家知名医院室内设计，作品多次获得鲁班奖和国家优秀装饰工程奖。2015年出资在喀什成立“彩虹康复中心”慈善机构，已有300余名脑瘫儿童接受免费康复训练。

# 清华——刻骨铭心的力量

现在有个说法：“出道即是巅峰”。这基本上是调侃的味道，不过，这个词用在我身上似乎也不过分。1987年我刚迈进清华园，就听到大喇叭里在说今年全国理科状元考进清华建筑系，迎新的大会小会都在说这件事，我受到了从未有过的关注，成了大家眼中的“巅峰”。不过随后的经历，确实再没有那样的高光时刻，而且，很快就跌到谷底。

因为从小慢性肾炎，这种病没啥好的治疗方法，就是控制不要走到肾衰的地步。那时候根本不知道问题的严重性，几乎和大家一样熬夜，又长期坚持长跑，到了四年级上半学期，终于走到了肾衰竭的地步。那半年多，天天没有胃口，上楼梯觉得很累，稍微过劳，就浑身疼痛，甚至会出现呕血不止去看急诊。最严重时，根本吃不下饭，吃了就吐，整天昏沉沉的，鼻子流血止不住。实在熬不住了，去校医院检查，医生当即下了特级护理的通知，躺在病床上不能下地，护士每隔半小时来看看我是不是还活着。那时候校医院还很简陋，很多检查做不了。连夜把我转院到北医三院，马上确诊CRF（终末期肾功能衰竭），但没有床位，只好先回校医院，第二天再转诊北大医院安排透析治疗，那个时候透析还是比较稀缺的治疗手段。北大医院没有床位，又转诊友谊医院，也是没有床位，再转去刚刚开业不久的中日友好医院，那是当时北京最好的医院，才找到透析床位。校医院派出一辆救护车，医生带着空白支票，在北京从西到南再到北往返穿梭了一天。

当时，我还不知道这个病的严重性，心里还抱定一个信念，透析几次就好了，还能回学校继续上学，和大家在一起。我住进中日友好医院，需要陪护。全年级的男生组织起来，每天安排若干同学，几班倒地来医院陪我。由于毒素已经侵蚀到大脑，我脑子里都是乱的，偶尔清醒一下，和陪我的同学聊几句，熟悉的不熟悉的，现在记忆模糊，但还是记得同学推我去检查、治疗，晚上就坐在我床边。

此后，我转院到离家近的航天中心医院开始了漫长的透析治疗，神志也慢慢恢复，我才知道，原来肾衰只能靠透析维持生命，再就是换肾才能摆脱透析机。那是最迷茫的时候，不知道何时才能从病患中走出来。其间又经历了长期高烧不退，烧到肌肉萎缩，站起来都困难。

这个时候，在清华大学党委学生处李凤玲老师的倡导下，清华大学开展了史无前例的由校党委发起的为我治疗换肾的募捐活动，学校各个机构，包括出版社、各个系，各个食堂都捐了款。学校广播站每天报道收到的捐款数，话剧团据说还排练了一场话剧演出。而最让我感动的是，我收到了将近 1000 个同学发给我的鼓励我战胜疾病的信件，装了整整一大麻袋。在大家的鼓励下，我真的感受到来自母校的鼓励支持和力量！这是让我铭记一生，刻骨铭心的力量源泉，我感到那么多的兄弟姐妹站在我的背后，支撑我站起来。我开始锻炼，从慢慢站起来，到在楼下慢慢走路练习，半年多的努力，我的肌肉恢复了力量，体质也慢慢地强起来，终于在找到肾源时，具备接受肾移植手术的条件。在我透析两年后，我迎来了第一次肾移植，并且快速康复。

那时，我的同班同学已经陆续找到接收单位，很快将走上工作岗位，我在羡慕的同时，也在思考自己的出路。恰好我一个同学要出国，她出国前在一家计算机软件公司工作，专门做 CAD 软件，她知道我对电脑很有兴趣，就介绍我去了她的公司。那时候计算机绘图方兴未艾，我来到这个行业，感觉非常幸运，虽然身体原因使我不能再趴着画图，刚好有了电脑绘图可以替代，我也阴差阳错地成了推动中国设计院告别图版进入电脑绘图的第一代专业建筑师，这在我就业的前若干年，成为我弯道超车的极大的优势。

就在我乐不思蜀，忘记了我的学业尚未完成，而我自己也对于能否复学有极大的疑问时，一个偶然的机会，我正在给设计院培训电脑绘图，我的老师林贤光经过电脑机房。我们都很惊讶，他问我现在在做什么，而且也惊讶我的身体已经康复到和正常人无异。我告诉他我已经在打工，且对工作很满意。他说我现在有条件继续把学上完，拿到学位，这才是最重要的。这个提示真的太重要了，我当晚回去立即打电话给系党委书记左川老师，她说学校没有先例，休学三年还能复学，通常休学两年如果不能复学，即注销学籍。她建议我尽快写个复学申请，她会努力帮我争取这个机会。当时是周一，我连夜写了申请书，周二一早送到系里。随即，周四左老师就通知我，经学校校长办公会讨论特批，允许我回校复学。我 1991 年元旦开始休学，1994 年暑假回去复学，期间，治疗两年半，工作一年。

复学最大的困难是，一年时间要上一年半的课程，很多课程调整，有的要跟三年级上，有的要跟四年级上，还要上五年级的课程和参与毕业设计。但这个机会对我来说太重要了，我全力以赴也要把课程上下来，修够学分，圆满毕业。相比生病中的无望，这个时候虽然辛苦，但内心充满感激，这是清华给我的最大的鼓舞和奖励，化作无穷的力量去面对学业的挑战，也激励我在未来面对一切困难。

很快，打击就来了。虽然清华能接纳我回校复学，但工作单位却无法接收一个身体不太健全的人去工作。我从 1995 年初就开始托老师朋友帮我介绍工作单位，当时最想去某个学校当老师，去了北建工、北方工业大学，而彼时北建工正要建设计算中心，我有一年 IT 公司工作经验，又有清华学历，本来最合适不过，但最后还是因为身体原因没有被接受。从最早就开始跑分配，直到拍完毕业照，吃完散伙饭，大家都纷纷走上工作岗位，我的工作依然没有着落。就是回我原来工作单位也不行了。

又是那么巧合，我的同班同宿舍同学谢江，我们最优秀的同学之一，在中建深圳海外装饰已经工作了几年，现在保留研究生学籍回校读研，他带海外的领导在清华见了我一面，得知我有计算机设计的经验，又是清华毕业，领导马上同意接收我到深圳，且直接接任谢江的职位。没想到老大难的就业问题，瞬间就解决了。我告别清华园，带上密封的档案，从北京飞到深圳，正式走上了工作岗位。

回想起来，一个个戏剧性的转折，让我二十几年的生命，经历了太多的大起大落，而这期间，清华给了我战胜各种困难的力量，给了我不惧艰难的品格，在挫折面前，我没有倒下，反而练就了更为强大的内心和意志。毕业留言张效文书记的题词是："勇于挑重担，不惜做小事"。这是清华人的精神，我们敢于面对挑战，敢于承担责任，身先士卒，我们在工作岗位上，用我们的行动的践行了清华精神。

在我的一生中，最大的一个愿望就是回报清华曾经给我的帮助，回报同学们给我的治疗的募捐和精神的支持。我的信念里，施比受更为有福。所以，我一直在找机会能帮助他人。后来，我们高中校友有个同学也是肾衰需要换肾，但他很恐惧，意志也很消沉。他同班同学都很为他担忧，找到我希望我能开导他。其实，不用多说，他看到我的状态，就是最好的现身说法。工作以后，我经历了排异，第二次换肾，再排异，再回到透析，但都没有成为我人生的障碍和负担。我正常工作，肾移植手术也只休了一个月的病假就回到工作中。这些年也是边透析边工作，疾病已经不再是负担，只是一种生活方式了，慢慢就习惯了。我那个同学很快接受了肾移植手术，也回到了工作岗位，带全家出国旅游，现在也快十年了。看到他的状态，真的为他高兴。

一个偶然机会，我了解到新疆由于医疗条件限制和民族习俗，很多产妇在家生产，由于接生不当，脑瘫患儿比例很高。这些孩子如果在12岁之前不及时康复治疗，可能一生都无法生活自理，成为家庭和社会的负担。我的朋友们组织志愿者引进香港的辅助康复治疗手段，在新疆喀什成立了当地第一家NGO慈善组织彩虹康复中心，我被他们的奉献精神深深感动，也觉得有能力支持他们，我出资帮助他们启动了免费为当地孩子提供康复训练的工作。当地残联也全力支持，拿出房子免费给我们使用，还给住得远的患儿和家属提供住宿，在各方努力下，康复中心顺利开业，并在随后的这些年坚持为当地脑瘫儿童提供全免费的康复训练治疗，有近百名不同程度的脑瘫患儿恢复自主活动能力，能够靠轮椅或者拐杖去到学校读书，和正常孩子一样接受教育，未来能够有工作和生活能力自立生活。清华给予我工作能力和赚钱能力去支持脑瘫儿童康复，我觉得无比幸福，生命也活得更有价值和力量。（大家有帮助脑瘫儿的想法，也可以关注微信公众号：彩虹康复）

由于休学，我27岁才从清华毕业开始工作，到2022年，我们30周年轶年，我刚好也工作27年，比大家晚了3年，但多了3年时间和清华相守。前半生清华的经历，为我一生积蓄了知识，积蓄了工作的能力，积蓄了面对生活的勇气和力量，刻骨铭心，永志不忘。

我永远的清华园，永远的力量源泉。

**作者当年生活照**

谭英（建筑系 建73）

瑞典Sweco公司中国业务开拓人，在过去20多年参与了Sweco在中国的绝大部分规划策划和城市设计项目，擅长各类项目的应用整合、可持续发展。

# 清华毕业30年回首往事

尽管往事中总有不如意，重要的是珍藏和品味那些美好事情，看到曾经飞扬的青春。

## 一、懵懂入门迎来新世界

我高考一结束就从北京乘火车南下去探望外公外婆，回家后录取通知书就已经在那里等我多时了。考上清华是意料之中，但我对于建筑系学什么以及以后干什么一无所知。报专业时自然很多人出主意，从事机床行业的父母知道我喜欢画画，而且愿意和人打交道，所以希望我可以学习比机械工程更有趣味一些的工科专业，挑来挑去选中了建筑系。感谢父母的开明和勇敢，让我走进了他们完全不了解的新领域。

建筑系的课程从数学物理到画法几何，又从素描水彩到平面设计，还有测绘、写生、考察、计算机绘图、结构、声学、历史、英语，最后就是各种题目的设计课，真的十分丰富，每一门课都为我们打开了认识世界的一扇窗。而1987年从五湖四海来到清华建筑系的90多位同学性格各异，五年大学生活的酸甜苦辣大家都自有感受，其中总有一些值得珍藏的美好画面。

## 二、宿舍小集体的美好一面

和一年又一年清华里的成千上万个宿舍集体一样，我所在的新斋919房间在三楼一条走廊的近端，住着6位女生。除了我以外还有两位来自北京，分别是北大附中的程海青，安静优雅有条不紊；石景山区九中的刘蓬，认真严谨快手快脚。另外3位是来自长春的于晋玲，美丽内敛极其有自己的主意；长沙的张展，敦厚随和笑容可掬；佛山的梁晓红，小巧玲珑的体育健将。

尽管因为空间狭小引起的碰撞无法避免，但是大家熟悉以后很快就形成了一个团结的集体。记得第一个初冬，我们迷上了在下午锻炼时间一起去圆明园长跑。那时圆明园的一个小侧门离我们最近，不是旅游旺季便不收门票。我们就从这里跑步进去，再拐到荒岛上的小径。夕阳西下，蒹葭苍苍，一片荒凉之美，令我们叹息和留恋。

之后大家在清华园的生活各自绽放开来，宿舍小集体的活动也就不那么重要了。但是毕竟朝夕相处，彼此的了解和友谊早已变成了心照不宣的默契和关切。海青曾经是和我一起去锻炼、吃饭、打水、打扫宿舍卫生的最好的搭档。我曾经跟着晋玲去学吉他。一年寒假即兴上了火车跟着晓红到佛山逛街。有一次出游时好心把自己的自行车借给了可怜的张展，害得她摔断了一颗门牙，花了不少的钱，幸好没有毁容！而岁月流转，当我结婚时，是刘蓬和她的老公陪同我去民政局登记，又作为唯一的同学代表全程参加了我的喜宴。

## 三、殊途同归结缘清华

大学的最后一年，住宿条件有所改善，同样的房间只住 5 个人了，所以每个宿舍要调出一个人组成新的宿舍。我自告奋勇搬进了 820 宿舍。同宿舍其他 4 位除了美丽泼辣的川妹子胡炯以外，都是北京人，有周琰、张兰、翟爱华。这时我突然发现，除了我以外，怎么每个人都在准备出国？

最后一年大家都有了各自的计划，除了偶尔晚间的闲聊，宿舍里的共同活动很少。这时我们发现张兰、周琰和胡炯都在本系本年级的男生中寻到了心上人，而我和爱华作为剩余的单身自然在一起的时间会多一些。尽管我们两个是上下铺，但是彼此谦让和包涵，一直保持着非常礼貌的距离，互不干扰。但是有一天，我们突然变成了知心朋友。

那是一个夏天的周日，我们都从家里回到了学校。宿舍里燥热，我们俩决定出去吹吹风。路边有卖西瓜的小摊，一元一个薄皮小瓜，我们天天吃，甜得发腻。于是我俩想到去小杂货店买冰镇啤酒。来到杂货店，我们问掌柜的有没有冰镇啤酒。他说当然有，但是要到后面的冰箱里去拿，然后看着我俩问："要几瓶？"我俩顿时觉得如果只要一瓶似乎就不值得他去跑一趟了，而且会被他小看，于是相互望了一眼以后说："来两瓶吧。"

我和爱华一人拿着一瓶啤酒，走到宿舍门口，知道房间里面还是很热，于是决定就在新斋山墙面锁着不用的小侧门前台阶上坐下来，直接对着瓶子口喝起了啤酒。这是我今生第一次给自己买啤酒喝，尽管夜色已经笼罩，心里还是觉得路过的人们都在看我们这两个握着酒瓶喝啤酒的女孩。没有什么下酒的配菜或点心，尽管肚子开始有点撑了，还是觉得专门买的冰镇啤酒，放热了可惜，所以两个人硬逼着自己把啤酒喝完了！那天坐在台阶上聊了些什么已经不记得，但是经过这件事，我们俩的距离感突然被化解了，我们的友谊和交往一直延续到现在。后来爱华在比利时的一座桥上邂逅了清华计算机系的学友终成眷属，而我的老公尽管是个十足的瑞典人，但也经历了清华建筑系的陶冶拿到博士学位，算是清华校友，也是我的同学。这样我们820宿舍的女生们都与清华男生喜结良缘，而且全部成为了“国际公民”。

## 四、选定专业方向人生启航

进入大学五年级，我选择了城市规划专业方向。毕业设计的选题是研究北京旧城居住区改造，具体地点是北京西城二环内的官园地区。同一个毕业设计组的同学有广西的杨晓春、四川的邓志勇和新疆的李天兵。我们的工作从详尽的现场调研开始，记得曾在研究范围内的一个地下室的旅馆里住了一个月，每天从早到晚观察和记录胡同里的生活，还进行了非常基本的问卷调查。问卷调查部分是我的主要任务，除了收发问卷，最重要的是对抽到的居民进行访谈，因为很多居民不太愿意自己填问卷，我们就结合问卷和居民交流，了解他们的情况和想法。

这第一次旧城居住区调研对我后来的影响非常大。说来汗颜——我从高中开始在北京上学，大学五年级时已经在北京生活了8年了，但是从来没有好好地了解过北京的胡同。在我的感觉中，那里神秘、封闭，可能还隐藏着危险。但是经过一个月的实地调研，我最大的感受就是生活的故事太精彩了！而且我从那时起很长的一段时间里都不再看任何小说，因为我突然意识到我自己的生活、我身边的真实故事比小说更精彩！

这次调研和毕业设计的收获和感受决定了我后来博士研究的方向，从这个项目开始，在以后的4年里，我调研了北京的4个旧城区和4个旧城改造的居民安置区，还有泉州的4个历史街区。旧城更新中的居民和社会问题成为我的博士研究课题，这些调研也让我走出学校，走进社会课堂，拥抱多彩人生。

## 五、直博生涯受益终生

刚刚过去的10月1日收到吕俊华先生的讣告，那张熟悉的照片，虽然变成了黑白，却正是我印象中吕先生永远的样子，神采奕奕、自信、有风度……

我第一次见到吕先生是1992年报博士生时和导师面谈。那时她刚过60岁，我成了她的第一个博士生，也是当时最年轻的弟子，因为我是硕博连读，那时大学都还没毕业。可能是因为自己心里没底，所以我对她的第一印象就是严厉，特别是她认真听别人说话时习惯性地皱起眉头。她总是一丝不苟的打扮让我觉得她很有学者风范，但是有点古板，难以亲近。

后来逐渐听说了关于她的故事，她作为在中国整个历史上为数极少的女先生之一，是一位传奇人物，而对于我来说是真正的恩师。在她严肃的外表下，有一颗勇敢坚强活泼智慧的心。我珍惜有缘属于我的这一份和吕先生在一起的经历和记忆！

我选定导师后就开始了某种程度的助教生活，最主要的工作就是协助接待络绎不绝来自世界各地的老师、学生、访问学者。吕先生对各种形式的交流都敞开大门，和我同时的博士生最多时还有四位，一位是来自美国，MIT 毕业的艾丹，另外一位是来自瑞典，后来成为我老公的倪岳瀚，有时还有一两位硕士生加入进来。这个强大的国际化团队是我们组能承担很多国际交流的良好基础，而且吕先生还经常和系里别的教授们合作，雪球越滚越大。20 世纪 90 年代初都安稳地生活在象牙塔里，从没有想过出国的我也得到了“坐拥世界”的机会，最终找到自己的另一半，走出国门成为了世界公民。

我本科毕业就一无所知地踏上了 5 年的硕博连读旅程，现在回想起来，吕先生指导博士生的方式非常大胆创新。我感到她深知博士生导师的任务不再是教给学生什么，而是支持和帮助我们探索未知的世界。她认真听取我们每个学生自己的想法，一边为我们加油一边带着谦卑和好奇追随我们的探索。她不仅十分放手地鼓励我们自己尝试和发展，而且积极创造机会让我们参加各种研讨，与学术界的专家们近距离交流，包括与国际学者们深入交流和一起工作，还亲自介绍推荐我们去拜访老专家们。

1995 年年初，吕先生的好友，当时挪威特罗赫姆理工大学建筑系主任 Harald 教授邀请我作为访问学者到挪威交流和学习，并为我精心安排了在北欧各国考察旧城更新的历史和最新动向，特别是其中的社会经济问题。吕先生给了我充分的信任和支持，使我能够成行，在北欧学习考察了一共 4 个月。然而回国后我才听说吕先生已经因患胃癌接受了手术，将胃切除了 5/6，并继续接受化疗。我真正接近和了解吕先生也是从这以后开始的。

1995 年秋季学期开学后，再见到吕先生时是在她家里。由于化疗造成了脱发，她戴着一顶简单的白色医疗帽，面色晦暗，十分消瘦，说话也缺少气力。她一定也知道我们所有人的担心，但是她显然是下定了决心，要完成自己作为博士导师的任务，也许这种责任感也给了她振作精神战胜癌症的力量。那时我和另外几位同门博士生都正面临博士论文开题，这是我们进入博士论文阶段最重要的环节，从此以后的半年多时间里，我们基本上每个月 1 ～ 2 次在吕先生家里小组研讨，也正是在这样的艰难岁月里，在吕先生公寓客厅里的学术沙龙越来越红火起来。

从 1993 年开始吕先生有时会邀请国际友人到自己的家里做客，我长期住校，在组里年纪又最小，所以经常作为助手接送带路，有时帮忙做些接待准备，并有幸参与这些非正式的交流，偶尔帮忙翻译一下，也得以结交了很多国际友人。而 1995 年以后在吕先生家里的博士生小组研讨则成为了我们终生受益的独特的研究和学习过程。

在研讨中，每个人会报告自己的研究进展、思路、问题等，在共同的讨论中互相交流和启发。回想起来，吕先生总是带着巨大的兴趣聚精会神地倾听，不时提出自己的疑问或予以鼓励。她也非常尊重每个人的特点和情况，鼓励每个人发言。如果某个人进度慢了，她会表示担忧，但是同情每个人的具体条件，很少批评或提要求，而是说这样恐怕难通过，但这是你自己的事，如果来不及的话就申请延长一点时间。是的，她很清楚，什么事情是她的责任，什么事情是博士生们自己要承担的责任。

后来吕先生的身体奇迹般地好起来，逐渐可以多吃一点东西，重新开始唱歌，吕先生的公寓客厅里有了越来越多欢声笑语。我们的博士生沙龙不仅一直延续到吕先生正式退休，而且逐渐扩展了一些更广泛的半正式的学术聚会，吕先生总是说我在家泡好红茶等你们，你们想吃什么自己带上。有时人多得只能搬出所有的小凳子坐，但是不管是国外教授，还是国内专家、局长、总工，来参加过的人都很享受和赞赏这种平等开放的研讨氛围。

吕先生一直主持一门重要的研究生课程，就是“近现代中国住宅”，我为这门课做了多年的助教。在这门课上，她开创性地采用了邀请多位校外专家讲课的方式，来讲课的多是她在康居住宅专家委员会里的好友。每位专家都将自己在中国城市住宅发展领域长期积累的经验和最新的洞见浓缩在短短 3 个小时的课程中，而吕先生也一次又一次地和学生们坐在一起，认真聆听。

在我准备博士论文的阶段，吕先生介绍我去拜访和请教了数位专家，有些是她以前已经带我们结识过的，有些我以前从不认识。但是由于有吕先生的介绍，专家们都十分友好和认真地接待了我，诚恳地给我提出意见和建议。他们都关切地询问吕先生的情况，可以感受到他们对吕先生的为人和治学的敬重和赞赏。多年以后，看着我的博士论文专家评审意见表上一长串的签名，我才意识到自己受到了吕先生怎样的惠泽。回想在吕先生公寓客厅里的大小沙龙，严肃、欢乐、激情、启迪，一段谈笑有鸿儒的日子！

一个阳光明媚的秋日，我陪着吕先生走过清华大礼堂来到图书馆前。吕先生穿着灰色短裙，黑色丝袜和平底鞋，身披一件长款的白毛衣，映衬着她一头银发在阳光下熠熠生辉，和红墙秋叶共同构成了一道清华风景。

我那时最大的优势就是年轻无忌，带着初生牛犊不知天高地厚的勇气和好奇，如饥似渴地学习和探索。我常常因为了解到新的知识和信息而兴奋，十分乐于在组里分享，但是有时会表现得沾沾自喜，甚至自以为是。在待人接物方面我有时也显得幼稚无礼，有时候吕先生对我的表现不满意我还觉得委屈。以致于有一次吕先生很无奈地对我说："谭英，你以后要吃苦头的！"尽管那时我只有模糊的理解，但给我留下了深刻的印象，是经常回旋在我脑海中的警钟，提醒我自省和收敛。感谢恩师的警训，肯定帮助我少吃了很多苦头！

原以为清华大学毕业又被推荐攻读博士学位，就已经到了顶峰。通过 5 年的博士学习和在清华建筑学院任讲师的 3 年，才发现自己是刚刚从井底爬出来开始认识世界的那只青蛙。2000 年我离开清华时有种种原因，其中包括感觉自己没有多少实践经验，作为讲师，常常觉得自己一手学一手卖。按照正常的资历，眼看就可以申请成为副教授了，但是十分心虚，越来越觉得自己处于一种被赶鸭子上架的境地。但是另一方面，任教 3 年，多少也有些积累，在系里越来越能够发挥一些作用了，而且一直得到领导和其他老师的重视和信任，下决心辞职离开多少有些愧疚，似乎辜负了清华大学的培养，辜负了建筑学院以及吕先生当年给我的机会。但是我的决心已定。当我怀着忐忑的心情向吕先生表达自己的不安，特别是说到对规划系的责任，吕先生用一种生气和斥责的口气说："谭英，你要走就走吧，不要以为清华大学建筑系离了你就不转了！"这句话一是解除了我的纠结；二是打击了我的自大。对我来说这是恰到好处的一脚，将我踢出了清华的大门，结束了在清华大学 13 年的学习、工作和生活。又要感谢恩师，为我打开了窥见世界的窗口，还放手推我远航！

## 六、二十年间柳暗花明

离开清华来到瑞典的头两年，生孩子和学习瑞典语，除了家庭以外，没有任何社会角色，感受到自由和真实的自己，通过瑞典语学习班结交了来自全世界的各色朋友。生活归回零点，从租小公寓、领救济金、在最便宜的超市买打折商品开始。躁动狂想之后回归专业，机缘巧合进入了北欧最大的建筑设计和工程顾问公司。

我的任务是开拓中国市场。那时突然发现自己虽有博士文凭，但是面对要做的事情可以说是一无所知，正如刚刚迈进清华建筑系的大门时的感觉。面对着全部瑞典语的公司网站，如何介绍 Sweco 公司和项目？什么是可持续发展？中国的市场在哪里？但是经过一个又一个里程碑，Sweco 集团的中国市场发展起来了。

拿到博士学位后的十年里都曾经觉得博士期间学的东西太杂，不怎么有用。

但是后来越来越发现，在清华期间所接受的从建筑到规划的基础教育和外延知识为我构建了比较全面的知识框架，特别是在硕博阶段广泛地学习和了解了城市交通、城市社会学、文化地理学、城市经济学、统计学、社会调研、社区参与、历史保护、城市更新等城市规划相关领域的知识，为我今天理解和推动城市可持续发展奠定了基础。

虽然在瑞典公司工作了 20 年，但是我始终专注于中国的城市规划项目，没有荒废所学，且带领国际团队为中国的城市发展贡献了一些力量，也算不辜负母校的培养。在做项目过程中，很多场合下，会遇到清华的老师和校友，如果是建筑系的，更有一种说不出的亲切，就像是见到了娘家人。每一次在中国出席会议，或者在瑞典接待中国领导，自我介绍时清华的经历总让我感到自豪。这种时候我感觉到自己既代表我所在的国际大公司，也代表清华人。

毕业 30 年，今昔不管身在何处，老同学们不仅千里共婵娟，而且借助网络，真正生活在同一个地球村，关心着许多共同的话题，经历着殊途同归的人生旅程。谨以此文为我们色彩斑斓的集体记忆添上一瓦。

2021 年 11 月 17 日于哥德堡

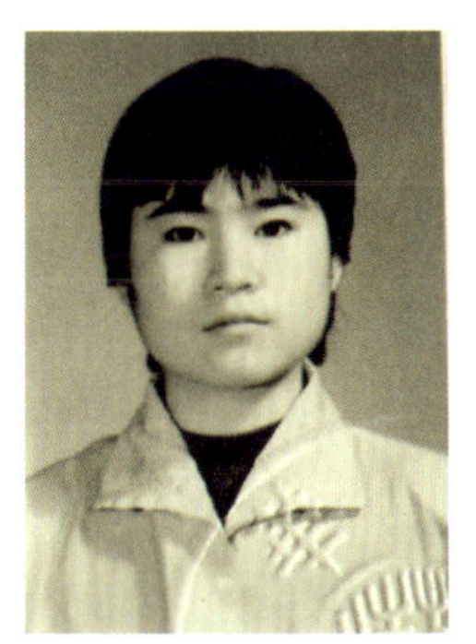
作者毕业照

作者当年同学照

作者当年军训照

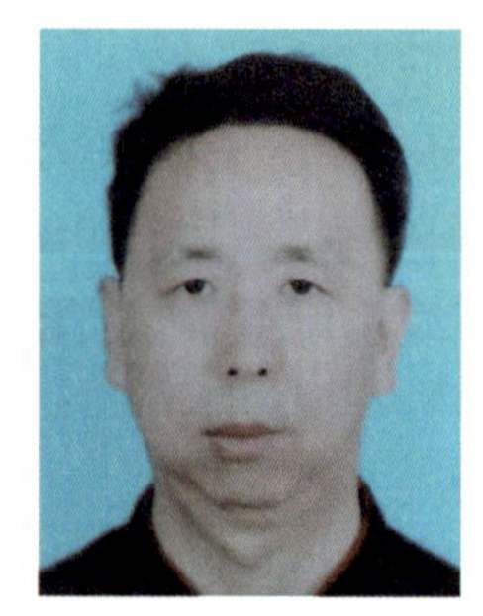

**范万杰（经管学院 经71）**

1994年毕业后一直在国泰君安证券工作，先后从事宏观经济（含上市公司）研究、债券市场投资及承销工作，现担任机构客户维护工作。

# 曾经沧海难为水

经71班的同学大都生于1969年鸡年，五行属土。从男生们的衣着及经管楼前缺蹬少闸的自行车，可证“土为真”。我们的高考不比现在，1987年参加高考的录取率为27.2%（含大专，且各省还有自己的初选），相当不易。我们迈进清华校门，可谓“上山崎岖踏雪泥，路长人困蹇驴嘶”。

校园里的我们是自己的主人，教室操场除了不及格或偶尔骨个折啥的，依然横冲直撞。真是“耳闻穿林打叶声，无妨吟啸且疾行，漏车胶鞋轻胜马，一脸灰尘遥五年”。

一个手机退场的年代，一个无法自足的年代，每个同学只能跟他人共进退，共入眠。饱含诗情画意，塞满人间烟火。那就让我们共同穿越回去吧！

## 一、骑车长城见证“双虎”

1980年代，去过北京且爬过长城的“好汉”甚少，自然要实证“不到长城非好汉”：“木鸡”班长一声吼，凌晨五点骑车走。结果征服了一男一女两位好汉：“上山虎”小潘由内蒙古大士玉明扶腰拾级，“下山虎”阿亮在盗梦空间缥缈入住。

## 二、文化交流如厕之辨

那时候，爬香山于我们乃家常便饭，出了晚食堂，宝坤、怀民常谈心聊天至山脚，跑步返回自习室，羡煞本班美籍德裔同学菲利仁。终于，一个周末，他得以随我们小登香山。群中一山西籍儒雅，名世宏，英语了得，时值两同学斜侃正欢，利仁内急，寻厕所出大恭，无奈彼时山坡无今之完善，世宏同学便指示他去蹲个坑罢了，比画半天，老菲没整明白，雅士终于开口“There is a hole,you 蹲下”，得令去了。

## 三、东大论剑荣辱不惊

当时的学校喇叭在下午 4：30 一定会传出嘹亮声音：“同学们，走出宿舍，走出教室，去参加体育锻炼，为祖国健康工作五十年。”一个瘪足球，在 15 号楼充上气，我们便尾随龚同学奔向灰尘滚滚的东大北小操场。那时经 7 有两个班级，大四前约球家常便饭。对于我们经 71 班，即使刻苦训练得土垢汗臭，由于经 72 班老蔡、家浩等梅西般的存在，我记忆中凡我参加的对垒没有赢的（况且一般我会手球送对方 1 分）。至于啦啦队，大一时我班十朵校花尚翘盼叹气于场边，后则实在哀我等不争而罢战。相形之下，我班篮球则独霸全系，曾获校班级赛前八，队员名必须上榜：杨斌、陈旭、翁涌、龚振飞、郭宝坤、范万杰。

## 四、联谊宿舍出轨终结

非网络时代，时兴男女寝室结为“联谊”。现在想来，也许是 14 号 606 室帅哥少、不易色迷而易探究的原因，我们幸被本班美女宿舍 330 宠联。实在是凤凰女相会土鸡仔，606 室的男生愣是把对方联谊到被规定三不准的程度：“不准谈土特产，不准谈方言，不准谈七大姑八大姨。”那时，尽管 606 的每个男生卧谈时都说出了自己的 330 心仪对象，但现实是残酷的——一厢情愿。痛定思痛的六个小伙于某个冬夜沿圆明园路潜入邻居北大某宿舍楼，于某寝室外布兜内留下信约：“若有意，请回信于清华大学 14 号楼 606 室 ××× 收”。虽“夜寝不能眠，起坐弹鸣琴”，无奈“明月照沟渠”。

## 五、叩玉有声土生真金

霹雳舞、吉他吼、冷水澡是周末男生的躁动，但在我们班，常见“闲敲棋子落灯花”。玉明同学可算《庆余年》中大宗师苦荷，习谱自成，棋风稳健；怀民，九品狼桃，嗜屠大龙。常见二人对弈，虽从级别可知胜率，但从复盘后九品对大宗师的颔首里，可知二人的即心即行。行棋小人生，五行土生金，毕业后的玉明同学一直在金融业稳步发展，终成基金业大宗师，怀民亦仍在 K 线中屠龙，以求中盘得胜。

## 六、师生见面之不须约

也许是那时老师的会务及应酬少，我们见老师是直接去办公室或家里的，不必须预约。导师侯老师家的二楼自不必说，项目组程老师的六楼我那时也是健步如飞。若赶上饭点，老师是真知道学生食堂油水少，硬是搬张凳子摁下一起吃，真香也真好意思。自毕业后，两位老师的家里座机号一直保留，我也一直熟记。现均已近高龄，我们现在保持每年至少一次聚餐的习惯，并且去家里依然不须约，师生情缘，抚今追昔，应有同哉！

## 七、毕业留言余音绕梁

都醉了。毕业 30 年之今天，我依然只醉过一次酒：清华南门小吃店毕业聚会。心中有讲话，舌头捋不直，两腿直打绊，醒来头欲裂。犹记得老左给我们朗诵的醒酒诗，但都已入梦随风去。泛黄的纪念册里，有老同学年少时的灿烂笑容，有老同学苦心指点和良好祝愿的熟悉笔迹。那几个交换纪念册的夜晚，你依我依曾相拥，推心置腹有心泪。嘈杂喧闹，余音绕梁。

年已半百，身栖全球。老同学们，可同感于“除却巫山不是云”？

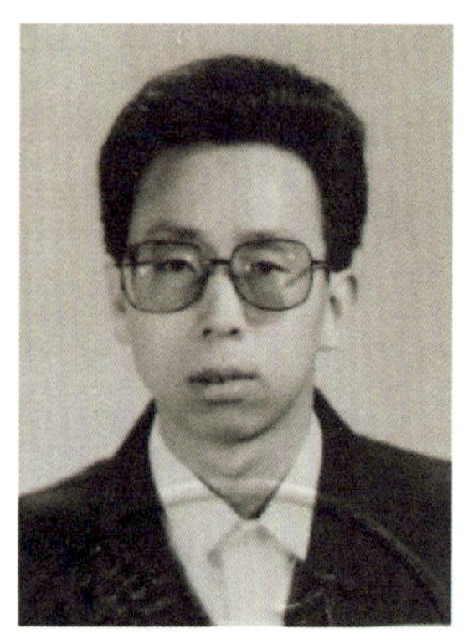

作者毕业照

作者当年同学照

### 王勇（经管学院 经 72）

1995 年硕士毕业后在中国建设银行工作至今。曾赴英国翠丰集团工作培训，2018—2020 年任西安市副市长。高级经济师、注册金融分析师。

## 我的大学集体

1987 年 9 月 11 日的傍晚，清华大学主楼前举行了一场简短的新生入学仪式。来自天南地北的 30 名同学，带着稚气和希冀，相聚在一起。在随后的五年里，每个人都作为经 872 班的一分子，在清华园学习成长、见证青春；在接下来的人生岁月里，大家虽然又天各一方，但从未觉得遥远；已织就的一条纽带，时时牵动着每一颗不老的心，相互之间关注鼓励，恰同学仍在校园。

大礼堂前合影，自左至右：陈洪、滕天鸣、张少忠、钱晓冬、蒋勇、张晖、舒俊杰（摄于 1988 年初）

## 一、吾师

清华以理工科著称，各大院系历史悠久，而1987年经管学院成立才刚刚三个年头，经济系只有我们一个班，很不起眼，连我们的学号也是很靠后的。渐渐地，我们了解到经济系的渊源，得知其最早成立于1926年，名师云集、才俊辈出，并不输于其他院系。再往后，得知经872班是经济系重建后正式招收的第一届本科生，自豪之余，反而多了些诚惶诚恐的不安。

作为国民经济管理专业正式招收的首届本科生，经872班的课程设置丰富而有特色。5个学年、10个学期、60门课程、560多个学分。既有"数学""物理""英语"等基础课，也有"经济学""国际金融""国际贸易""计量经济学"等一系列专业课，还有生动有趣的课程——"工业生产过程"。

入学不久，经济系的老系主任陈岱孙先生来学院作过一次演讲。老先生80多岁了，清瘦挺拔。演讲中他特别强调经济学应是"经世济民"的学问；并打趣说若非避唐太宗名讳，没准儿"经济学"会叫作"世民学"。第一学期邢家鲤先生开设"工业生产过程"一课，格外与众不同。这门课深入实际，课上分别介绍各个工业行业的生产流程，课下安排了一系列的参观考察。大学伊始，我们就初步掌握了轻重工业的总体情况，更有机会步入首钢、清河毛纺厂、清华发电厂，实地观察钢铁、纺织、电力等行业的生产加工流程，确实大开眼界。邢老先生对学生要求非常严格，上课迟到肯定遭训。讲课时充满激情，1987年12月12日正好排有一节课，他要求大家起立为南京大屠杀五十周年默哀，为的是毋忘国耻。

所有的课程中，数学是重头戏，几乎每个学期都有一两门，而且学分普遍高出其他课程好多。我们陆续学过"微积分""高等代数""离散数学""应用数理统计"等多门课程。数学课程无疑是枯燥的，但也不乏例外。"高等代数"的老先生在讲授逆矩阵性质时，用就寝、起床时的脱衣穿衣顺序来类比，"脱衣法则"从此再也不曾忘记。程佳蕙老师的"图与网络"，特意布置了暑期课题，要求我们结合日常生活中的实际，理解流程优化对运营效率的提升意义。

石涌江老师开设"企业管理"，也特别强调案例学习。当时的企业管理教材，多是抽象笼统的大道理，难怪舍友在某参考书的扉页上写下了这么几句来打趣："什么是管理？没意思，没道理。什么也学不着，白费力气！"石老师在讲授这门课程时，并无合适的教材，因此多使用国内外的案例进行分析。其中一个案例是"Morrell's Meat Ltd."，这家肉类零售店应如何挖潜流程再造以扩大销售改善业绩，一度成为当时全班热议的话题。

"西方经济学"是经济系的核心课程，由班主任朱宝宪老师主讲，同时李子

部分同学在伟伦楼合影留念，自左至右：邹鸿鸣、曾翔、樊学志、滕天鸣、蔡晓农、佟焱、张晖、朱宝宪、曲家浩、蒋勇、张军、钱晓冬、王勇（摄于 2004 年校庆日）

奈、张金水、华如兴、陈章武等多位老师也均在不同的时期给我们代讲过。朱老师使用译自国外的两本教材，备课和讲授非常认真。李老师授课时，特别关注经济学指标的涵义和实际数值。张老师授课时，如同他的经济控制论一样，公式和图表一定要爬满整个黑板，系统分析是他反复强调的重点。当时西方经济学正在引入中国，经济系的老师们尽管讲课风格各异，但都是自己潜心钻研的成果，恰好供我们博采众长。

孙礼照老师主讲的“货币银行学”，大量运用公式、图表和数据来分析阐释。当时国内这门课程的其他教材多是说理，有的甚至通篇都没有一个实例与数据。孙老师引用的数据，既包括发达国家如美国的资金流量表，也包括工行、人行等商业银行、中央银行的资产负债表。孙老师使用的公式，包括货币乘数、物价指数、股票指数、债券价格、导数分析等。孙老师给出的图表，既有经济学的基础理论如 IS-LM-BP 分析，更有自己对货币金融学知识及其政策建议的体会和总结。

最后一年以专业课程为主。经济系主任董新保老师主讲“社会主义经济理论专题”，从“一五”说起，一直讲到眼下的改革背景和方略。“国民经济管理”分别由黎诣远老师和朱武祥老师讲授。黎老师是早期经济系的毕业生，也是最早在高校开设“西方经济学”课程的老师之一，古今中西，讲起课来信手拈来。朱武祥还为我们讲授“发展经济学”，板书工整认真，内容非常丰富，对我们未来的职业发展充满信心。当时我们有些怀疑，但现在确实成真了。

李子奈老师对经 872 班倾注了大量心血。入学后才知道许多同学是他亲自招来的。大学五年的课程表，凝聚着他精心周到的教学设计。最后一年李老师先讲授“投入产出分析”，让我们认识到如何科学决策才能照顾和平衡各方的利益。最后一个学期李老师还主讲了“计量经济学”，他用给研究生编写的教材来“优待”

经 872 班，希望我们能够更为全面和准确地理解这门学科对于中国经济的价值。计量经济学需要集经济学理论、数理经济学和统计学之大成，需要理论、方法和数据来支撑。李老师讲课时，广泛采用案例教学，从问题的提出、理论依据、建模过程、估计检验等各环节，向我们介绍了计量经济学的广泛应用。或许后来不是每个人都有机会直接从事计量模型的研究应用，但言之有法、析之有据、实践验证的分析框架，确是可以推而广之大有裨益的。

五年里还有许多课程值得回味、终生受用。第一学期的“工程制图”，教室排在清华学堂，我们得以体会早年间清华学生的感受。学堂的隔壁是“同方部”，记得当年着过一场火，夜里 11 点多大家提着脸盆从宿舍跑去帮忙。吴栋老师在讲授“政治经济学”时，鼓励大家积极思考、结合东西方各国实际进行辩证分析。仝允桓老师的“技术经济学”，其原理在以后的金融工具分析和项目评估中时常使用。张祖英老师讲授“统计学”时，首堂课上就引用马克·吐温的“谎言、糟透了的谎言、统计”三段论，提醒我们一定要慎重使用统计数据。韩秀云老师是我们第一学期的班主任，作风民主、和蔼可亲，关心普通学生的生活，我们都到她家里做过客。2008 年韩老师《看不懂的中国经济》市场热销，在我们的意料之中。

还有两位外教值得一提：大二下学期，教授英语课的是一位叫 L.T. 的美国小伙。有一次布置作业大家未能按时完成，他课堂上毫不掩饰失望之情，甚至说起他原本有一份更好的工作，为了教授我们而坚决放弃。大五上学期，来自西安大略的 Slaughter 女士讲授“International Finance”和“Business Communications”，我们不得不接受全英文授课，同时也有机会抽空陪她参观天坛。我们虽是东道主，但这也是头一回。

当年的许多老师现在已经离开教职，还有几位永远地离开了他的学生。1996 年 10 月孙礼照老师辞世，之前在病榻旁，他还对几个学生谈起修订《货币银行学》的设想及章节分工安排。2004 年校庆时班里几个同学曾去探望过邢家鲤老师，告别时他送我们到楼道口，孰料于当年 11 月辞世。朱宝宪老师长期担任经 872 班的班主任，四年多与我们朝夕相处。他爱好摄影，我们班的许多照片都是朱老师为我们留下的。他后来笔耕不辍积劳成疾，竟也于 2006 年 1 月永远离开了我们。

## 二、吾园

清华是学习的校园，也是成长的乐园。经 872 班的 30 名同学，来自全国 24 个省市区，其中半数是农村和中小城镇，普通话里不时夹杂着各种方言。大家原本相隔是那么遥远，每个寒暑假来临的时候，这一点表现得淋漓尽致：考完试大家总是在最短的时间里四散，从北京站挤上回家的各趟火车，不久后又很快如候鸟般返回校园。印象最深的莫过于1992年的最后一个暑假，我们将自己一个个送出校园或送上返乡的火车，歌声中和泪光里，主角一个个离去，送行的人越来越少，颇有些《音乐之声》电影的味道。

经872班入学时，恰逢高考制度恢复十周年，改革虽然已经开始，但多数家庭还未过上衣食无忧的富足生活。大家骑着自行车，穿行在清华园内外，衣着简单，几年都是由一身绿军装、军挎包或军大衣做伴。但清苦的生活掩盖不住对知识的渴求和对未来的信心和憧憬。

清华提供了充足的自修教室，人均座位在1.7个以上，因此占不到座肯定不能成为学习犯懒的理由。清华的图书馆藏书丰富，经管学院还有自己的图书馆，报刊书籍很新，原版书刊很多。阅览室成为大家课后和自习之余最爱光顾的地方。

清华一直重视体育。大一到大三，体育是必修课。每天下午四点半，大喇叭里就会响起"为祖国健康工作五十年"的锻炼口号。经872班很早就成立了足球队，既有三剑客，更有全民参与。开始自然是屡败屡战，有人为此付出了几颗牙齿，还有两位同学相继负伤住进校医院治疗，一举花掉了当年全班的公费医疗额度指标。后来这支足球队居然越踢越好，毕业时已成为学院联赛的冠军，如今与低年级师弟们聚会，后者还常常为此而悻悻然。

在校五年间，正赶上价格闯关、通胀高企。官方数字早已超过20%，保值储蓄好像也是当年的创举。我们体会最深的地方就是食堂。大一时一个月30块绰绰

经872班在东大操场合影，自左至右，后排：佟焱、樊学志、王玲、田汉卿、米宁文、吴泠、金苹、李黎明；中排：罗得亚、张晖、曲家浩、许红兵、蔡志鹏、张少忠、蒋勇、滕天鸣、张军；前排：曾翔、王勇、马国庆、钱晓冬、华德荣、邹鸿鸣、马宏平、王辉（摄于1990年秋）

经 872 班同学在密云县四合堂乡合影，自左至右：米宁文、王玲、田汉卿、舒俊杰、马宏平、钱晓冬、张少忠、李莉、许红兵、吴泠、滕天鸣、王辉、李黎明、樊学志、张晖、张祖英、王勇、蔡志鹏、黄国威、邹鸿鸣、陈洪、罗得亚（摄于 1990 年春）

有余，大二时就捉襟见肘了。饭票经常会有紧缺的时候，只好催促家里多些支援，也不知给父母家人平添了多少负担。

经 872 班在校五年间，参加了大量的社会实践活动。入学报到后一周，就赶赴张家口柴沟堡 65 集团军参加为期一个月的军训，叠“豆腐块”、夜里轮岗、饭前赛歌、中秋晚会，迅速创造出个人饭量的历史最高纪录，迄今也不曾超越。1988 年暑假在校机械厂金工实习，亲手操纵车床，将坯料加工成半成品和成品，“技校生”的成就感油然而生。1990 年暑期赴沈阳重型机器厂管理实习，了解到大型国有企业的经营状况、组织架构及其员工工作生活条件的艰难。同时赶上“意大利之夏”，马拉多纳、卡尼西亚也没落下。1990 年秋天全班参加了海淀区财政局和税务局的社会实践，半年里每日到局机关上班，对基层财税管理的实际进行全面了解，并参加了财税大检查和校办企业的各类调研活动。

经 872 班有 9 名女生，比例明显高于 87 级 20% 的平均水平。30 名同学分为 3 个团小组，每组各有 3 名女生。班上组织集体活动时，团小组成为主要的基层组织。五年里班里组织了大量的集体活动。1987 年的第一场雪，来得很早，好像是 11 月 1 日。雪后大家头一次爬香山，唱着费翔的《安娜》，未费吹灰之力就成功登顶。第二年五一，全班骑车去锥臼峪，头一次品尝二锅头，因此有人不胜酒力将煤油当成水喝。1988 年 10 月 1 日，6 名同学登泰山，两天两夜未合眼赶了个来回，人均花费不到 30 元，算是低碳标兵了吧。班里组织去过的地方，还包括北京周边的云水洞、十渡、四合堂、黑龙潭，远一些的则有辽宁的大伙房水库、千山以及山海关等地。

男生宿舍所在的 14 号楼，当时算是校内条件较好的。宿舍很新，水房很宽敞，混响效果极佳，因此这个班不仅练出了学院十大歌手，而且还有人走出学院，拿到全校歌手大奖赛的冠军。14 号楼每一层都有一间活动室，配有电视，周日晚 6 点半播出《米老鼠和唐老鸭》，人山人海笑声鼎沸，当然也有为抢频道而与其他班动粗的时候。连续剧中印象最深的，当属黄蜀芹导演的《围城》。也许因为原著与清华千丝万缕的关系，短短 10 集，大家看的是如痴如醉。7 层的活动室更大，适合举行舞会、歌手大奖赛等各种活动。每个元旦夜，经 872 班在这里举行的新年晚会，差不多都要通宵达旦。

## 三、吾印

经 872 班在校的五年，是中国社会经济社会发生巨大变化的时期。改革开放初期，经济领域无论在理论还是实务上，都处于一个探索时期。经济学还需冠以“西方”二字，市场机制、证券金融都属于十分新鲜的词汇。1992 年毕业时逢治理整顿，留京指标格外紧张，许多同学回到原籍。出乎意料的是，很快我们就赶上小平同志南方谈话，东方风来满眼春，中国特色的市场经济体制破茧而出。经 872 班的毕业生们迎来了千载难逢的发展机遇，出国深造、自主创业、服务乡梓，同时也参与到股市基金、世贸谈判、银行上市、汇率并轨等，在改革开放的大潮中奋力拼搏，不负经济系的培养之恩。

现在看来，五年里也曾留下不少遗憾，但随着中国经济迈入飞速发展时期，昔日的毕业生已散见在各行各业，五年的学习生活更是留下诸多难以磨灭的烙印。

首先，大家都忘不了经世济民的己任。经济学需要大师，更需要身体力行者。1994 年 3 月 30 日，经管学院院庆十周年，翠绿的大草坪上，朱镕基院长拍完合影即将离去时，回头对在场的数千名同学说：“你们每个人都搞好一个企业，中国经济就有希望了。”学以致用、行胜于言，是每个人一直牢记的座右铭。

其次，关注细节、重视数据成为大家普遍采用的方法。清华经济系的老师们多具有理工科背景，这也是他们为什么重视数据、图表和模型的原因。经济分析或是经营管理，均需要针对实际，提出翔实有据、切实可行的分析解决方案。

最后，珍惜同学情谊、勿忘母校和师恩。在校五年间大家不知欢聚过多少次，毕业后各自成家立业辛苦奔波，同学间的关心与鼓励，永远是自强不息的动力。2007 年适逢入校二十周年，经 872 班和经 871 班特别联合设立了“经管学院学生平等发展基金”，以此感谢母校和老师的培养，并希望支持家境困难的年轻学子们能够顺利完成学业、梦想早日成真。这笔资金后来捐给了赵家和老师的“甘肃兴华青少年助学基金会”。

岁月如歌。经 872 班的五年学习生活，就如同一支歌谣，已经唱起，永不辍息。30 名学子，无论身处何方，定将铭记母校和老师的嘱托，继续实践着为祖国健康工作五十年的宏愿。（照片由钱晓冬提供）

作者近照

**李蔚（精仪系 制72）**

毕业后在IT软件行业十年，赴加拿大读MBA，回国后在教育行业十年，后从事餐饮行业。

# 清华学子的自行车

弹指一挥间，离开母校30年！已然退休的年龄，孩子们都开始了青春的大学生活，心中的清华，依然是那样的清晰、令人难忘。从踏进校门，一直到毕业，清华校园生活中的衣食住行，如今想来都会莞尔一笑的，而每个校友都有料念叨的趣事一定有自行车这个话题……

初到清华，背着行李从南门一路走向报到处和宿舍，记忆中还有拉货的马车嗒嗒的声响。搬进宿舍的当天下午，班主任樊老师就组织全班同学来了一次校园游。这一趟下来足足两个多小时，心中最大的困扰就是“这么大的校园，教学楼散落在各个方位，要是没有个自行车，上课要不迟到几乎不可能啊！”

后续两天，送我到校的父母着急为小个子的我买了一辆簇新的红色18寸自行车。一开始，每节课后都要为找寻自行车烦恼，因为清华的自行车太多了！如果在大教室上课，课后是一定要在茫茫自行车大海里去寻找属于自己的自行车的！我的自行车个子小，虽然是显眼的红色，也是经常要费一番周折才能找到，在从车堆里“拔”出来。好几次惊险地以为车丢了，课后要花将近半个小时才能在还不太熟悉地形的各个教学楼的 角发现熟悉的一抹红色。

然而，还没过一个月，我的18寸的小自行车就真的丢了！那时的心情真的是糟透了！记得那辆簇新的小红车花掉了我将近一整个月的生活费。那时的家庭都不太富裕，第一次丢车，心里真的难过极了，特别自责为什么没有多买几把锁，把自行车锁在固定的栏杆上。还每每梦中恍惚有派出所民警找回我的自行车，失而复得的欣喜打破梦境！这时候，从学长那里讨得经验：在学校里买个旧自行车才是比较妥当的，不花太多银子，万一丢了也不至于损失太大！那会儿才知道，几乎没有一个清华学子能五年坚守一辆自行车的。

再后来，记忆中的自行车从最初的18寸，变成了一辆挺好骑的26寸。又一次丢车之后，经学长分享经验：不能买太好的自行车，因为容易被惦记。于是坐骑变成了一辆男式28寸的大车，小个子的我得把车座放到最低，碍于前面的横杠，每次上车都要滑行到一定的速度，然后从座椅背后“飞”上去。记忆中那可是很潇洒的片段啊！潇洒的后果也是很惨烈！因为大尺寸的自行车通常把手比较稳，到了大四大五时，已经练就了可以大撒把的功夫，还喜欢和同伴一起结伴穿梭在校园的各个区域、各条小道，笑闹着大喊“小心啦！小心啦！本车没闸没铃没技术啊！”结果就有一次得意忘形，撒把骑着自行车，还回头张望什么，一瞬间自行车偏了方向，车轱辘擦到马路牙子边缘，我整个人就真“飞”了出去，摔得膝盖都破了！

还有很多快乐的记忆：夏日里下晚自习的时候，七八辆自行车乌泱乌泱地并列着，浩浩荡荡地组团争相穿过夜色，从自习教室返回宿舍，继续扮演水房歌手，或者抓住熄灯前的时刻在水房唱歌，或者在走道的灯下织毛衣。那些个很容易就快乐起来的青春的片段至今令人难忘。

到大学毕业时，细数御用过的自行车，足足有七辆之多，有在校园里找不见的，还有在校外丢失的。起初不经意经历一次“告别”还挺难过，后来就习以为常。每丢失一辆，都会有自己班的男生或者临近的绅士来询问要不要帮忙，然后就会找朋友帮着再找一辆二手自行车。

就是这些从新到破旧的几任自行车，载着我们“穿”过每一条校内的大路小道，“停”过各个教学楼的台阶前门洞中，陪我们“行”过从青涩到成熟的最美好的岁月。

后来工作了，成家了，有娃了，自行车成了锻炼的工具，一直向往清晨阳光下在风中骑行的画面。三十年来，从校园走向社会，周而复始的春夏秋冬，就像自行车的车轮，循环往复，不断往前飞奔！清华学子的人生，就是这样打下了坚实的地基，百折不挠，万事开头难，再努力一点，再坚持一下，就能云开雾散！

**邹茜（精仪系 制72）**

现在美国从事教育工作。

# 清华生活点滴

## ——我与自行车的恩怨情仇

自打收到清华的录取通知书，我老爸就开始犯愁。听说清华的校园很大，必须要骑自行车。老爸不放心我“无照驾驶”，打算在开学前教会我骑自行车。在遍布坡坡坎坎的山城重庆，自行车可是稀缺物件。老爸几经周折，终于在临开学前几天借到了一辆。在火炉八月的艳阳下苦练了几日，刚刚能在没人的马路上歪歪扭扭地骑行，就到了要坐火车北上的日子。

等到了清华才真正体会到校园的大：一教和主楼分处东西半球，精仪系馆则坐落在遥远的南极。每天走来走去感觉腿都要废了，于是决定要买一辆自行车。因为还没有学会上下车，所以别的要求没有，一定要是一辆女车。终于有一天老乡同学告诉我车买到啦！我兴冲冲跑下楼一看，立刻傻了眼：在我眼前赫然站立着一辆28的凤凰女车！对于身高只有一米六的我来说这无疑是一个庞然大物啊！没有办法，只能硬着头皮上，于是我一有空就骑着车在东操场一圈一圈地转转转……因为车技不佳，在上课时的滚滚车流中只敢推车前行，同宿舍车技好的同学总是好心帮忙占座。多年后的同学聚会中还有人提起当年我们宿舍的女生占座多么的潇洒：一摞书本唰地扔出去，一下就占一排座位。虽然我没有机会看见那扔书的英姿，但我知道那扔出去的一摞书本中肯定有一本是为我扔的。

日子一天天过去，我的车技也一点点长进。一个周末，我练完车，心情大好，于是跟同宿舍的康康决定一起骑车去圆明园一游。从宿舍到西门再到圆明园，一路顺利。可一进园子，感觉路好窄，一边还临水，关键是路上还有人！我一骨碌从车上跳下来不敢骑了，只好推着车走。推了一段以后人渐渐少了，于是又斗胆骑起来。慢慢地找到点儿感觉，平稳地骑了一段直路，然后转过一个小弯。没想到转过弯后是个小斜坡，坡下是一条水沟，上面搭着约两米宽的石板桥，过了桥路就分成两条了，分岔处立着一块很大的石头。我当时一下就慌了神，完全忘了捏闸这回事了，就沿着斜坡往下冲去。一边冲一边大声喊着："让开！让开！让开！"过桥时左拐右拐终于没让自己掉进水沟，却一头撞在了岔路口的大石头上，狠狠地从车上摔了下来。那一刻时间仿佛停止了，路上的几个行人吓得目瞪口呆，康康也推着车愣愣地站在斜坡上，过了好一会儿才缓过神来检查我的伤势。我躺在地上不敢动，觉得膝盖非常非常疼，低头一看，裤子摔破了一个大洞，膝盖流着血。还好没伤着骨头，也没摔着我聪明的脑袋，真是万幸。不过我们的圆明园一日游就这样灰溜溜地收了场。

如果说骑车摔跤不足为奇，那我坐车的经历应该算比较奇葩了。有一天下了晚自习，我正在路上走着，老乡同学正好路过，说"我带你吧"。我跳上后座走了没多远，就听见咔嗒咔嗒咔嗒的声音，感觉同学骑得也非常吃力。我正纳闷是怎么回事，琢磨着是不是我太重让车不堪重负，突然觉得我的脚后跟好痛，赶紧跳下车来一看，原来我的脚跟伸进轮毂里了。当时天黑也看不清，等回到宿舍一看才发现布鞋后跟全被绞烂了，脚后跟也是血肉模糊。宿舍的姐妹们急急忙忙把我送到校医院里去上了药，养伤期间也是尽量骑车带着我去上课。眼看着脚后跟的伤就快好了，然而有一天，坐在后座的我又听到咔嗒咔嗒咔嗒……那一学期后半段我的鞋子后跟就没再提上过，上体育课时只能坐在冷板凳上观摩。当然对于我这种体育渣渣来说，这个应该是求之不得的 VIP 待遇。

转眼毕业已经 30 年了，对清华生活的记忆经过时间的冲刷好多已变得模糊不清，但有些点点滴滴如珍珠般散落在记忆的长河里，永远不会被磨灭。当我提笔要写一篇文章回忆清华生活的时候，圆明园里的那水沟、那石桥，还有斜坡上康康发愣的身影第一时间浮现在我的脑海。现在回想起来，当时的伤痛已经不在，取而代之的是一份欢乐和一丝温暖。我与自行车的恩怨情仇始于 35 年前的清华，一直延续至今，也将永远留在我的回忆里。

作者毕业照

作者当年同学照

王笑波（汽车系 内72）

现任联合橡塑机械设备（廊坊）有限公司总经理。公司制造橡胶注射机、TPE注射机以及配套的模具，主要应用于汽车零部件、电力和医疗等行业的橡塑制品生产。

# 清华记忆之老师

这几年教师节菩提老祖经常刷屏，搭着央视《西游记》悟空回斜月三星洞剧照，配词是“说什么师恩难忘，日后你惹出祸来，不把为师说出来就行了”。

四岁让梨的孔融《论盛孝章书》里说：“岁月不居，时节如流，五十之年，忽焉已至。”《党政领导干部职务任期暂行规定》明确超过45岁连科级干部也不能再提拔，我就算再有心也惹不出什么大祸，可以“说出来”那些“为师”了。

1987—1992年，五年清华，每学年至少十多位老师教过我们，五年约有60位。

朱镕基总理是最有魅力的学长之一，1991年80周年校庆，毕业40年的他工整地写下了自己的肺腑之言：“水木清华，春风化雨，教我育我，终生难忘。”1992年我毕业前，他到兼任院长的经管学院参加学生活动，我级别不够没见着，但大概率看过他四教门口停着的大红旗，值得记一笔。

1987年我17岁，理论上未成年，所以父母一起送我入学，弄得跟衙内似的，其实更多是二老犒劳自己顺便来逛北京。东张西望的三人行走在校园还是蛮扎眼。有一次出宿舍没几步到了二号楼西边的走廊门，一个老师模样的人微笑着主动和我父亲搭讪：“送孩子呢？这么大了还不放心啊。”聊了一会儿，顺口问我哪个系的，什么专业，嘱咐好好学习别想家。

十五年后才知道这有点“多事”的是陈希老师，2002年他成了清华党委书记，再后来成了政治局委员、中组部部长。看履历1987年是校团委书记，学工部部长，怪不得自来熟跟我们搭话。

国人尊师重教，“一字师”尚且成立的话，那听一晚上演讲的更当之无愧。

1987 年冬天吧，我和王勇在主楼后厅上选修课，虞织文老师讲“当代战争史”。虞老师不爱红妆爱武装，精干的短发，风风火火的样子，课也讲得不错。一次正课快结束了，讲台后面有人上来，耳语一番，然后虞老师告诉大家先不要走，坚持一会儿，因为印度总理拉吉夫·甘地来这里演讲，现在发一下演讲词，大家先看一看。OK，那就等呗，十分钟不到，鱼贯而入一堆人，各自就位，人家寒暄一下就开讲了。“很高兴来到清华大学，她代表了现代中国对美好的追求……”

我们入学时的校长是高景德先生，他是中国第一位在苏联获得博士学位的学者。苏联有别样的学位机制，副博士相当于欧美的博士，博士据说相当于院士。那个年代那么多人留苏，拿到博士学位的寥寥几位。大一下午，我下自习从一教回宿舍，看到高校长陪着几个高鼻深目的洋人沿着二教边走边聊。高校长大高个，憨厚的老大爷似的，脸也有点农民红，后来看校报知道是苏联科学院代表团来访。高校长很朴素，估计兜里也确实没钱，他是顶级的电机工程专家，可据黄燕同学讲，她们电机系实验室也苦哈哈的没啥家底。不过清华几年，学生住宿舍蟑螂住水房，彼此不越界，高校长照顾我们也算尽力了，老人家是 1996 年去世的。

我们毕业证上盖章签字的是张孝文校长，1988 年 10 月接替的高校长。他宁波人，开学典礼上一口一个“青蛙大学”，可惜我那时候太瘦，现在要回去读个老年班，至少肚子像了。我三生有幸见过张校长一回，隔 20 米不到，毕业设计时我常在系馆乱窜，一天下午刚好碰到几个人陪同张校长进了汽车系馆，待了没十分钟就走了。感觉气场和群众差不多，并不神采奕奕，可惜我一手机油，没好意思蹭上去握手拉家常。

现在该谈谈那些真正的老师吧。

清华是用美国人返还的庚子赔款建立的一所学校，这和北大不同，京师大学堂基本是国子监和同文馆的班底。

我们的清华第一课是“中国革命史”。我还记得夏宝兴老师别出心裁的开场白，“同学们，你们想过没有？为什么这是你们的清华第一课？”对呀，对呀，还真没想过。之后夏老师急转直下，告诉我们学革命史是让每个清华人明白国家走过的百年历程，明白要为自己的国家奉献，为自己的民族自豪。夏老师讲课酣畅淋漓，也每每把大家的情绪调动到嗨点，课上常有经久不息的掌声。有一次，夏老师很动感情地讲道：“杨振宁、李政道那个时代，去做美籍华人还可以接受，现在社会，如果我的学生再成美籍华人，我会感到非常痛心。”“中国革命史”是在西阶上的，这是近 10 米落差的大教室，革命的圣地。当年姚依林蒋南翔在这里组织的“一二·九”运动。

如果说数学是上帝的语言，那袁传宽老师就是我的牧师，他教我们微积分。第一次见袁老师不是正式上课，而是在更早的入学教育课上，也在西阶。好像三个老师，第一个稍微拖了时间，第二个拖得很长，到袁老师，按约定基本都该下课了。他面带不快，甩一句牢骚开了场，“乱哄哄你方唱罢我登台，时间不多了，要加速。”接着的自我介绍很美国范，“我们数学家追求美，数学是完美的语言。我将为大家上微积分这门课。微积分是什么？”他自问自答，掏出事先准备的小纸条，抑扬顿挫吟诗一般把微积分定义读了一遍，说这是最新版的《中国大百科全书》权威定义，之后悠悠补上一句“他们请兄弟我写的”。哇噻！掌声雷动啊。

袁老师穿衣很得体，风度翩翩，他北大毕业，经华罗庚教授推荐调入清华应用数学系，期间留学美国，UCSB加州大学圣塔芭芭拉分校数学博士。袁老师常讲起自己的老师樊畿先生的逸事，樊先生每学期开学之初必定召集UCSB全系研究生训话，常说的一句话是：“你们现在已经是职业数学家了，只要醒着（Every Waking Moment），你就必须思考数学！”类似戏班班主的“拳不离手，曲不离口”。一次活动，他的弟子们悄悄订制一批T恤，印上了樊先生这句“训词”，EVERY WAKING MOMENT，给他一个大大的惊喜。师者，传承也，袁老师也用他的热情感染我们去热爱数学。

他讲课很风趣，时不时蹦出英文来。学期末尾几节课忍不住了，索性全程飙英文。每个定义，每个数学家，他都会用板书写上外文名字。这其实是很好的习惯，要是其他老师也这样，我能少出一点洋相。工作后，经常去法国出差，常驻的酒店就在Voltaire大街，我完全无感。后来法国朋友和我聊天，介绍半天，我说从没听说过。回头查了查，知道是伏尔泰，好没面子。以后便很留意，发现我老去吃中餐的馆子在Confucius，就是咱们的孔夫子大街，我还以为是个希腊人名呢。

袁老师比较酷，不点名，也不留太多作业。他想象中我们会不待扬鞭自奋蹄，这倒也是，大一我上心学的可能也就数学了，正经借过几本《无穷小教程》看过。过了一年，数学改吴梦瑶老师教，她是苏杭味十足的女士，很热情，但一朝天子一朝臣，第一节课吴老师就委婉否定了袁老师的做法，“微积分，就是要做题、做题、大量做题，熟能生巧！”于是作业立马翻番。这话也没错，我泡图书馆看过钱伟长先生的回忆，说自己读清华时做了差不多一万道微积分题，没人能随随便便成功。

机械制图是重重击垮我信心的课，主讲彭福荫教授，脸色黑黑的，也挺魁梧，不苟言笑的像包公。书是自己编著的，肯定熟悉，所以他老人家讲课时常忘我，往上看着窗外，让我疑心老人家也想早下课。我很好奇，课间我还特意跑讲台上，找准角度研究彭老师到底在看什么，果然有漂亮的树影。

制图讲究黑又亮，从削铅笔开始。我打小动手能力差，削铅笔总断，也削不出长款合规的端面。加上汗手，前头画后头化，恶心巴拉。彭老师字很好看，一次上课，他踱着步到我身边，看到我歪七扭八的仿宋墨宝，老人家明显是惊着了，不动声色地冲窗外看垂柳。

彭老师的助教是吴博士，总穿一件浅黄的暗花格西装，温文尔雅轻声细语。他批作业不久就发现我一脑门糨糊，空间感很差。于是对症下药给我开小灶，连着几次叫我去学堂，拐角处有间很大的教具室，吴博士把我带进去交代几句就走了。这里满满堆得都是各种木质教具，三角陷进圆柱，半球切掉圆锥，曲轴带着连杆等，大红大黑大黄很扎眼的区分着，挺吓人。冬天屋子里老暖气管子抽不冷的嘶啦嘶啦的响一声，聊斋木匠铺似的，我寒毛直竖。

吴博士可能以为我渐入佳境看上瘾了，不过来打扰；我以为他忙把我忘了，又不敢走。哥俩耗到要熄灯了才鸣金收兵，都挺疲惫。吴老师很温和，不忘嘱咐我骑车小心，别有负担，想看教具随时找他。

普通物理课老师姓白，挺雅的名字，就在嘴边想不起来了。白老师五十多岁样子，精气神十足，讲课也有功底，抓得住眼球。他讲起习题来挺有高度，一次讲完了很难的题，白老师不无得意地呵呵一笑，告诉我们这是李政道教授推动的CUSPEA中美联合物理研究生计划的试题，他几次受邀判卷云云，不明觉厉。那一瞬间我也想奋发图强，好好学将来哈佛、MIT深造，这热度一直持续到我回宿舍照镜子。

普通物理是几个系合着上的几百人大课。一次上课，白老师先摆了把转椅在讲台，然后招募志愿者。举手的标准好学生内71的吴庆文同学，步伐轻快自带节奏地上去，转椅上坐好。老师请他伸展双臂双腿，然后便一发力，吴同学和椅子比翼而转。“同学们，现在注意了哈！”白老师侧身招呼一下我们，回头对吴庆文说：“来，收腿、抱紧手臂。”吴同学真听话，身子一团，椅子转速猛地上去了，差点就把他甩地下，大家很高兴。据说会写字的人没严谨的，“他们为了押韵什么都做得出来”。看来会讲课的也没有“妇人之仁”的，好学生都豁得出去。得亏吴同学下盘稳，不然肯定吧唧摔地下。吴同学定定神往回走，白老师奋笔板书这节课题目“旋转角动量守恒”。和我们一起笑意写在脸上的还有讲台一侧的陈博士，他是助教，眉清目秀唇红齿白，眼睛亮亮的。他比我们大不了几岁，私下都管他叫小陈。我有蛮不错的场景记忆能力，写这篇文章时，停笔半天，想起小陈来居然是默片的感觉，总是安安静静笑嘻嘻的模样。

大一基本是数理化打底，大二开始，工程类的基本盘“四大力学”就端上来了。理论力学是上官飞老师教，上官，多好听的姓，爱屋及乌，我连皖南事变突袭我们的上官云相都记得很清楚起来，但不明白为什么出版社偷懒，把老先生名字弄成官飞，他也不给组织添麻烦，将错就错，我们也就顺嘴叫官老师。这门是主菜里的硬菜，一口气上了三个学期，吃到吐。官老师很严肃也非常严格，一丝不苟。他年纪大，快 60 岁了，连着两节课滔滔不绝应该挺累，临近下课总是口角出白沫，让我觉得不好好学习对不起老人家。第三个学期熟了，胆子大的同学课间就慢慢靠近拉拉家常，官老师抽烟，还信手给过曹阳或周犁一根，这简直赚大发了。后来抽烟的同学课间都觍着脸往上凑套近乎，官老师活到老学到老，痛感到“小人，近之则不逊，远之则怨”。对学生就不能假以辞色。

教材料力学是崔玉玺老师，和我一样官迷的山东老乡，自我介绍是“皇帝的印”，这颗“印”圆圆胖胖笑呵呵的。讲材料强度计算时，很强调安全系数的概念，比如 1.25。小了危险，大了浪费，我们频频点头谨受教，然而崔老师话锋一转，说人民大会堂的立柱，受力分析安全系数差不多放到 10 倍。这还费劲巴拉的算什么，直接看甲方口袋鼓不鼓呗。临考试了，我没好好看的章节太多，顾不过来了，必须押宝，有所取舍。考前答疑时我就坐他旁边伺候着聊天。“山东哪里呀，确实不远啊，您老家东西可好吃啦……”火候差不多了，图穷匕见，我拉下脸捏着一整章问：“崔老师，这块不会考吧？”他立马警觉，“两码事，两码事，老乡也不能说。”这不瞎耽误功夫吗。

工程热力学是特别有老知识分子风范的陈宏芳老师教，和英年洋派的袁老师风格迥异。开场白特别谦虚地介绍自己是“力学工作者”，那时我看了不少王朔小说，觉得这和码字大师傅可以成联。陈老师很方正，认真古板得过头，讲熵的时候，他对教材上的定义不太满意，抱着厚厚的几本书来，把美国的、英国的、北大教材的几种定义反复比较，我听着都差不多，心说怎么理工科也和韩愈贾岛似的各种推敲。还有个什么内燃机换热效率问题，老人家他还专门去我们系请教程宏老师、蔡祖安老师，弄个清清楚楚。陈老师福建人，说话不太清楚，还很谦虚，一口一个程先生蔡先生。那年代不像今天，很少有人用先生这个称谓，穿越回民国似的。很长一段我们老模仿这个开玩笑，我成了王勇嘴里的“你先生”。现在满大街先生，一簸箕一簸箕的大师，我反倒更怀念当年那些朴素的老师。

热力学课常在中文系社科楼上。第一堂课，陈老师板书完，特意走下来到教室后边，左边看看，然后右边看看，很认真地来一句：“都是将来的国家干部，不能看不清楚。”我抄作业被判一次零分的就是这门课，对不起老师了，不懂事没好好学。

流体力学课是潘文全老师教的，教材厚厚的16开2大本，他自己编写的。潘老师很精明的江浙人样子，好像没有助教，一副游刃有余不必假手于人的自信。印象里潘老师是最enjoy讲课的，充满活力，还带点狡黠，一种“老夫要让你们这帮小子明白流体力学多么好玩”的感觉。

流体力学的相似理论和量纲分析够得上哲学层面的智慧，一拐弯就直奔建模了。由小及大，这和宰相起自州郡是一样的道理，我觉得顿悟了，还特意跑去水利系试验室，看那里几十米很震撼的长江模型，水流哗啦啦的，我能消磨半小时。

写这文章的间隙，我抽空看了看电影《巴顿将军》，这哥们儿愣头青加等不及，参议院还没批准正式晋级就自己先加颗星，说是“They have their schedule and I have mine”。我想起当年流体力学课上也差不多，潘老师上面很过瘾地讲，我下边津津有味安排自己的事，拿教材半遮着看半书包的小说。后来逃课太多，断片了很多章节，云山雾罩地学成“藏传流体力学”。现在就剩下利用伯努利原理巧妙通下水道的奇技淫巧，受用终生。

大三有金相学，老师是女的，叫马二恩，这里二不是two，而是equal to。马老师说自己名字太另类，当年报到时直接被分到了男生宿舍。我内心一动，按说王笑波这名字，把关不严的话也可以分到女生宿舍嘛。金相学挺琐碎，更像经验科学，马氏体奥氏体珠光体铁素体，和烹饪看火候似的，Medium rare to well done。配套的金工实习要自己做一个羊角锤子，我钳工活磨羊角时用力过猛，磨深了，明显出了应力集中的薄弱环节。金工实习的规矩，羊角锤做得好，清华机械厂就收了，直接当成品往外卖。拿不出手或爱不释手，就要自己花钱买下。我做完给师傅看之前，就准备好钱了，别等人家开口褒贬了。这锤子回家交给我老爹，他很喜欢，把玩没多久，就来了个活，需要劳驾我的羊角锤。我爸一使劲，锤的一个角就咔嚓断了，好尴尬。

金工实习是小暑假的科目，大夏天的，灰工作服又厚又脏还不透风，我后背很快就满满地起了痱子，回家把我妈心疼坏了，不停地抱怨学校“什么高景德张孝文呀，咱是上清华不是上大刑啊！”后来我有了阴影，看见工服心理过敏，非常拒绝。刚工作那阵，室主任还语重心长地教育我“怎么老不穿厂服啊，要和工人师傅打成一片。”我当时差点像阿甘进白宫那样，当场扒个精光给他鉴赏我后背。

电工学是郭艾芳老师教，她四五十岁样子，圆圆鼓鼓的脸，总是笑嘻嘻的。这课我们是在水利系馆上的，好像在三楼。有一次上午第四节刚开始，忽然地震，晃了几秒才停住。我这么不爱学习的人，都没觉得可以溜号，没想到福星高照，郭老师直接吩咐下课，大家过节一般，喜出望外。中午的第四节课，提早几分钟下课其实善莫大焉，不耽误食堂抢饭。这简单的道理，教机械原理的郭庚田老师偏偏不懂，要求严、作业多，还爱拖堂，我们曾起过“杀心”，嘀咕着要不要去把他老人家的自行车气门芯拔了，让他体会一下回去晚错过饭点的痛苦。

电工学也有个实习项目，组装收音机。每人一盒散件，电阻电容的五颜六色。我看人家心灵手巧，焊点圆润，小鼓包大小均匀。我焊得像一脸大疙瘩，你挨我挤的接近短路，动手能力这事不服不行。好在弄完倒是响，也能听 FM 和清华英语台，至今还留着。电工学实验课多，有一次隔壁班的谭少峰有事，偷偷拎书包弯腰出去，大半个身子出了试验室郭老师才发觉，抬头问名字，这哥们儿来一句“谭咏麟”，撒腿就跑。郭老师对着花名册边找边嘟囔，这名字有点耳熟啊。

计算机那时候是新鲜玩意，一个试验室也没几台。我们学了 BASIC、FORTUNE 汇编语言，临毕业还加了 C 语言。清华有点像送孩子出门的家长，啥都担心，包袱皮里米面粮油都带上。估计也有点摘清责任的意思，“是你不愿学，别说咱没教。”可惜我一出校门就把这包袱甩了。汇编语言有个小测验，单板机上编程 HMS 时分秒显示，这个按说不难，我可能没吃饭，饿晕了，编个七零八落，秒表飞快。那时候爱听杨庆煌的歌,《超速的爱情》，还真是“时针加快了脚步，急速地越过我的心湖”。

那时候条件不好，什么事都是自己想辙，没外援也不怎么输出。我们本科好像只有英语用过一个外教，坐后排听过两节课但一言未发。大三大四好像有什么巴基斯坦或非洲的一两个同学跟着上课，大家相安无事，井水不犯河水，况且这几瓢井水也是忽来忽不来的，想犯都难。但这并不影响我们的国际视角，毕业设计时，从没学过日语的晓光兄借了几大本原版的日语学刊摆宿舍晾着，说是准备列到论文参考书目里，高大上些，省得老师怪他资料收集不充分。

临近毕业了，学校灌我们一肚子数学力学车铣刨磨，看大家两眼黧黑呆头呆脑的样子，自己也觉得不好意思，想着这些孩子要走向社会了，别傻不拉几的让人算计了，于是给开了一门经济学的课程，主讲是仝允恒老师。当时我不理解，什么单利复利的。一没闲钱二没隔夜粮，将来也是挣死工资，学啥经济。你不理财财不理你，还真是的。我们公司精仪一个师弟，去了趟法国，剩了几十欧元格外珍藏，信不过 RMB 保值能力，存外币等着发财。2005 年欧元汇率差不多 12 元，一路存到现在，都没法收拾，直接长线持有吧。

山东是礼仪之邦，讲究眉高眼低的待客之道，外系的老师说差不多了，开始说汽车系自家人吧，苏联老百姓理发店排队还不忘“让列宁同志先理”，我也还是先从领导写起吧。

域界门纲目科属种是生物学的分类，我们和黑猩猩大猩猩是一个科室。在清华，汽车工程和热能工程被认为是一丘之貉，简称是古雅的“热汽系”，系主任倪维斗老师。报到第二天晚上六七点钟的样子，楼道里来了好几个老师，说是系领导来看望大家了。倪老师精神很好，握手很有力，挨个寝室转着，问我们老家哪里，嘱咐不要想家，互相帮助，好好学习。2018 年年底，偶然的机会看到清华推送的《我和我的祖国》快闪，久违的 86 岁高龄的倪维斗院士，和一如我们当年的学弟学妹，一起真情献歌，心里很是感动。

其实对倪老师有印象早在入学前，收到通知书后我们家就格外留意各种清华的消息。1987 年 8 月,《人民日报》头版赫然有中央领导人会见应邀到北戴河休养的 14 名中青年科学家的报道，配图就是倪老师和总理握手。那时候我还不知道他是“热汽系”的。那照片我记忆犹新，总理的镜片有点反光，显得气度雍容意气风发。

我们小系的主任是宋镜瀛老师，他应该临近退休了。那时很流行的一本砖头厚的《英汉技术词典》，他和钱伟长先生、李相崇先生是编审，感觉好厉害。他是伦敦帝国理工毕业。我们内燃机专业的首席教授是程宏老师，给我们讲内燃机原理课，高屋建瓴，我那时候挺喜欢听他课，但还有《围城》、金庸也勾着我，分身乏术，不亦乐乎。一次程老师讲到一个挺前沿的设计，说这是他一个挺好的英国朋友的贡献，也是帝国理工的，可惜修房子时掉下来摔坏了。我方鸿渐似的，各种课听着，好像只记了些掌故，像在游学。自己没留洋总是遗憾，前几年鼓动女儿进了帝国理工，算是替我解个心结吧。现在北京市长是上一任清华校长陈吉宁老师，也是帝国理工出身。

再后来的主任刘惟信，教过汽车理论，好像过于内敛低调，我们小毛孩也看不出风采，可能是那种不适合教书的研究型人才。毕业前后脚，系主任成了赵六奇老师，书记是陈全世老师。听他们带毕业设计同学戏言，两位老师提拔后，买了两辆崭新的自行车，经常结伴骑车校园里东跑西跑。

内 72 的班主任是汤亚美老师，五十出头年纪。老人家拿我们当高中生盯着，不相信在宿舍可以学习，晚饭后常过来撵我们出去自习。我没招，只好背上借的书换个地方看。汤老师还有拿手的一招，就是各种统计。第一学期的期中考试，考完了开班会，她宣布每个寝室的总成绩平均分，每个寝室每一科的平均分。然后又到每个宿舍，戴上花镜，给我们念她老人家掌握的该宿舍每一科最高分最低分，一边念一边挨个盯着我们，直到看到我们努力争取下次更好神态才放过。

几个宿舍转下来，老人家累了，冲着我施苦肉计：“你知道吗，王笑（她习惯念成平声）波，我可不敢骑着车过十字路口，都是下车推着走，噢，很辛苦的！你们要好好学习啊。”我心说路上辛苦就少来几趟嘛，怕她说我懒，没敢吭声。毕业二十年那次回校，汤老师和我们班在照澜园附近聚餐。老人家七十多岁了，丈夫身体也不太好，她很操劳，听力也不太好了。她还清楚记得我，还夸了我几句，“你文章写得不错，很幽默。”我高兴没一会儿才发现老人家完全把我与过世的王小波弄混了，当时惊出一身冷汗，景阳冈上武二似的，酒醒了不少。

刘峥老师是我们专业的台柱子教授，内燃机本身就土，按燃油分为汽油机柴油机，柴油机多是卡车拖拉机用，感觉更土，刘老师正是主攻柴油燃烧的专家，压燃啊、爆震啊、敲缸啊，听着就不像和谐社会。刘老师头发掉得早而彻底，但肯定不是烦的，因为他上课都是笑呵呵的，没冲我们发过脾气。这些老师都是经历过“文革”的，估计也都和工人阶级打成了一片。所以他们走下讲堂，一进实验室都是如鱼得水，老庄稼把式似的，什么形象都扔到后头。有一回在试验室上课，老人家可能秋裤毛裤齐上阵，明显穿多了，前开门收不住，拉锁基本到了下面，滔滔不绝了一节课，我觉得特好玩，引以为戒。工作后不久，一年夏天，我业务上的事需要赶时间，早上 5 点出酒店，从贵阳经停上海飞南京，一路上我忙着看文档，全神贯注。风尘仆仆赶到客户会议室，等我的老外寒暄前先坏笑着来一句“If you don’t mind”，挤眉弄眼地指着我中段比画了个提拉锁的动作。我才发现这四五个小时天上地下的自己门户半开，怪不得没觉得热，名师必出高徒啊。

蔡祖安老师，是燃烧学的专家，快六十了，气色气质都很好，个子高挑。他教一门专业课，另外还带我们的专业英语，教材是密执根大学的《汽车大全》（*Automobile Encyclopedia*），好几斤沉的书。专业英语结业是口试，每个人进去，他点一段，念完再口头翻译。我做得还凑合，给了个高分，临走了他笑着建议我改善发音，去去口音，我特诚恳地点着头，心里说“大叔，我们那圪垯出来的，咱这算好的啦，下次我介绍一个老乡您认识……”

陆际清老师是内燃机专业赫赫有名的教授，白白胖胖的，戴浅红色眼镜，一笑眼睛就眯缝着，我们背后称她“陆老太太”。她的领域比较新颖，汽车发动机陶瓷化，应用于活塞配气系统之类，提高耐久性、减磨节油降损。她教我们汽车发动机设计，感觉有点苏联范的工业理念。后来合写教材的孟嗣宗老师教 FEM 有限元，我学得似懂非懂，但有限元听着就高大上，小无相功似的，给我一种触碰科技前沿的感觉。王勇毕业设计和读研都是在陆老太太门下，常和他对接的是赵雨东博士。我和熊保平同学搭档，熬通宵在西直门火车站为陆老师孟老师排队买过卧铺票，每人挣了 50 元钱，外带 5 包茶花烟，算起来是清华五年干过的投入产出比最高的一票。

夏群生老师白白胖胖的圆脸，教的是汽车原理或随机振动之类的课，记不清了，但那是我们最后一次正式考试的课，之后就解放了，专攻毕业设计。考前我们惯例地和老师套瓷，精心设计问题试图缩小备考范围，夏老师像外交部发言人似的打着太极，嬉笑自若的应付我们。我一直坐旁边支着耳朵听，夏老师问我叫什么，报给后他眼睛一亮，告诉我当年是他去山东招生录取的我。四年混完了才知道座师，真是悲欣交集，不知从何说起了。我本来还准备手心写几个公式当小抄的，忽然脸上有点发烫，赶紧老老实实用功复习，结果凭真功夫混了个及格，算是对得起座师。

我们专业有两对夫妇老师，一对夫妇是黄实老师和庄人隽老师。庄老师特别慈祥和蔼，也很关心大家，叫不上我名字，但遇见总会笑眯眯问两句话。她是庄前鼎先生的女儿，庄老先生 1932 年创办清华大学机械工程系和航空研究所，聘请了刘仙洲、李辑祥等知名教授。印象里黄老师很是不修边幅，天天在内燃机试验室一身油一身黑的鼓捣，累了就坐门口小板凳上抽烟，不爱说话。我每次路过都下意识加快脚步，小声喊一句黄老师，鸡啄米似地点着头溜过去，他偶尔弄点动静，不知道是搭理我还是清嗓子。这夫妻俩穿着都很俭朴，但各种水旱或助学捐款，每每都在系里拔尖，遥遥领先的那种。

另一对夫妇是袁大宏老师和王绍銑老师，毕业设计我就在王老师门下，电控课题组。王老师是内 71 的班主任，她常年背一个特朴素的 A3 纸大小的黄白布包，里面也就一本书，平平的。她常到一号楼这边，晚饭前后居多。开完班会好像总还有个别谈话环节，王老师习惯站着，倚着门或者楼道里倚着墙说话，不紧不慢的一站一个多小时，透着身体好。王老师特别有风度，透着干练睿智和秀气，后来我才知道她读书时还是清华女子赛艇队队长。

清华现在有钱学森力学班（“钱班”），姚期智计算机科学实验班（“姚班”）以及人工智能学堂班（“智班”），那是给优中选优，人中龙凤的尖子们设的。1988 年以后，我们内 72 就等同没班主任了，没人管没人问的，应该算齐天大圣孙悟空班（“齐班”）。我们楼道里来来回回，看着王老师和隔壁班同学交流，也不知道是羡慕嫉妒还是幸灾乐祸。内 71 曹阳很有故事，是王老师楼道谈话常有的一位。我俩熟，我还趁王老师不注意，各种做鬼脸逗他，他忍着不笑认真听训的模样，犹在眼前。临毕业了，系里让王老师也带一带我们班，算兼署吧，不过都五年级了，还能咋样？看我们内 72 一个个野蛮自由生长的样子，王老师也就客客气气吧。

毕业设计我的课题是“喷油器流量检测仪方案设计与整机制作”，好像是北京市“BJ213 发动机电控单点喷油系统研发”任务的一个小分支，算“真刀实枪”干设计。李四海、李红和我三人一个课题组，我们还去了业主单位北汽摩和北京内燃机总厂那边取资料和浅交流，这是大国企，土里土气的，我们不辱使命。到对外交流的一次，就现了大眼。还是一行三人，奉命去丰田还是五十铃公司借阅资料，人家办公在北京最高的京广中心。这写字楼太豪华也太震撼了，我们有点拘谨，进旋转门时仨人挤到一个格子里，弄得转不动了，衣着光鲜的外企人皱着眉头不耐烦，我们红着脸转出来，走远了一起偷笑。办完事，出门前还互相提醒呢，结果又是仨人胆怯挤到了一起，可能更傻，还多转了一圈，出了门捂着嘴互相看着乐。那天李红同学穿了漂亮的红毛衣花裙子，我们旋转门都不会玩，还怎么“清芬挺秀，华夏争辉”。

准确地说，我的座师应该是袁大宏老师，但他不怎么管我们，基本是王老师代劳。我和李红同学前期要设计的是电控喷油器点火驱动电路，但开局很不顺，烧了好几个美国带回来的芯片，好几周也找不出原因。一直笑嘻嘻的袁老师终于坐不住了，警告我美国要断货了，再烧一个小心毕不了业。我赶紧收起嘻嘻嘻哈哈，和李红一起认真分析，很快排除了故障。看来都是“敬酒不吃吃罚酒”的性子。

毕业设计做完，课题组批了点经费，总结暨话别，由我和人品厚重的黄明礼同学一起张罗茶话会。我们买了可乐西瓜花生瓜子，一趟趟搬到系馆活动室，大热天的汗出如浆。我打开可乐就喝，黄同学老实，觉得收据上有数，不敢先喝，我晓以大义鼓舞他，三下两下的也就拉下水。其他人还没来，我俩接着准备，西瓜切两半，每半六块，一溜摆起来。那时候眼皮子浅，一年吃不着几回水果，哥儿俩又馋了，稀里哗啦一人先啃了两块，收拾瓜皮找个远地方扔了，再把剩下的摆开些，显得多。刚收拾完现场袁老师、王老师和课题组几个研究生都来了，袁老师眼明心亮，扫了一眼就觉得看桌上摆的拼不出正整数个西瓜。老人家知道我滑头，一边乐一边冲着我点头，我怕他误会，只冤枉我一个人，赶紧供出黄明礼算“有难同当”了。

基础课专业课是主业，选修课是副业。但这选修都是自愿的，值得记上一笔。好比爱美的女生，佐餐的水果往往比正餐还重要。

现代诗歌赏析是蓝棣之先生的课，那是几乎人手一本朦胧诗集的年代，大家都有一点“黑夜给了我黑色的眼睛，我却用它寻找光明”的理想主义气质，大街上满是更接地气的《汪国真诗选》，配上庞中华字帖，绝代双骄似的。蓝老师如数家珍地分析现代诗作品，徐志摩、戴望舒、卞之琳，一次上课还邀请了隔壁的诗人西川来助阵，朗诵自己的作品。我头一次见“文青”，长头发，眼神坚定的迷茫，但朗诵起来确实很有气势，……“并且注定在某一个时刻，与死神撞个满怀，使你们操劳的一生有个交待”。这都什么呀，年纪轻轻的听着就不吉利。后来我还看到过他的一个访谈，有人问他诗里说“树叶上覆满了尘土”究竟是什么意思，西川答曰：“我没什么意思，就是树叶上覆满了尘土。”感觉隔壁文科还是比较好混些。

古代小说赏析是丁夏老师讲的。第一堂课开始没几分钟，衣襟上挂着的麦克风就罢工了，鼓捣半天也没抢救过来。这是三教大教室的课，丁老师来一句，“那就不戴了，我大点声吧”，接着开讲三国，声若洪钟：“玄德回视其人，身长八尺，豹头环眼，燕颔虎须，声若巨雷，势如奔马。”好的教书先生应该同样是好的说书人，文字的节奏感跳跃感，不是默读能体会出来的。翼德先生倘能再生，冲丁老师这好嗓子估计都能结拜。清代钱大昕自撰联“有酒学仙无酒学佛，刚日读经柔日读史。”深得读书的法门啊。

古文赏析是刘惟新（？）老师的课，他很年轻，斯文而腼腆，长得有点像当时的相声演员唐爱国，但更有书卷气。他还年轻，课没有教材，都是他选的临时印刷的文章。刘老师选文章的口味我很喜欢，司马迁的《报任安书》讲得尤其得味。李商隐的“十二煞风景”，金圣叹的《不亦快哉》，还有后来明清小品文，桐城派竟陵派什么的，我按他点拨的借来几本书看，慢慢找出脉络，一路看出明清小品对后来周树人兄弟文风的影响，算是接上茬了，很兴奋。这门课结业是交一篇文章，不过 2 学分的选修课，我煞费周章，一趟一趟地跑图书馆查资料，鼓捣了一篇《铜雀台建安文学的俱乐部》交上，耽误了不少正事。不过很嗨，有钱难买我乐意啊。

无体育不清华，这是很好的传统，督促着我们这样的懒人走出宿舍。大一大二，除了上体育课，我们还要每周交锻炼日志，我傻不拉几的，西大操场拉几个引体向上，跑几圈都老老实实地登记，诚实不欺。折腾了一学期，期末发现我体育课很低分，因为日志呈现的锻炼密度不达标。我聪明人，第二学期成熟了，几分钟就把一周日志填完，各种项目荤素搭配科学合理，蒙混过关了。

大三时我选的手球，很小众的课，热门的可能都让体育好的挑完了。手球老师（好像姓张？）四十出头的样子，高大魁梧，难得一口京腔京韵。细想起来，清华老师里北京口音的真没几个。他还是清华手球队教练，这玩意玩的人不多，所以校队在北京市都蛮有名气。每节课照例从身体训练开始，手球场地不大，所以折返跑是最基本的技巧。忘了哪个系的一同学，个头不高敦敦实实大智若愚的样子，这兄弟跑步姿势非常小众，低着头曲里拐弯还左顾右盼，老师随口一句“你躲雷达呢？！”大家哄堂大笑。记得老师还常请化工系一同学一起上课，校队的。一次分两队打比赛，这哥们儿特投入，水泥地上抢地救球，手和衣服都擦破了，唉，这就是专业和业余的区别。手球课我和熊保平同学一起上的，他门板似的一身肉能封住半扇球门，人尽其才当了守门员。有一次进攻我一球下去，把他镜片砸破了，鼻梁也稍稍挂了彩。去年晋野游时我还特意观察了一下，除了见老，没啥后遗症，按下不表。

……

选修之外，听讲座也可以归到学习上，高攀一下报告人也是老师，说几位叫得响挺长脸的吧。

钱三强学长是在大礼堂给我们做的报告，老先生头发花白，精神倒是矍铄。人老了就唠叨，钱老也是有一搭没一搭，把演讲变成两小时唠嗑。回忆他的清华物理系求学岁月，说到自己学不过班里的于光远，又说好在于同学后来改行研究社会科学了，少了竞争对手，嘿嘿直乐。那时候清华淘汰率很高，有时候对半，真要感谢党和政府，不然我不知道哪里搬砖呢。钱老 1992 年去世，我们毕业那年。

梅江中是著名的翻译家，常给领导同志做外事翻译，他的报告是在主楼后厅听的，讲啥没印象了，好像就是鼓励多开口吧。我大一大二还没完全沉沦，对英语也还有兴趣。当时琢磨着词汇量太少，阅读起来总查字典太麻烦，既不连续也影响心情，需要攻破这一关。我脑回路清奇，天纵英才，正好那时候“中国革命史课”要求读毛选，听完演讲我打开了思路，跑图书馆借了本英文版毛选看起来，省了查字典。那时我近视度数就挺高了，戴着黑黑的厚眼镜很认真的样子，不知道的以为我要复兴共产国际呢。

音乐和电影赏析我没选。可能是这课配套的一部分，清华邀请过中央乐团来大礼堂演出，王勇搞到了票，携我出席。指挥是李德伦先生，脾气很大，指挥起来动作幅度也不小，我们礼堂不够大，老先生指挥棒两次碰到右手边的大提琴手，立马横眉立目的，吓得人家小姑娘赶紧往后退了两回。演奏曲目忘了，印象里有《黄河大合唱》，他和殷承宗共同打磨出来的经典。

一教二教是我喜欢的上自习的所在，大礼堂学堂工字厅荷塘都近在咫尺，方便不务正业。一个晚上背着书包进二教，发现二楼教室变了模样，成了围棋车轮战的曲尺柜台，马晓春正“群殴”各系围棋高手。这哥们不善言辞，也不点拨，翻着厚嘴唇下，基本不用思考。我不会下棋，但看热闹比上自习愉快，所以泡那里一晚上，不战不降不懂不走，很另类，弄不好马九段可能误会我暗恋他呢。

我们汽车试验室很和蔼的莫伟老师，还有教我们驾驶的林建老师。学开车那是汽车系很拉风的高光时刻，在北操场开北京 212 吉普。现在有车不叫事了，那时候上班的人月薪也就 100 块钱，桑塔纳卖 20 万出头。林老师还带我们去过昌平军用机场，标定油耗或百公里加速试验，忘记了。我一心想当劳心者，觉得学车造车开车修车都不雅，所以和系里老师都是客客气气地敷衍，保持距离。按说呢，我苦哈哈的，沂蒙山区小乡镇进的清华，但骨子里各种清高和桀骜不驯，想不出为什么。去年流行的热门成语有个“明普却信”——明明那么普通，却又那么自信，像是为我量身打造的。

……

助教和辅导员和我们年纪差不多大。汤老师之后，我们基本没有真正管理我们的班主任，系里指派的几位，更多像兼差，类似清朝的记名提督，不管事的。短暂做过我们班主任有张珑博士，大二下学期开始做了一年多，2014 年 5 月在美国英年早逝，我受同学们委托，还代表内 72 写过挺短的一点文字，纪念这位年轻的班主任，亦师亦友亦兄长的张珑学长。之后还有范孟柏老师，他博士毕业要到五十铃工作了，系里还兼着一摊而已，所以也很少露面。李一兵老师也若有若无地管过我们两天，记不清了。正经算起来，内 72 人从大二就是野路子生长，所以不太像正宗的清华人，缺道工序似的。

辅导员一般是研究生吧，军训带队的有徐林旗学长，后来还有刘起元学长。印象深的还有带队到北内实习的超级无敌大帅哥张会来老师，应该是清华五年没有争议的男士颜值担当，我半路出家码字，词汇和水平都不够，感觉嘛，张老师和齐秦长得有点像，但更高更帅，书卷气十足。

物理系系馆也叫科学馆，门楣上刻着的是 Science Bvilding，这不是错别字，据说百年前英语就是 V 不是 U，不去管它。物理系是老清华的骄傲，吴有训、叶企孙、周培源、赵忠尧、王竹溪等，邓稼先、杨振宁是他们的弟子。铺排了半天，开始说我了。我们普通物理的迈克尔逊微波干涉法测纳黄光波长，就是在这里的试验室。我是君子，最怵头的就是动手，试验这玩意讨厌，现场有人盯着，做不出来就是做不出来，都没法抄作业。

做这试验，试验室灯光要调到挺暗，不影响看目镜。带这个试验课的是相当漂亮的一个女博士，灯下看美人，更是旖旎。实验两点开始，到下午四点，大部分人基本做好了，给老师看看就撤了。科学馆离操场近，四点半清华校园广播响起来最熟悉的召唤：“同学们，现在是课外锻炼时间。走出教室，走出宿舍，去参加体育锻炼，保持强健的体魄，争取至少为祖国健康地工作五十年！”

这召唤响过，后面就是丁零当啷的进行曲节奏，跟着最后几位同学也做完了，收拾东西离开。剩我一个人在那里调焦，目镜里还是盘古开天地前的混沌。老师在旁边安安静静陪着，也不好意思催我，我努力了半天，终于调出来清晰图像，算出了几千埃的纳黄光波长。要是男老师，我估计自己会把试验报告一拍，扬长而去。这么漂亮的女助教，我这么笨，好没面子，我老老实实把报告递给人家，落荒而逃，后遗症就是，直到现在，我听见纳米纳豆纳粹还多少有些不适。

清华的好处，就是大部分情况下，给讲课的老师同时也是教材的编者，搁现在肯定都叫大师。这是很带劲的，仿佛罗大佑唱自己写的歌，怎么着别人都没法比。但有些小课或试验，讲义一看是急就章，水平欠推敲。记得我在工程力学馆做过一次挺规范的 2 小时试验，试验课的名字居然叫“电阻片的贴”，好奇怪。作为文豪，咱真看不了这个，我一边做着试验，一边腹诽，这老师肯定是个只会做实验的痴汉，文字的美感和语言的技巧，He dosen’t know。

大三的英语课，口语老师是个高个子美女，差不多一米七二吧，健康阳光，鹅蛋脸，半长不短的运动发型，老穿一条黑色脚踏裤，更显着青春阳光，非常温暖的感觉。我无端地觉得她不是清华毕业的，也许是北外北师？是中科院物理所的一个梗，钱三强先生的夫人何泽慧学长，年轻时长得也不错，但毕竟是做实验搞理工的女士，圈子里的人称她是“工科美人”，这是有意思的表述。清华女生是稀缺资源，眼界自然很高，须仰视才见。她们和我们一样读书，自带理工气质和智商自信，我们懂的人家也全懂，这就尴尬了。外校女生，多少都会有点对清华人智商的欣赏，这让她们显得格外温暖可爱。一次上课，我听着听着开起了小差，拿铅笔在课本上乱画一气，自得其乐，没注意她走到我旁边站了一小会了，手指头轻轻在我书本上点了一下，吓我一激灵，赶紧坐直溜好好看书。偷眼一看呢，老师在抿着嘴笑，不是生气的样子，忽然觉得好开心。现在回想一下，这老师笑起来样子和演员黄小蕾似的，但肯定更有气质。

毕业季到了，我想留北京，专业对口又能解决户口的也就北京内燃机总厂。毕业见面会，我拿着双向选择供需见面分配表，看了几个摊子，也就和北内订了终身。系里人事科黄继英老师和我们王老师还帮我一处处盖了几个章。手续办完，清点清点没啥遗漏了，我们相视一笑，挺高兴，都有一种晚市上撮堆的差水果终于出手的放松。

临行前，王老师在毕业纪念册给我写“王笑波同学：勤奋努力，多做贡献。王绍銧 92.7.8”。两天后我离开清华，毕业了。

## 跋

人才的培养和酒的酿造有很强的可比性。好酒需要优质粮食原料，良好的天然水质，高级的酿造师，再就是得天独厚的窖池环境。茅台镇比清华园牛，据说有 900 多种微量元素，完爆元素周期表库存。

清华园也像不错的窖池，或者一锅百年老汤。在钟灵毓秀的园子里读书，除了自己的老师，还有多少不说话的先生和我们在一起，王国维、叶企孙、陈寅恪、吴有训、刘仙洲、朱自清、闻一多……沾了灵气人不会傻到哪里。

陈丹青的文章《笑谈大先生》很有意思："我以为鲁迅先生长得真好看。这张脸非常不买账，又非常无所谓，非常酷，又非常慈悲……所以鲁迅先生的模样真是非常非常配他，配他的文学，配他的脾气，配他的命运，配他的地位与声名。"这是真正读懂鲁迅先生才能有的独特视角。

20 世纪 80 年代是大学的黄金时代，理想主义、乐观主义、开放包容的自由思想是我们的群体记忆。清华有 7 ∶ 1 的男女比例，内 72 是 12.5 ∶ 1，所以我的清华记忆里没有现在校园剧的师生恋、三角恋。那时候的老师都朴素低调，1987 年，离我们拨乱反正不过十年，社会步入正轨，是积累腾飞的前夜。这些老师知足、朴素、珍惜时间、勤于奉献。

那是物质还很不丰富的时代，但"精神到处文章老，学问深时意气平"。大家熟知的"腹有诗书气自华"，其实理工对人气质精神的熏陶，更胜人文，有一种让人尊敬的智慧之美吧，写这篇文章，回忆那些老师时，我常常体会到他们的大爱和美。

他们不势利，不装腔作势，是蹬着自行车上下班的普通人，就他们能掌握的资源和学术的高度，他们尽力了，会有遗憾，尤其站在我这样一个差生视角看，"若今日之教学，恐灌输之功十居七八，而启发之功十不得二三"。但不能脱离时代和环境苛责，他们给我们打了足够牢的基础，拓了足够宽的知识面，更重要的是行胜于言，潜移默化地影响了我们的为人处事。这些老师对得起那个时代，对得起自己的学生。

我庆幸自己走大运"混进"了清华，但并非名校名师才值得记忆。人生是艰难的修行，最快乐的也就是童年和求学岁月。我父亲有很好的做学问潜质，但阴差阳错，一辈子不得志，打成"右派"在沂蒙山区东南西北特穷的十多个村教一辈子书。他的葬礼是在挺冷的初冬时分，有我们都不认识的 60 岁的穷学生大老远赶来给他守一夜灵；也有得到信匆匆赶来的和他岁数差不了多少的学生，葬礼上恭恭敬敬行三拜九叩大礼，送老师上路。他叫得上多数学生的名字，我回老家陪他闲逛，几次偶遇那些他一二十年不见，辛苦劳作的农人学生。父亲经常随口叫出人家的大名小名，那些大我很多的弟子，眼里是真实不虚的惊喜和感动，抓着手不停摇"老师啊，老师，这么多年了您还记得我啊！"那一刻我能清楚感到穿越，白头发的老师和花白头发的学生，瞬间重返学校的感觉，这是生活感人的美好，父亲当得起老师这个称呼。

读书那些年，每回放假我都会把《清华校友通讯录》等校刊带回去给父亲，毕业后也保持这习惯，把收到的校友杂志带给他。他把简陋的书桌布置得跟清华校史办似的，对好多清华领导、清华校友、清华老师如数家珍。我学习不好，后来不乐意谈这些，他有些失落，不再多打扰我，但自己继续认真地看。十年前，父亲进了 ICU 就没能再出来，我赶回去探视，他很虚弱了，还努力握着我的手，自豪地给大夫介绍："这是我二孩子，他清华毕业的。"好遗憾我不争气，但也感恩清华，让父亲最后时刻仍然为我骄傲。开笔写清华回忆系列，某种程度也是写给他看，弥补当年的歉疚，用文字告诉父亲那些当年他想知道而我不愿谈的清华故事，也献给那些和他一样关心我们的母校老师。

所有过往都是美好，谢谢清华，谢谢老师！

作者毕业照

作者当年生活照

吴剑平（水利系 水工 71）

现任华侨大学校长。经管学院在职研究生毕业，管理学博士，研究员。

# 清华，是一种信仰

水木清华，大地清华，每个人都有自己的清华。

7 字班具有特殊的时代印记，入学于 1987 年，正是恢复高考的第 10 个年头；毕业于 1992 年，正值改革开放总设计师邓小平南方讲话之时。在那个改革开放、激情澎湃的年代，同学们告别城市、乡村、矿区、草原，怀着青春梦想来到首都，如涓涓细流汇入清华。

水利水电工程系当时每个年级有 4 个班，我们水工 71 有 30 名同学。大家从天南地北走到一起，相识相知，携手成长，结下了不解之缘。毕业 30 年来，同学们有聚有散，联系有多有少，但我们始终不忘自己是一名清华人，并以不同方式维护着清华的声誉，守护着我们的班集体。这种超越时空的凝聚力，源于母校给予我们的感情的力量、实干的力量和信仰的力量。

## 一、感情的力量

人是感情的动物。清华是一所讲感情、有温度的学校。

在水利系，老师们对学生关爱有加。时任系主任董曾南和前后三任系党委书记虞石民、刘檀仁、李树勤，副书记胡和平、张国新，学生组长李志民、方兴、梁海波，班主任蔡明、聂孟喜、张丙印，副班主任王虹，辅导员马振宗、李卫、杨世平，低年级党支部书记、8 字班辅导员倪广恒等，都从不同角度、以不同方式影响着我们。

清华最大的优势在于名师云集、群贤毕至。施嘉炀、张任、黄文熙、张光斗先生，以及我们入校前一年辞世的钱宁先生，都是水利系的骄傲。给我们讲授“水力学”的是冬俊瑞教授，课讲得好自不必说，更令人感动的是他每次上课都西装革履，以表示对学生们的尊重。“水工建筑物”是我们专业的看家课程，两个学期，由王蓁正教授主讲。王老师教学思路清晰、逻辑严密、简洁明了，听他的课如沐春风。张超老师是我们大四暑假到辽宁观音阁水库工地实习的带队教师，也是我的毕业设计导师，言传身教让我受益无穷。周维垣、刘光廷、谷兆祺、张楚汉、雷志栋、陈长植、王光纶、吴之明、才君眉、李仲奎、强茂山等诸师，有的虽未给我们上过课，但总听其他同学谈起。本系之外，主讲“中国革命史”的夏宝兴、“工程制图”的郜钟霞、“理论力学”的薛克宗以及先后讲授“高等数学”的康静安、李秀淳等老师，他们的课启智润心、各有千秋。

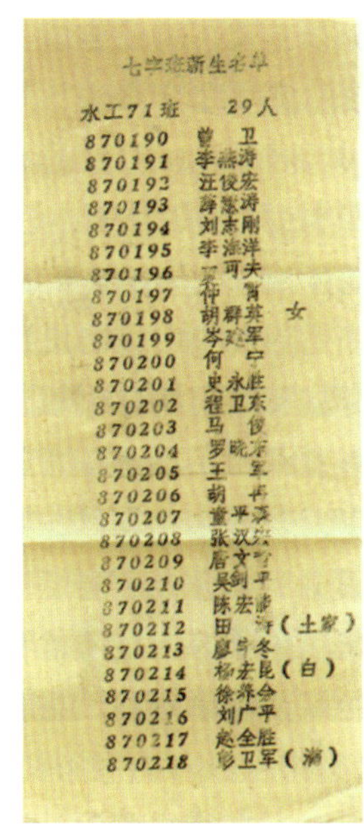

七字班新生名单

水工71班 29人

870190 曾卫
870191 李[illegible]涛
870192 汪俊宏
870193 薛[illegible]涛
870194 刘志刚
870195 李海洋
870196 [illegible]可夫
870197 仲[illegible]
870198 胡群英 女
870199 岑[illegible]军
870200 何[illegible]
870201 史永胜
870202 程卫东
870203 马俊
870204 罗晓[illegible]
870205 王[illegible]
870206 胡[illegible]
870207 董平[illegible]
870208 张汉[illegible]
870209 唐文[illegible]
870210 吴剑[illegible]
870211 陈宏[illegible]
870212 田涛（土家）
870213 廖[illegible]冬
870214 杨[illegible]昆（白）
870215 徐[illegible]会
870216 刘广平
870217 赵全胜
870218 彭卫军（满）

1987年8月入学时，水工71班全体同学名单（不含留学生）。

我们还有一位特殊的老师，就是张光斗先生。我们入学时，张先生已不给本科生授课，甚感遗憾。记得大四第二学期，我们来到五教，准备听王蓁正老师的课。当时三峡工程正在论证审批阶段，是全国人民更是水利系师生关注的大事。因此，王老师利用这节课专门请张光斗先生来给我们讲讲三峡工程，着实令大家喜出望外。在热烈的掌声中，年近八旬的张先生身着整洁的中山装，精神矍铄地走上讲台。张先生没有带讲义，先在黑板上画了两条曲线，表示长江，接着分析了三峡大坝不同选址方案的利弊。如此深奥、复杂、重大的技术问题，张先生讲得深入浅出，娓娓道来，我们听得聚精会神，目不转睛。大师就是大师！我留校工作后，有幸多次接触张先生，很多情景至今历历在目。

正是诸位大师、名师、良师，潜移默化传递着清华精神，教我们为学、为事、为人，与我们结下深厚的师生情，构成学了们共同的清华记忆。来自贵州的田涛经多年打拼，创业成功，一直希望回馈母校。2006年初，校友总会启动“清华校友励学金”项目。田涛获悉后，马上捐出20万元人民币，并连捐9年，资助学生240人次。这是当时校友励学金最大一笔个人捐赠，在校友中起到很好的带动作用。贺美英老师代表学校对田涛的义举表示了感谢。2016年105周年校庆之际，“清华校友励学金”工程十周年总结座谈会举行，田涛作为“星火励学金”捐赠人和“清华校友励学金”国内捐赠第一人应邀出席并发言。他希望受助学生将来能回馈励学金工程，将爱传递，将清华精神代代传承。田涛饮水思源的善举，表达了对母校的感激之情，也令全班同学引以为豪。

同学真诚相待、团结互助，是清华各系各班的共性特征。清华人普遍很“真”，真实、真诚、认真、较真，甚至天真、率真。这个特点在水工 71 同学身上得到生动体现，成为相互了解、彼此信任，建立兄弟情、同窗谊的重要前提。

陈宏能来自四川普格县，讲起家乡的火把节、坨坨肉总是眉飞色舞，令人垂涎三尺。宏能自称酒量不行，但从不怕酒。大一的国庆节，多数同学外出，他和彭卫军约我小聚。老彭来自新疆，酒量极好。一瓶二锅头，三人几乎均分。酒喝完，老彭意犹未尽，我是头晕目眩，而宏能则不停地高谈阔论，不时吼两嗓子。班里一聚会，宏能便拉着大家用“川普”划拳。寒暑假，我和宏能多次一起乘火车。30 多小时硬座，我们二人搭档一路打“拖拉机”，竟未遇对手。本科毕业，宏能保留读研资格，在系里做了两年辅导员。念完硕士，他去了一家中字头单位。30 多岁正在前途一片光明之时，宏能出人意料辞职创办了金准咨询公司。率真的性格，实诚的干劲，他慢条斯理、有条有理地打理业务，公司已为上千个项目提供咨询。作为国家发改委 PPP 专家，宏能无疑是这一领域的顶尖高手。他好几次在清华 PPP 论坛上发言、为高级培训班授课、给学弟学妹讲 PPP 基础知识，与同学见面更不忘讲起“经常回清华”，很是自得自豪。

童平森是湖南邵阳人，很有数学天赋，如不是高考中暑，导致数学大失水准，必然读了数学系。入学后，他想通过念双学位曲线救国，便自修数学系课程，岂料念了一年多，学校取消了数学双学位。老童感叹，真是没有学数学的命，只好修读计算机双学位。对于高数、普物和近 10 门各种力学，大家都学得七荤八素，遇到难题往往先问老童，他总是知无不言。老童还有两点让我印象深刻。一是酷爱玩游戏，对电子游戏机爱不释手。当时学校教学用的计算机是 PDP-11，而老童

1987 年 10 月（左图）和 1988 年 10 月（右图）五名来自西部的同学摄于香山同一地点（“鬼见愁”），左图左起依次为彭卫军、吴剑平、陈宏能、赵全胜、杨宏昆

居然用它编游戏程序，确实独出心裁。二是爱玩扑克牌，钓鱼、争上游、拖拉机、比大小，来者不拒。老童嫌两副、三副牌的“拖拉机”不过瘾，叫上我们打四副。四副牌组合极多，谁先亮牌抢庄，谁便掌握了先机。于是，大家拿到 2 就亮，老童只有跟牌的份儿。如此三番，他干脆把牌往桌上一摊，不玩了。老童以名列前茅的成绩保送读研，工作后加盟了碧桂园，技术上绝对是把好手。

团结是清华人的基因。水利系同学格外团结，因为再小的水利工程，凭一己之力都无法完成，必须团队合作。尽管同学们性格、习惯等不同，但团结向上始终是水工 71 的主旋律。我们班唯一的留学生是马达加斯加的胡森，母语是法语，上课不大能听懂。于是大家轮流辅导他学习，加上老师们关照，胡森得以顺利毕业。清华有很好的体育传统，我们班大一就在系运会上勇夺团体亚军，仅稍逊于如日中天的水工 51。其中，班长曾卫轻松摘得男子跳高桂冠，潇洒的背越式赢得一众女生青睐的目光。机智灵活的贵州帅哥廖宇冬，高大健壮的湖南小伙王军，都是班级乃至系里篮球、足球、田径等各项运动的主力。我们的团支部工作也很突出，大二获评为全校首批“甲级团支部”。

1992 年 6 月毕业前夕集体合影，前排左起依次是彭卫军、廖宇冬、徐仰汇、曾卫、何宁、赵全胜、杨世平（辅导员）、吴剑平、岑建军、杨宏昆、刘志刚、李燕涛、胡群英；后排左起依次是胡冉、田涛、罗晓东、马俊、童平森、张汉宏、李海洋、胡森、史永胜、唐文哲、薛慧涛、汪俊宏、刘广平、程卫东、夏可夫、陈宏能

学生时期的友情，并不随日久而淡忘。在水电系统或相关领域工作的同学，事业上自是相互支持。我们班在北京、广州相对人多，北京同学一般借外地和国外同学回来的时机聚会，广州同学则是有朋远来要聚、谁有喜事要聚、多日不见也聚。毕业 20 年返校大聚会后，外地同学便争相做东，在每年校庆前后或约定时间邀全班同学欢聚。去年，杨宏昆在成都召集聚会，安排宽窄巷子吃火锅、雨中游青城山。尽管子女都陆续长大成人，但同学们相逢仍是少年，吆五喝六，嬉笑怒骂，一如当年。

## 二、实干的力量

大礼堂前的日晷刻着“行胜于言”。朱自清先生认为，清华精神是实干。踏实、务实、求实、扎实、老实、朴实、实诚、实在、实干、实事求是，“实”是清华人的内在特质。

水利师生是名副其实的实干派。水利系功课多、压力大，水工专业不但要学土木系结构专业的大部分课程，还要学一堆与水相关的课程，不努力不行。更重要的是，水利工程关系国计民生，即使有半点马虎，哪怕小数点后第二位算错了，后果都不堪设想。认识实习，老师带我们去看过一个水坝。坝修得很好，可一点水都没有拦住，全从透水层流走了。这个失败的教训，给人强烈的心灵震撼，也让我们第一次感受到水利工作者的巨大责任。丝毫不严不实，结果都可能不是“水利”，而是“水害”了。

实干的前提是深入实际。那时，水工专业每年暑假都有实习，认识实习、测量实习、地质实习、生产实习，烈日炎炎，既增长本领，又磨炼意志。生产实习，我和另几位同学被分到木工班。观音阁水库是碾压混凝土坝，为浇筑混凝土要用木头搭架子、装挡板，形成模子。工人师傅先让我们扛木头方子，从坝基送到 30 多米高的大坝施工面。木头方子每根约 10 米长，15 厘米见方，由于泡在泥水里，又脏又重。师傅独自扛一根走在前面，同学们两人扛一根还很费劲。更大的考验，是用大钉子把木板固定在木头方子上。“钉钉子”谁不会，但我们过去是从上往下钉，而木头方子竖着，要从侧面钉，尤其贴着坝面钉难度更大。我试了几下都不成。师傅便做示范，同样的斧头和钉子，“当当当”三四下就好了。真是“纸上得来终觉浅，绝知此事要躬行”。

实干的背后，是实事求是的科学精神。水工专业的实践性强，专业基础课和专业课都有不少经验公式，如“流体力学”“土力学”。这些经验公式并非纯理论推导的结果，需要大量实验数据拟合，理论与实践相结合的要求高。这种严谨求实的态度，让人肃然起敬。我们在新水、旧水、泥沙馆都做过实验，很多同学的毕设课题

2007 年 4 月入学 20 周年时摄于美术学院，左起依次为薛慧涛、仲霄、岑建军、何宁、胡群英、史永胜、童平森、刘志刚、唐文哲、胡冉、赵全胜、李海洋、吴剑平

也来自实际工程。“真刀真枪”，理论联系实际，是水利系人才培养的一个鲜明特色。

严谨务实的作风，给水工 71 同学打上了深深的烙印。来自内蒙古的刘志刚，无论上课做笔记，还是下课做作业，都一丝不苟，被全班一致尊称为“博士”。薛慧涛从山西运城考来，在我们 107 宿舍排老二，为人做事都很实在。每个寒暑假，他都“整麻袋”地带来家乡的柿饼，并乐呵呵地看着大伙儿将其一扫而光。北京同学 AA 制交纳的活动经费，这么多年都由老薛掌管，从未出过差错。毕业后，志刚供职于华北电力设计院，老薛在国家电网公司的二级企业，都是管理和业务骨干。李海洋，辽宁北票人，本科毕业保留学籍到鞍山市政工程设计研究院工作，研究生毕业后回到家乡，历任科员、副处长、处长，2017 年任省住建厅党组成员、副厅长，可谓一步一个脚印，为辽宁老工业基地振兴发展奉献了青春和汗水。

杨宏昆是云南昆明人，保留读研资格到原电力部成都水电勘察设计研究院（现中电建成都勘测设计研究院公司），参加由世界银行贷款按 FIDIC 管理的二滩水电站坝工设计，也因欣赏成都的美景、美食、美女而扎根四川；后加入东方电气集团，参与巴基斯坦塔贝拉水电站工程（20 世纪 90 年代中国公司海外标的最大承包工程）的现场合同和施工管理；再后受聘为世界银行中国代表处高级采购专家，参与交通、能源、环境、农业等 50 多个领域、近百亿美元贷款项目的技术评估和实施监督。目前，宏昆在成都继续从事水利水电项目管理和勘察设计工作，同时兼任 AFD、ADB、NDB、AIIB 等多边银行高级咨询顾问。

罗晓东来自湖北知识分子家庭，严谨细致，斯斯文文，同梅贻琦校长颇有些形似和神似，毕业后赴美留学并定居。河南才子程卫东，思维敏捷，风趣幽默，学习生活非常自律，后赴美留学，现任 Fluor 公司技术总监，是管道工程和流量保证领域的 Fluor Fellow，以及 ASME VVUQ 60 能源系统分委员会主席。山东汉子史永胜，满腹经纶，见解独到，多年在广东水利厅下属的研究单位工作。甘肃兄弟刘广平，能文能武，精明能干。

班里“唯二”的女生，更是撑起了半边天。胡群英来自江苏，是典型的好学生，研究生毕业后一直在苏州某单位工作，三十年如一日。李燕涛是清华子弟，说话轻声细语，积极参与班级活动、推动集体建设，毕业后出国发展，回国探亲时都会和同学们小聚叙旧。

张汉宏，我们宿舍老六，来自广东曲江，课余经常插着耳机听随身听。他身体敏捷，柔韧性好，是校体操队的骨干队员，多次参加各种比赛，摘金夺银，奖牌无数，屡屡为校争光。可他却十分低调，从不炫耀。殊不知，好成绩来自日复一日的苦练。毕业后，汉宏就在珠江水利委员会工作，发挥着重要的骨干作用。

马俊也是湖北人，笔记和作业工工整整，“工程制图”作业尤其漂亮，线条画得无可挑剔，仿宋字写得犹如印刷体。他性格沉稳、思虑周详，被同学们称为“老马”。老马和我是桥牌搭档，他善于记牌、精于计算，打到最后还能准确说出对方

2012 年 4 月水利系 60 周年系庆暨毕业 20 周年之际摄于新水利馆，前排为土水学院、水利系领导和老师，左起依次为张其光、李仲奎（任课教师）、金峰、聂孟喜（第二任班主任）、陈永灿、李庆斌、张丙印（第三任班主任）、沈言琍、李丹勋；第二排左起依次为唐文哲、胡冉、汪俊宏、李海洋、马俊、胡群英、童平森、岑建军、史永胜、仲霄、田涛；后排左起依次为吴剑平、薛慧涛、陈宏能、刘志刚、徐仰汇、张汉宏、何宁、廖宇冬、赵全胜

手里剩梅花 3 还是梅花 4。我们一起拿过系里的双人赛冠军，并同六字班一对搭档组队代表水利系参加全校桥牌团体赛，因为有一轮失分太多，结果只得了第七名。本科毕业后，没有了默契的搭档，我基本上再没有打过桥牌。老马研究生毕业加盟中国交通集团，前些年进入中国港湾工程公司，任战略发展总监。由于一直在京工作，加上热心细心，老马多年担任班级活动召集人。无论北京同学聚会，还是接待外地同学，差不多都是他在张罗。

与生长在小城市和农村的同学不同，仲霄来自大上海，见多识广，多才多艺，英语分级考试直接考到三级。军训结束不久，他就进入了学生文艺社团（现学生艺术团）军乐队，担任大号手。在他的建议下，我大二参加合唱队，由此接触到大量优秀的外系同学，还有幸做过艺术团辅导员。如果不是仲霄当时的热心鼓励，可能我的人生轨迹会完全不同。仲霄毕业进入宝洁，之后自己做投资。由于时间自由，他开始养蛐蛐、斗蛐蛐，多次在各类比赛中夺魁。同学相见，他三句不离蛐蛐，充满热情和自豪。能在老北京人的爱好上独孤求败，足见专注和执著。这也从侧面说明清华人崇尚实干、追求卓越。近年，仲霄参加了清华学生艺术团的校友合唱团，不时在班群里晒一晒演出的剧照或视频。假如当年功课少点，仲霄一定可以同时成为军乐队和合唱队的主力队员。

清华人干一行、爱一行、成一行。来自湖南株洲的胡冉，是班级第一任团支部书记和年级第一任团总支书记，品学兼优，极其聪明，被戏称为“老狐狸”。他保留学籍两年到经管学院读研，和我再次同班。胡冉曾任南航集团财务公司总经理、碧桂园副总裁，现任奥园集团副总裁、奥园美谷总裁，矢志打造“医美生态集成商”。来自河北唐山的汪俊宏考入中国人民银行研究生部（现清华五道口金融学院），获金融硕士学位后在中信广州分行先后任办公室、国际业务部、零售业务部负责人；后赴美攻读 MBA，回国后发起引进 CFP 认证体系，现于香港任国泰君安国际控股总裁助理、执委会委员。来自吉林的夏可夫，多年来立足深圳创业发展，是深圳市越众（集团）股份有限公司等多家企业的法定代表人、股东或高管，事业做得风生水起、红红火火。

无论深耕水利能源行业，还是从事其他行业，水工 71 同学都以实干和专业而各有所成。

## 三、信仰的力量

清华是一所有理想的学校。我多次听母校领导这样讲，也多次听校外人员如此评价清华。水利系系歌《水利建设者之歌》唱到：“改造自然，造福人类，永远是我们远大的理想。”我们班同学这样唱，也这样做。

来自青海西宁的赵全胜是我们宿舍老大，历任水利部水电水利规划设计总院水工部副处长、副主任、副总工程师，现任院总工程师、教授级高工。水电总院是水利部直属事业单位，负责全国性综合及专业规划编制、规划设计审查和水利勘测设计咨询行业管理工作，在我国水利水电规划建设中有着举足轻重的作用。老赵主持或参与了三峡工程竣工安全鉴定、金沙江上游水电梯级风险评估以及深圳抽水蓄能电站工程、四川大渡河沙湾水电站枢纽工程等一大批项目的验收、审查、咨询。他经常奔波在全国各地特别是工程现场，系歌中“从那黄河走到长江，我们一生走遍四方”就是真实写照。

彭卫军毕业后毅然回到新疆，在新疆水利水电勘测设计研究院从普通技术人员做到副总工程师，获得水利部和自治区先进工作者、特殊贡献专家等许多荣誉。他曾任 10 多个区内大型水利水电工程的主管总工，负责工程勘察设计；主持和参与了北疆供水、乌鲁瓦提等 60 多项自治区大中型水利水电工程的现场踏勘、方案论证或评审审核，为新疆内外水利水电开发建设做出了突出贡献。在 2012 年 7 字班毕业 20 周年之际，老彭的事迹材料登载在《水木清华》纪念专刊上，引起许多同学的共鸣。

我们宿舍老四何宁，江西高安人，是跟女生一说话就脸红的帅小伙，大学五年长高了六七厘米。他在荷兰 UNESCO-IHE 获硕士学位，长期任职于南京水利科学研究院，现任岩土工程研究所所长、党总支书记，正高级工程师，二级教授，博导，江苏省“333 高层次人才培养工程”中青年科技领军人才；负责国家重点研发计划项目 1 项，主持国家自然科学基金面上项目 3 项、国家自然科学基金重点

2017 年 5 月入学 30 周年摄于大礼堂前，前排左起依次为马俊、夏可夫、田涛、廖宇冬、岑建军、何宁，后排左起依次为薛慧涛、陈宏能、张汉宏、杨宏昆、刘志刚、徐仰汇、唐文哲、吴剑平

项目课题 1 项，负责完成国家科技支撑计划项目、“863”计划项目、国家留学基金项目、水利部公益性行业专项经费项目、江苏省科技支撑计划项目和黑龙江省科技计划项目等国家和省部级项目 30 余项；主持完成重大、重点工程的科研咨询和服务项目数十项；获科研成果获省部级特等奖 1 项、一等奖 3 项、二等奖 2 项、三等奖 2 项，取得发明专利 28 项，实用新型专利 20 余项，软件著作权 5 项；专著 5 部，译著 1 部；发表论文 100 余篇。我们相信，这些数字一定会与日俱增。

岑建军，家乡浙江余姚，宿舍老五，和我是上下铺。入学时，我们乘同一辆校车从北京火车站到清华园。大学毕业后，建军做过外贸，1996 年接触到聚酰亚胺材料，经过几年调研论证，2002 年创办宁波今山电子材料有限公司。“今山”即由“岑”字拆分而来。公司主要研发生产智能手机必不可少的 PI 薄膜。当时，只有杜邦等个别企业能生产。公司起步并不顺，第一年没能做出 PI 产品，第二年又赶上“非典”和大停电，后来还遭遇过台风，真是一波三折。由于实行差异化战略，坚持技术创新，公司在激烈的市场竞争中挺了过来。2010 年以来，今山电子的 PI 薄膜陆续用于苹果、三星、华为等各大品牌的终端产品。作为员工不足百人的高新技术企业，今山电子真正是隐形的冠军。制造业是国民经济的基础，发展高端制造业是中国的必然选择。在建军白手起家的创业路上，我们有过多次交流，能感受到他身上清华人特有的家国情怀。此外，在我们毕业 20 周年时，建军自掏腰包代表全班给系里捐了一笔奖助学金，而那时他的公司才刚有起色。

我们班还有一位同学，被誉为汽车界的“玄学”大咖。他在东京工业大学获博士学位，曾在日本尼桑公司研发中心供职，参与过多款车型的振动噪声性能（NVH）开发，积累了丰富经验。NVH 是汽车内在品质最综合的表现，也是最难开发的性能之一，因此被称为汽车“玄学”。他回国后，2012 年加入广汽研究院，全面负责传祺车型的 NVH 开发，实现了 NVH 技术积累“从 0 到 1”的突破，一跃达国内领先水平。他，就是来自陕西的徐仰汇，现任广汽研究院首席技术总监，中国汽车工程学会振动噪声分会副主任委员，广州市创新创业领军人才。

有一首歌《长大后我就成了你》，仿佛唱的就是唐文哲。文哲是广西桂林人，曾任团支部书记，交谊舞跳得好，围棋也下得好。2005 年在墨尔本大学拿到工程管理博士学位，随即回清华做博士后，然后讲师、副教授、博导，2018 年荣升教研系列长聘教授，现任建设管理系副主任。老唐是一名好老师，曾获校级青年教师教学优秀奖、教学成果一等奖、清华大学先进工作者以及“中国项目管理发展二十年杰出教育贡献奖”等荣誉。清华关于教学和人才培养的荣誉，他几乎都囊括了。老唐也是一位好学者，主要研究水电开发管理、能源管理、重大水电工程管理模式等，已出版专著多部、发表论文 100 余篇，其中 Holistic hydropower

2019 年 11 月曾卫回国时摄于新水利馆，左起依次为刘志刚、马俊、吴剑平、曾卫、唐文哲、仲霄、陈宏能

scheme for China 一文于 2016 年发表于《自然》杂志上。接过治学育人的接力棒，唐教授在教学科研一线辛勤耕耘，以清华的理想之光烛照更多年轻的心灵。

在 111 年的清华校史上，我们水工 71 只是众多班级中的沧海一粟。讲这些故事新事，是希望从一个点上折射出 7 字班同学的共同经历和精神风貌，反映一个时期母校教育栽培的成果于万一。尽管同学们所走的路不尽相同，但是每个人都有心中的诗和远方，不断努力做更好的自己。每位同学都有值得回味的故事，也续写着自己的清华故事。

在我们心中，清华是一所学校、一种精神、一种理想，也是一种信仰。作为清华学子，我们充满感激，我们无怨无悔。

**作者毕业照**

**仲霄（水利系 水工 71）**

现任北京为尔福医疗科技有限公司总经理。曾任交通部三峡办枢纽处负责人、家乐福（中国）北区拓展总监、华润置地（北京）项目总经理等职。获取中欧国际工商学院 MBA。

# 西湖往西

杭州西湖以山水秀美著称江南。清华也有个西湖，每当盛夏时节，女生的泳装丽影对青春期的清华男生便会产生无法抗拒的诱惑力。

清华的教学区基本都在西湖游泳池以东，西湖往西基本与清华那繁重的课业无关。

1987 年秋天，入学清华，正是北京最美的季节。对北京对清华园，我算是一见钟情。

偌大的清华园，光靠 11 路腿儿着上课，那都得练成竞走运动员！自行车便是每个清华学子的刚需。那时候毕业生都有优良传统：给学弟学妹们留些“遗产”，其中最能化腐朽为神奇的就是每栋学生宿舍楼前成堆的废弃的自行车，那阵势，跟现在废弃的共享单车有一拼！

清华号称工程师的摇篮，用些废弃的自行车攒一辆自己的自行车，便展现咱新生的入学动手能力。虽然我之前不会装自行车，但没吃过猪肉，还没见过猪跑吗？经过三四天的摸索，掌握了上飞轮编辐条等专项技术，一辆龙头能旋转 360 度，除了铃不响哪儿都响的 28 寸“复古”自行车便成了我的坐骑，也是我们那会儿清华学子的标配。

第一次用自力更生攒的自行车学会骑车，便出了西校门，那是一路向西，跟着感觉走……

我在校期间一共攒过两辆自行车。咱班还攒过自行车的，应该还有老陕徐仰汇，是我的室友。

徐仰汇那会儿叫徐养会。瞧他这名字，就能想到他考清华没费劲。这哥们儿充分发扬了老区人民艰苦朴素的优良传统，不但自己攒了自行车，还在 13 号楼前摆起自行车修理摊儿，即方便了同学，还能挣点钱。这样宽松的经商环境现在清华校园里难再现了吧？

毕业后，养会去了日本留学工作进了汽车制造行业，再后来回国历任北汽和广汽高管，顺便像很多成功人士一样改了名。这应该是当年他在清华摆自行车修理摊时就种下了因。

西湖不仅天热时让人眼热心跳，冬天也有一道靓丽的风景线——冬泳。胡冉和杨宏昆就是我班这靓丽的西湖风景。来自湖南的胡冉和云南的杨宏昆再次展现了“南方人”抗冻。他俩也都是“睡在我上铺的兄弟”。大二寒假我们几个同学去哈尔滨看冰灯，杨宏昆是丝袜单皮鞋在零下二十多度的哈尔滨街头溜达，当然，是一溜小跑，见地下通道商场就钻。

经历西湖的四季洗礼，这俩哥们儿工作后面对各种艰难都特别有韧性。后来胡冉在株洲创业做房地产，面对恒大的威逼利诱，泰然处之。去年他荣升奥园美谷董事长总经理。

那会儿学生大多兜里没俩钢镚，能勤工俭学算不错了。我则不满足于换鸡蛋勤工俭学。一次北外图书馆处理一批联合国教科文组织捐赠的原版英文书，我便筹钱组织人马去北外抢购。那可是真抢啊！北外卖书院子的两扇铁栅栏门让我的人马占了一半，这边递钱那边取书，后面码三轮上，一条龙。最抢手的《国家地理》杂志居然还有 1928 年的古董！这批书到了清华校园也是被对知识如饥似渴的清华学子疯抢。《国家地理》杂志不重样的我自己都留了一本，其余都卖光了。

有点散碎银两，寒假就能去同学家乡串门旅游了。

那个寒假去东北玩，第一站是去同寝室夏可夫家乡吉林市看雾凇。绿皮火车一夜的硬座，我还让座给了一位老大妈，我自己扶着椅背站了一宿。老天爷是公平的，有苦就有甜。我们到了可夫家，我这个打小吃粳米的上海人第一次尝到了正宗的东北大米。我一口气扒了四碗，菜没想起来吃一口。应该不是路上累的，而是那天大米太好吃了，是天底下最好吃的大米！

东北人都是活雷锋，夏可夫就是。不知道啥时候无师自通学会了理发，经常给班里的哥们儿义务理发，还管吹发，手艺相当不错！踢足球他也是中场高手，掌控全局进退有度。计算机语言更是他的业余爱好。可往往业余后来能成专业。经过几十年的打拼，现在他不仅是深圳建筑行业的翘楚，还创立了“鹏为软件”，CRM 本土品牌第一，创新了绿色建筑模板，成立了“越众集团”，还有“鹏为文化”承载了他对古文的兴趣。

大四辽宁本溪观音阁水库工地实习，可夫被一山西妹子擒获，也成就了一段才子佳人的佳话，让一众哥们儿酸得倒牙。

好在，能进清华的，中学都是出类拔萃，自然不乏女暗送秋波。但毕竟远水解不了近渴，友好宿舍这自欺欺人的事儿还挺有市场。当然，这友好宿舍不可能在清华园里，窝边草都被兔子盯着呢。不过，大二大三那繁重的课业很快就让大家再没啥精神头继续发展那自欺欺人的友谊。

水利系有很多光荣传统，清华女生的稀缺在我们水利系达到极致。水利系几乎每个年级都有一个光头班。我们班也只有两名女生。清二代的李燕涛和来自江苏娇小的胡群英。

现在想来，班里女生少还不如没有。在男女生比例失衡的水利系很容易引起内卷。好在这种内卷还没出现苗头，在大家还没看够清华园时，就被廖宇冬同学挺身而出牺牲自我迅速终结。来自贵州的廖宇冬有三级跳远的特长，袋鼠也得甘拜下风。老廖还有着金城武的颜值，还更阳刚。自从老廖和李燕涛出双入对，同学们基本就安心读书了。

同样来自贵州的田涛虽没有老廖那样帅气，但精瘦干练，虎牙配上掉渣饼样的笑，往往能掩盖他那双炯炯有神的眼里的狡黠，所以有了“田大榜”的绰号。“田大榜”家族是祖上三代为革命事业做贡献的典范，据说当时县政府的办公楼就是他家的祖宅。

每个寒假后返校，班里五湖四海的同学都带着各自家乡的特产欢聚清华园，对于那物质文明还不发达的岁月，可谓饕餮盛宴！其中“田大榜”家乡的臊子是极品。每次他都带一大玻璃瓶。方便面里加一勺“田大榜”家乡的臊子，才能安抚哥们肚子里的馋虫，秒杀现在任何方便面调料和各种舌尖上的臊子面，不接受反驳。

田涛也配得上“田大榜”的绰号，为人大气。日后，他成了我班最先富起来的一小部分。他也无愧清华的培养，成了第一批捐赠清华励学奖学金的校友，一次就捐了 120 万元。

课桌“文学”是我们那年代大学生无法回避的，学生能自习的地方就有课桌文学，能在那样的环境下好好学习那得要多大的定力啊？这也为大家走出校园踏入社会，抵抗各种诱惑打下了一些基础。

校园里几乎到处弥漫着青春的荷尔蒙，直到晚上熄灯后的“卧侃会”。现在有了微信，卧侃会又如雨后春笋，班群里的荷尔蒙指数一点没下降，让人不禁感慨：三十年归来仍是骚年。虽然班里的两朵海棠花也在微信群里，但基本是潜水几年都不带冒泡，兄弟们基本无视，想怎么聊就怎么聊。于是，她们可以从班微信群窥得当年男生“卧侃会”的一斑，也算一种福利？

智力向来是清华学子能拿来炫耀的，尤其是数学。来自湖南的老童（平森）就是为数不多的能把数学学通透的天才，拿了那年清华本科生数学竞赛第二名。老童现在已是碧桂园集团高管，但大学数学仍如小学数学一样信手拈来，本来有可能成为清华“韦神”。老童还是武术世家，螳螂拳出神入化，前些年还参与成立广州大成拳馆。

来自湖北马俊和四川吴剑平成了桥牌搭档，都是在我和曾卫的感染下入的道。水利系大城市的学生少，我们那届入学时都凑不出四人打桥牌，后来这哥俩半路出家，逆袭系桥牌双人赛冠军。

马俊还是俄罗斯方块高手，能打通关，比现在的世界冠军也不遑多让。

吴剑平还有一漂亮的民歌嗓，在我的感召下，大二进校合唱团一展歌喉。不过我不是在合唱团，而是军乐队，清华军乐百年队庆还能登台吹大号。

每个班都有几位五年都是安安静静没啥故事的同学，但那年“踏青”18 个小时的跋涉，也都被裹挟进去了。

作者毕业照

作者近照

**胡纲祯（水利系 水资 7）**

毕业后在长江水利委员会设计院工作，高级工程师，参加多项重要工程，后进入房地产行业。爱好写诗，发表诗歌 200 余首。

# 越过霜刃

可能许多人读过英国小说家毛姆的小说《刀锋》。《奥义书》上有一句话，大意是说，一把刀的刀刃是很难越过的，毛姆把它用作了《刀锋》的引言。博尔赫斯有一首诗的名字叫《慕兰娜的刀》，诗中说岁月流逝，其人其名刚硬尖锐如故。显然，它们都不是物质的刀。

我在 1987 年考入清华大学水利系，住在 13 号学生宿舍楼，按西方迷信的说法，这是个不吉利的数字。这是一栋四层红砖建筑，梁思成式的大屋顶，新古典民族风格。这栋楼英才济济，可见迷信不足为据。清华的学风名闻遐迩，周末的教室常坐满了勤奋的学生。我想清华的学生固然特别爱学习，其中可能也有些许无奈，功课繁重是一方面，男女生比例失调，十有八九无缘于男女私情，只有把时间和激情消磨在书本上。

如果要概括我在清华的生活，我觉得这个词——霜刃，带霜的刀刃——大概比较合适。我不是说，在清华读书像刀割般难受，问题还不至于这么严重，但清华的读书经历的确是越过刀刃的过程，是由蛹羽化成蝶的过程。清华的学习生活是很好的磨刀石，从各方面对人都是一种磨砺，从消极的方面看，可能磨去了人的个性棱角，但如果经受住了磨砺，将促使一个人蜕变，这是走向成熟、丰富和坚毅的必然历程。

每个人的经历不同，因此每个人的大学也就各不相同。我的大学时光主要在自我教育中度过，除了老师教授的专业课，我涉猎的知识领域很广泛，这里要感谢清华图书馆和清华文学社。我在清华的五年可以分为前后两个阶段：前三年是一个按课程表和自己拟定的读书计划自修的苦读生，后两年是一个迷恋诗歌的文学爱好者或校园另类。

初入清华的时候，和大部分新生一样，我单纯得像一个单细胞生物。那时，比较常去的地方是工字厅后面的荷花池。从梁实秋的回忆散文里知道，他也是喜欢荷花池的。我喜欢荷花池，主要有两点。其一，它有古色古香的氛围。经过闻一多雕像与西阶梯教室之间的便道，跨过小桥，视野里不见多少现代的痕迹，亭台楼榭，画栋雕梁，有中国传统皇家园林的风韵；其二，它的景色潦草无序。池里交错荇荷荇藻，小山岗上草木杂乱无章，像普利高津所说的耗散结构，既古典，又狂乱，颇有才子气，和我当时的心境比较合拍；还有一点，池子周边的乔木高大繁盛，笼云罩月，尤其入夜以后，阴森惨淡，树影参差，工字厅看上去就像蒲松龄笔下的聊斋，所以池边的长椅也就长空着，使我有机会在那里呆坐长思。

大一上学期，是高中向大学生活的转折期，我觉得，应该对已经开始的五年大学生活有一个明确的规划，对自己未来的人生向度有一个大致的判断。不管将来自己从事何种职业，我期望自己具备“一个科学家，一个哲学家，一个诗人，一个理想主义者”的基本知识素养。考虑到学校开设的课程有限，不能完全地满足我对知识的整体需求，我给自己拟定了一份内容繁杂的读书计划，决定通过自学去实现自己的想法。

保存在书柜里的这份读书计划，经过补充修改，密密麻麻有五六页，按自修、学习、阅读分为三部分。

第一部分是自修计划，主要是自然科学和边缘学科方面的内容，包括物理、数学、生物、化学等。每个科目又分若干子目，如物理有经典力学、理论力学、分析力学、电动力学、量子力学、热力学等十八项。显然，要把这个自修计划全部完成到位会十分辛苦，所以最终也就一知半解地完成了不到一半。在物理方面，印象较深的有爱因斯坦文集，费曼的物理学讲义，普利高津的混沌理论，尤其是宇宙论方面的书籍，我对宇宙的起源和未来演变十分关注，太阳系的寿命有限，恒星最后变成黑洞，还有熵增理论认为宇宙会陷入热寂，都让人迷惑。那时我比较感兴趣的是物理和哲学，爱因斯坦的质能方程，用简洁的方式把质量、能量和光速联系在一起，真是令人震撼。数学方面印象较深的是康托尔的集合论，试图给予数学以及哲学分析一个完整的逻辑基础，但罗素悖论的提出，由于无法构造一个包含自身的集合，似乎从而无法构造一个囊括一切的总集合，使集合论的雄心受挫，这是否说明，宇宙是开放而不是闭合的呢？爱因斯坦试图建立的世界方程存在逻辑上的困难呢？我对拓扑学感到别扭，不容易在大脑里建立其直观的想象，感觉像在玩巫术，我在数学上面的宏大抱负到了拓扑这一级就停住了，兴趣也逐步转移到社会和人文学科上面了。

第二部分属于正规的学习课程，包括学校规定的必修课和一些选修课，选择的余地很小。必修课基本都是靠考试前突击过关。选修课的得分较高，在诗歌欣赏、音乐欣赏和哲学这几门课上得过满分，如果我没记错的话，当时选修课允许的最高分是九十分。诗歌欣赏课，期末考试是写一篇关于诗歌的文章，我对卞之琳的《断章》和李商隐的《巴山夜雨》进行了对比分析，结构上有相似之处，采用了回旋递进的形式，还附上了自己的几首习作。对音乐我是门外汉，音乐是纯粹抽象的符号艺术，因抽象而容纳具象，因纯粹而滋生联想，与科学需要收敛于真理不同，艺术是发散思维。我对琵琶曲《春江花月夜》和张若虚的诗歌《春江花月夜》进行了比较，实际上琵琶曲《春江花月夜》引起的场景联想，要多于诗中所写，也不拘于诗中所写。哲学课是大课，记得老师是一个年轻的美女，好像刚从北大毕业不久，我在期末考试试卷上，对哲学大加批判，认为哲学从百科之母沦为专业学问，既无科学的坚实基础，又不能如心理或社会学科给人切实的指导，哲学家的观点充满主观臆想。这种带有实用主义倾向的批判，其实有些偏颇，没想到老师不以为忤，鼓励我继续思考。遗憾的是选修了一年的德语，没用功，始终没入门。

第三部分为阅读计划，内容涉及哲学、宗教、文化、历史、文学、经济、心理学、社会学等诸方面。除经济学以外，各领域的主要作家和作品均有涉猎。那时，清华的文科院系还没有大规模恢复，清华老图书馆社科方面的藏书不算很丰富，可能经费有限，新版图书不多或来得不及时，每本书都要蒙上硬皮封套，防止磨损，这个工作量颇大，许多新书后面的借书签记录，我都是第一个。我借书，最恨有人污损甚至撕掉精彩的几页据为己有，这是十分自私的行为，好在清华图书馆没有这种人。老馆空气和光线不好，很闷，当年钱钟书在这里读到学富五车，号称“横扫清华图书馆”，我没这个抱负和才干，也没有充裕的时间。等到新图书馆启用，我已临近毕业了。这份阅读计划对我帮助很大，知识储备基本可供一般交流所用，我有个高中同学在北大哲学系读书，我常去串门，和那些文科生较劲一番。其中有些书是硬着头皮读完的，比如《圣经》就断续读了近一年的时间，古希腊罗马文明和基督教文明是西方文化的两大源头，觉得应有所了解。我想把基础典籍粗略扫一遍，但缺乏相应的知识储备，效果不是太好，比如冯友兰先生的《中国哲学史》，书中有许多引文，不先读诸子百家，阅读就会磕磕绊绊。我也借了一些文科教材，读来味同嚼蜡。

看社科人文类图书，很容易被自己的阅读兴趣带着走。我读小说，喜欢英国小说家狄更斯，文笔幽默，情节也很曲折，把狄更斯的小说一本本借来看，但他的代表作之一《双城记》，在校图书馆竟然没有借到，后来到国家图书馆借到了，我却对狄更斯失去了兴趣。由于缺乏社会生活经验和人生阅历，看不进《红楼梦》，也看不进托尔斯泰，本来准备勉强读读雨果，看到一篇文章，写雨果勾引女仆，觉得他品行不端，他的小说也不想看了。歌德的《浮士德》属于经典著作，找了好几个译本，都不太满意，我有次对一个朋友谈到，钱春绮先生的翻译水平不敢恭维，译文平淡无奇，他也有同感，抱怨说："关键是这老先生还很勤奋，翻译了一大堆外文书。"

这份读书计划坚持了两年半后被放弃，主要是心态变化了，我所设想的"万卷诗书消永日，一窗昏晓送流年"的读书生活，过于自闭和枯燥，我毕竟正值青春，一颗心时常处于躁动中，"呦呦鹿鸣，求其友声"。1990 年 1 月 3 日，我的大学生活刚好过半，我在半程总结中写道："我痛彻地感到，生命是血肉不可分的，在缺氧的、昏暗的心情氛围中，生命之花迅速枯萎。只有青春无价，任何一座图书馆也抵不上它滴下的一滴蜜所包含的全部内容。人间的和天上的青春万岁。"

经同学引荐，我加入了清华文学社，清华文学社 1921 年由闻一多等发起成立，历史悠久，是清华最古老的学生社团，我在文学社结识了不少爱好文学的同学，在理工氛围浓郁的清华园，大家过从甚密，抱团取暖。文学社比较松散，核心成员大概有 20 来人，基本都是写诗的，有少数女生，我加入时，社长是环境系 88 级的袁媛。几乎每天，我都与几个关系好的社员同学泡在一起，在"大学生之家"的梧桐树底下喝酒，在大礼堂前的草地上谈天，在他们的影响下，我开始写诗。文学社社刊是《清华文学》，油印的一本杂志，由校团委提供经费，由于各种原因，刊物停办，我们又自费创办了《同方》《诗歌通讯》等，延续了文学社的文学香火。

文学社有时也举办活动，比如邀请校外人士来座谈，在每年 12 月份的校园艺术节，24 小时不间断接力朗诵钱钟书学长的《围城》，在二教举办诗歌朗诵会等。1991 年，海南出版社策划了一套校园诗歌丛书，收录清华、北大、北师大、复旦，吉林大学五所大学的学生作品，我有四首诗入选清华学生诗集《最后的雨季》，这是我第一次正式发表作品。总的来说，当时清华仍是理工为核心的大学，整体文学实力和氛围，与以文科为主或文理综合的大学相比，还是有一定差距，带有业余性质，只有少数同学由工科转读文科，进一步深研。

我在参与文学社活动期间，结识了不少校外的朋友，那时我与沙洲、杨波等交往较多，杨波是北京国际关系学院的校园诗人，那时已毕业，似乎失业了，常常茫然若失，不知是在构思，还是在发呆。沙洲的外婆是著名诗人陈敬容，我常到他在清华北门外的一间出租屋里去玩，打桥牌，聊天。他是记者，也写小说，我还记得有一次他对我说：“等哪天我有钱了，咱们弄个套间，你在外屋写诗，我在里屋写小说。”30 年过去，不知他有钱否？还写小说否？我总觉得，等弄一笔大钱后，再去发展自我爱好，对一般人似乎不靠谱。不知是福楼拜还是司汤达说过：“年轻时，我常梦想吃上牛排，有一天，我终于吃上了牛排，却发现牙齿掉光了。”

在清华的后半阶段，我读书的范围基本限于诗歌为主的文学作品，课余生活内容看似丰富多彩，但心境始终没有真正地安定下来。五年的大学岁月就那样过去了。毕业后，我和同班的颜家军同学一起，分配到长江水利委员会，先后参加了长江三峡水电站、南水北调中线工程、长江堤防等国家重点工程的建设工作，同时，一直保持着读书和写作的爱好。清华的读书生活，直接影响了我毕业后的人生道路与生活观念。

2021 年 4 月，我受邀回校参加清华文学百年纪念活动，这是清华 110 周年校庆活动之一，深感荣幸。转眼毕业 30 周年了，人生永远在开始，在途中。自强不息，厚德载物，岂敢轻言倦怠。此前，我已有 10 余年没有到过母校了，深切地感到今日的清华园，真是花团锦簇，焕然一新，祝愿清华人文日新，长盛长荣。

（原载长江文艺出版社《光阴的故事》，有增删）

作者毕业照

作者班级毕业照

**黄祖毅（土木系 建管7）**

在中国建筑西南设计研究院从事建筑结构设计工作。历任助理工程师、工程师、高级工程师、九寨沟县委副书记（挂职）、四所副所长、院办公室副主任（主持工作）、八所所长、院总监兼四川西南建筑工程咨询有限公司执行董事、总经理等职。

# 我的毕业设计

1991年秋季开学后不久，我和孙学敬同学接到系里通知，参加学校第一次试点的本科生提前半年做毕业设计的活动。让我感到自豪的是，学校是按前四学年学习成绩综合排名挑选的（三名双学位同学由于第5学年课程多不在此范围）。我去的是北京特种工程设计院，在北京三元桥边上。我的实习指导老师吴先厚高级工程师是我四川老乡，四川隆昌人，老先生慈祥和蔼，想想他当年也就五十几岁吧，和我现在年龄也差不多。

设计院计算机房条件很好，几十台计算机、架空木地板、空调机房。我奉命用PK PM的砖混结构抗震验算程序对一幢多层砖混结构试验楼进行抗震验算。这是一座平面很规则、横墙承重、内走道长条形试验楼。我认认真真按照程序使用说明书对照建筑平面图、剖面图、立面图编写输入文件，按照建筑设计图将门、窗、设备开洞等一一输入程序进行计算，输入文件顺利通过了程序检测。计算机屏幕上显示出漂亮直观的结构计算平面简图，令人兴奋。点击抗震验算，验算过程中出现了异常情况，程序报错，但是原因不明。又反复多次检查，输入数据准确无误，再多次尝试抗震验算还是报错，反复琢磨、猜测、尝试，猜想可能是计算程序数组开得不够，于是将设备开洞全部删除，只留门窗开洞，终于抗震验算通过，屏幕上显示出了直观的计算结果平面简图。找到原因后，又增加了一些设备开洞，依稀记得增加不多就不行了。为了解决计算程序的问题，我特意向院里请了假，跑到建研院找到程序编制专家，请他改进计算程序。

1992年元旦晚上，我一个人在办公室里研读砖混结构设计规范，同事们都在家里陪着家人过节，我望着窗外黑乎乎的夜空，脑海里突然冒出一个疑问："我这么努力干，行吗？”

1992 年 7 月毕业后，我被分配到中国建筑西南设计院工作，由于计算机用得熟练，我很快就被所里任命为计算机管理员。全所几十号人的计算机硬件、软件出了问题都会来找我解决，一个新同事能够迅速让大家记住，而且能实实在在为大家服务，想想当时心里别提有多美了。

作者毕业照

作者当年同学照

孙才
宋彤彤、曾宪纲、胡光辉、郭勇、金胜侃
王笑波
范书信

李志弘
文军
刘小冰
胡恪新
马宏平
丁弘
容力
张丹

牛海辉
金苹
李成

# 文学类

任立
孙威
林向东
冯伟
张丹
邢恬
SUM
冀美清

**汪长安（材料系 金7）**

宝武集团正高级工程师，现任轧钢工艺首席工程师。多年从事热轧轧辊维护、使用管理及技术工作。

# 大学毕业三十年有记

青葱五载似云烟，影像长留三十年。
水木清华多变幻，荷塘月色尽依然。
当时朝夕相同砚，从此东西两片天。
我欲复兴钢铁梦，满腔热血浦江边。

作者毕业照

作者近照

**包伟（电机系 生医7）**

现居住北京，爱好诗词书法。自号“诗禅隐者”，目前从事民宿行业。

# 七律诗一首

卅载清华如梦中，
青衣驽驾欲追风。
新斋门口树犹绿，
荒岛池边荷已空。
学业职场疑自误，
生涯国运幸相同。
迩来剩有鬓霜染，
且看儿曹再论功。

作者毕业照

作者清华留影

## 陈剑郁（电机系 生医 7）

毕业后从事通讯、计算机系统规划管理和信息安全工作。2001 年移居加拿大，现在安大略省政府担任信息系统安全专家。业余爱好器乐和歌曲创作。

# 今夕在何方——生医 87 的问候

1=D 4/4

包 伟 词
陈剑郁 曲

D 3· 5 5 3 2 1 6 1 | G 1 - Em 2· 3 2 1 | Em 2 1 1 6 5 A 5 - |
1, 青 山 之 中，郁 郁 葱 葱 妙 手 设 计， 修 建 水 晶 宫
2, 万 籁 俱 寂，静 如 虚 空 丹 品 科 技， 监 测 声 振 动

D 3· 5 5 3 2 1 6 1 | G 1 - Em 2· 3 2 1 | Em 6 6 6 3 5 A 5 - |
1, 闲 饮 香 茶，时 听 鸣 虫 诗 人 修 者， 偶 尔 驻 行 踪
2, 市 场 莫 测，风 起 云 涌 尖 端 产 品， 全 力 助 成 功

D 3 2 2 1 5 5 3 2 2 | Bm 1 6 6 D 5 1 1 1 1 | Bm 0 1 1 A 3· 2 1 2 2 |
三 十 年 时 光， 今 夕 在 何 方 风 云 飘 散 处， 怀 念 清 华 学 堂

D 3 2 2 1 5 5 i 7 7 | G i 6 6 0 6 5 3 | A7 2· 1 2 D 1 - ‖ D.C.
旧 日 的 影 像， 依 稀 如 星 光 你 我 且 共 饮 此 觞

D 3 2 2 1 5 5 i 7 7 | G i 6 6 0 6 5 3 | A7 2· 1 2 D 1 - ‖ Fine
(合唱) 旧 日 的 同 窗， 无 论 在 何 方 情 谊 共 地 久 天 长

※ 作词者包伟近照及简介，请看另一篇文章“七律诗一首”。

扫码可听原声歌唱。

演唱者按顺序为：石学工、庄潍滨（女）、包伟、李晓敏、韩东、陈剑郁，是电机系生医 7 班同学。

陈剑郁毕业照

作者近期生活照

# 己亥孟秋古城师友重聚感怀鲁凡

王华路（电子系 无 72）

雁塔遥相望，
盈盈聚一堂。
昔年缘有份，
今日鬓无霜。
旧友佳茗暖，
良师隽语长。
殷殷离别意，
可待续华章。

**祁英明（工物系 工物 72）**

现就职于上海彤利科技有限公司，从事 Linux 平台下的 C++ 程序设计开发工作。

# 如梦令——忆青春两首

**晨　昊**

## 其一

难忘书山勤读，
犹记学海泛舟。
回首忆当初，
青春流逝几度。
共祝共祝，
友谊天长地久。

## 其二

曾经同窗诵读，
也曾结伴种树。
蓦然再回首，
恍如昨日重游。
涩否涩否，
最是年少时候。

## 曾　经

——致同窗的你

曾经的你，那么天真，
曾经的我，那么稚嫩，
曾经的我们，那么青涩，青涩得世事不更，
三十年岁月，弹指一挥中。

而今，
我们的青涩，已经褪去——
天真的你，不再浪漫，多了几许妩媚，
稚嫩的我，历经沧桑，少了一丝豪气。

曾经，太匆匆，
踏着我迷惘的脚步，你的窗前未曾停顿，
而今，且从容，
放慢你优雅的身影，聆听我心底的声音。

曾经，归途之中，
不经意间会浮现出你的身影，
那样纯洁，那样善良，那样的真诚。

而今，你的倩影，
时时刻刻萦绕在我脑海之中，
那样成熟，那样美丽，那样的动人。

曾经，你是我胸口永远的痛，
为你的纯洁，为你的善良，也为你的真诚。

而今，你是我心中不醒的梦，
为你的成熟，为你的美丽，也为你的动人。

岁月如刀，雕刻青春，
曾经的花季少女，而今万种风情，
曾经的懵懂少年，而今满腹经纶。
风情的你，经纶的我，
能否再一次相逢？

作者毕业照

周斌（化工系 化71）

现任达基国际（Diamond Key）方案顾问和系统架构师。

# 梦里清华——歌词

月下荷塘，依然琴声悠扬。
镜中容颜，已非旧日模样。
携知己，醉星光。
把浮生，浅斟唱。
共鉴槛外红尘四月吐芬芳。

荒岛晨旭，湖畔烟柳垂行。
学堂春梦，廊外绿野未央。
岁月倏，两鬓霜。
天行健，心自强。
沧桑人间依旧当时少年郎。

你是否还记得，那绿茵的球场？
共逐斜阳，如今天各一方。
你是否还记得，那课间的奔忙？
车流铃唱，已成梦中绝响。
你是否还记得，那不羁的梦想？
风雨兼程，踏遍山海洪荒。

西山苍苍，绝巅地阔天旷。
水木泱泱，桃李五湖四方。
莲叶碧，紫荆放。
雁字回，酒千觞。
相逢一笑饮罢扬帆再远航。
君此去，鲲鹏万里，风云动，九天上。

厚德载物，自信自强，
天行常健，地势永坤，不羁梦想。
厚德载物，自信自强，
鲲鹏万里，九天云动，风雷激荡。

厚德载物，自信自强，
天行常健，地势永坤，从不绝望。
厚德载物，自信自强，
鲲鹏万里，九天云动，星海洪荒。

**作者毕业照**

1991 年作者在山东滨州化肥厂毕业设计兼实习时的照片

滨州实习时的同学照

董妩（工化 7），郎江明（化 72，已故）涂浩华（化 72），周斌（化 71），钟明（工化 7），丁展（化 71）

### 吴军（计算机系 计71）

曾就职于中国网通，具有丰富的电信运营经验，深耕TMT行业多年。现就职华夏时代（北京）广告传媒公司，负责投融资管理和量化技术研究。

## 歌曲《追光的少年》歌词

当我迷茫的时候，
我是追光的少年，
你是那道光，
令我心驰神往。
是你敞开了胸膛，
打开无尽宝藏，
温情以待，
抚慰我伤。
追求理想的路上，
是你为我，
插上飞翔的翅膀。
荷塘月色暂别，
儿女情长且放下，
闻钟已敲响。
热血有吾辈，
崛起我中华，
好儿郎，
当有为，
追光的路上一路有你。
奋发图强，

初心不忘，
追光的少年一起闪光。

当我远行的时候，
我是追光的少年，
理想是道光，
引领前进方向。
是你照亮着前方，
少年不再彷徨，
超越平凡，
不负春光。
实现梦想的路上，
是你为我，
注入无穷的力量。
越过万水千山，
十里春风总相随，
国富民向强。
科技谋发展，
复兴我中华，
前路艰，
不言退，
追光的路上一路有你。
厚德载物，
自强不息，
追光的少年一起闪光。

附诗

# 你是那道光

当我还是少年的时候，
你是那道光，
令我心驰神往。
十年苦读，
未负寒窗。
追求理想的路上，
你敞开温暖怀抱，
为我插上飞翔翅膀。
离不开的校园，
舍不下的同窗。
同学少年，意气风发。
我认识的人呀，
个个闪烁迷人的智慧之光。

当我离你远行的时候，
你是那道光，
永远把我照亮。
超越平凡，
不负春光。
实现梦想的路上，
你成了坚强后盾，
为校增光奋发图强。
忘不了的回忆，
取不尽的宝藏。
厚德载物，自信自强。
认识我的人呀，
人人羡慕身后的那道光芒。

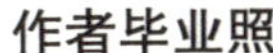

作者毕业照

作者当年同学照 1

作者当年同学照 2

## 刘畅（建筑系 建72）

清华大学副教授，建筑历史与文物保护研究所所长，中国营造学社纪念馆馆长。

# 诗一首

### 无　题

新雪屐痕缓，
挥醺两少年。
弦驰轻拾调，
歌半竟忘言。
耳赤温娇故，
眉飞谑小鲜。
得失盍悲喜，
洋洒费松烟。

作者当年同学照

**杜昌铭（建筑系 建 73）**

美国 Geonamic 公司合伙人兼首席运营官。

# 人生抒怀

## 夜宿田纳西州大烟山（2021 年 4 月）

越岭盘旋百道弯，暮霞袅绕大烟山。
春雨轻润千花面，疾风劲掠万树冠。
层云深深星藏迹，阁楼幽幽月影单。
凭栏细听夜虫语，静等杜鹃报早安。

## 疫情居家隔离（2020 年 3 月）

风轻雾漫披淡彩，燕语莺啼掠窗台。
山融水暖踏青季，城锁航停困自宅。
千点熔断寻常见，万亿开闸立复来。
闭门勤作何可奈，定气闲神待云开。

## 元宵节大雪（2020 年 2 月 8 日）

前日方享春盘宴，今晨重品冬梅寒。
飞花满目泽期降，吉雪无声报平安。

## 立春（2020 年 2 月 4 日）

天宫地阙皆春日，一夜吹绿杨柳姿。
春盘细蔬栽红碧，遥等纤手拨青丝。

## 秋日（2019 年 11 月）

秋雨有声逐落木，枫林无语尽染红。
正山一壶憩小种，人间五味品茶中。

## 中秋夜（2018 年）

风起云掩嫦娥舞，杯浊影歌强作赋。
霜花白露品秋凉，问月知否卿归处。

## 江中望雨（2018 年 7 月）

一窗烟雨北江流，满目飞花渡轻舟。
伊人楚楚天上来，仙子盈盈人间游。

## 无问西东（2018 年 1 月）

三十功名转头空，迎风披雨仍从容。
策马重寻原上路，扬鞭无须问西东。

## 故地重游（2018 年）

故道依稀楼安在，老树新绿映窗台。
蓬门紧锁梦时往，花径顿开牡丹来。

## 江上夜游（2018 年 3 月）

仙子乘风来，倾色染北江。
岸静虫无语，星隐月满窗。
天香清至远，洒洒酿琼浆。
举杯难独饮，舞袖影成双。

## 童子军露营（2018 年 4 月 6 号）

深山野岭路难寻，青春无畏童子军。
安营扎寨林深处，无须铁马比赵云。

## 30 周年重游贵阳一中旧址（2017 年 9 月）

甲秀巍巍翘飞檐，一中桥头寻故颜。
莫道南明水更绿，甚觉青春又当年。

白楼高阶无觅处，双辫银铃绕眼前。
粉面丹唇明眸盼，清风涟漪抚心田。

## 超级月亮日（2016 年 12 月 3 日）

超级月无边，问讯诸神仙。
高处依旧寒，人间几度天。
把酒向新月，相思满宫阙。
对影万里远，今昔一步越。

注：2016 年 12 月 3 日是 68 年来月亮离地球最近的日子。

## 亚特兰大忽降大雪（2017 年 12 月 8 日）

何妒北国好风光，南城飞雪也茫茫。
彤云尽染未觉晚，冰花轻舞少年狂。

## 宾果山滑雪（一）（2018 年 2 月）

飞雪迎索道，寒风颤松巅。
速降八千尺，明日须晴天。

## 宾果山滑雪（二）（2018 年 2 月）

喜看丹霞染天边，千峰素裹岭连绵。
莫道四十不学艺，踏雪乘风追少年。

## 有感（2017 年 6 月）

弹指英雄越千古，青山难解夕阳情。
酒浊云淡邀月饮，风狂雨横踏歌行。

## 杜氏歌咏（2020 年 7 月）

吾祖杜预，文武先锋。
势如劈竹，声震江东。
子美圣名，彻古贯中。
樊川绝句，抒怀清风。
诗乃家事，辈辈自通。
男强如刚，毅坚晓同。

女丽若云，碧玉思聪。
枝茂黔地，四海未穷。
百代鼎盛，一脉承宗。

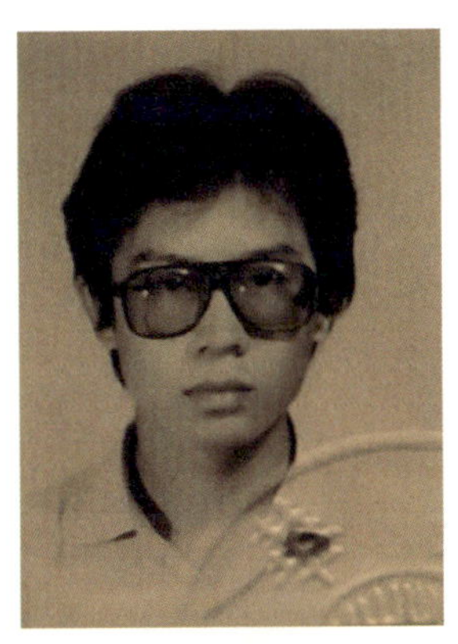

作者毕业照

作者近照

## 朱军（精仪系 制 71）

现为自由投资人。曾就职国家旅游局、北京市政管委会、中国联通等，曾任北京城网、北京红帆运通等公司CEO。

# 诗两首

### 纪念清华毕业卅年

再叙同袍竟半生，
熙春桂馥郁青藤。
闻钟水木荷塘月，
意气飞扬万里风。

### 不负遇见

当我睁开懵懂的双眼
开始浸入这红尘
我知道今生
注定与你遇见
虽然我不知道
在哪条路上能够遇见你
但我知道
你一定就在前方
张开怀抱
等待着追寻你的少年

我用时光锁住了
对你的向往
一步一步向前
期待着与你遇见
就在那个夏天
果然与你心手相连
自此
青春的热情
青春的憧憬
青春的稚嫩
青春的烦恼
青春的时光
就刻满了你的印记
在你柔情的臂弯里
沐浴着
学堂的日
荷塘的月
滋养润涤

竟然是淡漠了珍惜
竟然是匆忙的别离
我载着你的芬芳
冲入了尘世的喧嚣
渐渐地
脚步变得凌乱
渐渐地
踩着泥泞蹒跚
茫然间
我发现
如果一直向前
走到更远
或许还能与你遇见

于是重整行装的艰辛
便成了再次遇见的甜点
就在那个秋天
果然就与你蓦首相牵
已是满载的金秋
已是仗剑的金甲
用再次遇见的相拥
不负岁月
不负守候
不负遇见

作者当年同学照

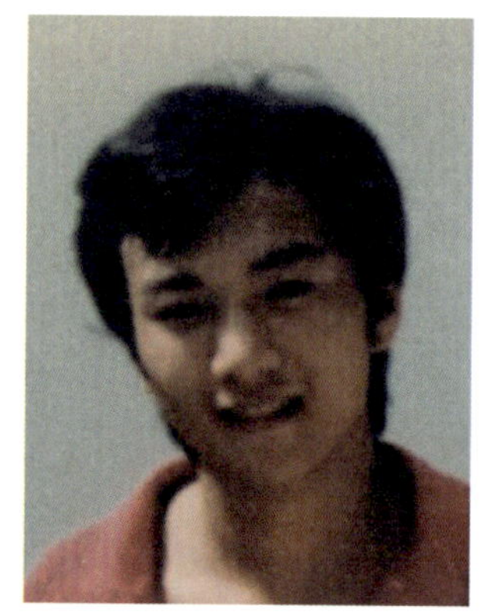

作者当年照

## 张化瑞（力学系 力72）

现任职于北京大学计算语言学研究所。从大学开始，就对汉字中的数理规律探索感兴趣，后在北大攻读博士。目前致力于“汉字文明的数字基因”与“汉字字频统计三定律”研究。


# 《中国对联作品集》入编对联精选（2015—2020）

## 数理之部

感黎曼 ζ 函数的零点在 [0，1] 区间上的投影

直观无穷，唯有上帝之眼；

经验有限，终为血肉之躯。

### 有感贝克莱主教之发难微积分逻辑基础

为宗教辩护不忘初心；

向科学进军未辱使命。

### 有感谢灵运评价曹植与莱布尼茨评价牛顿的相似之处

谢灵运：天下之才，子建独得八斗；

来本之：古来之算，奈端所创六成。

（“来本之”“奈端”为莱布尼茨与牛顿之初译）

### 澳门回归二十周年

四百年西学东渐；

二十载近悦远来。

## 人物之部

题赠黄克智先生暨陈佩英夫人

克勤克俭，克明克智；

佩韦佩弦，佩仪佩英。

### 姚期智、杨振宁入籍中国

期科学以开民智；

振基础而御国宁。

### 贺周有光先生 112 岁华诞

德高寿无量；

心亮周有光。

### 汉字五千年暨王选先生八十诞辰

仓颉造字，许慎解字；

毕升构形，王选析形。

### 有感福耀赴美建厂、德旺为国进言而作

大丈夫当以天下为己任；

真君子敢为国家献诤言。

## 史地之部

大唐感怀

文景中国梦；

贞观大唐风。

### 题颜师古撰《等慈寺碑》

文艺复兴兴博爱；

大唐初定定等慈。

### 贺临沂书圣文化节

逸士王家父子

忠臣颜氏叔侄

## 联题米勒观音

大腹便便，世间炎凉穿腹过；
小心翼翼，天下冷暖入心来。

## 集王博先生语意为联

动物身外无历史；
人类心中有未来。

## 题蓬莱阁弥陀寺

八仙过海
一苇驰江

## 题兰陵国家农业公园

神游天地外
农作水云间

## 猴年感怀

悟空常悦；
行者不忧。

## 再对《滕王阁序》秋水长天句

秋水共长天一色；
春风与皓月同怀。

## 乡野偶记

山中无信号；
世外有知音。

## 将来之事　有备无患

其前不忧不惧；
此后无怨无悔。

## 雪·疫

疫中人自立；
雪后鸟相依。

## 爆炸·凝华

信息爆炸；
规律凝华。

## 目远·心宽

楼高目远；
室小心宽。

## 特色·一流

创新中国特色；
超越世界一流。

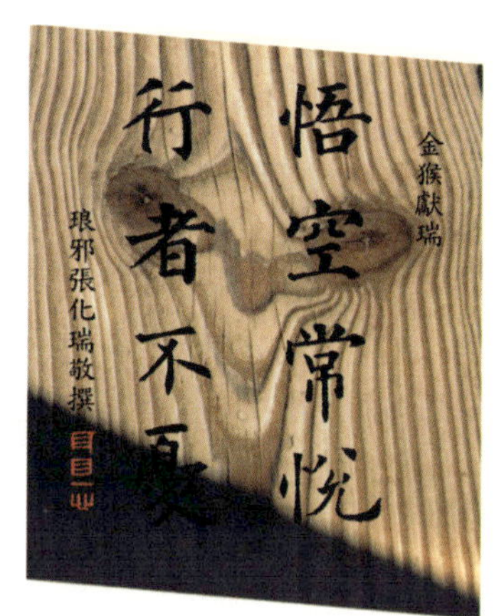


原生態的孔子精神

雖千萬人吾往矣
有二三子與歸乎

化瑞麗辭 點睛集字

# 北京·清华·大学·四章

## 起

孙家鼐言兼容，严几道倡并包，蔡元培终定兼容并包意；
周诒春建大楼[①]，曹云祥延大师[②]，梅贻琦始成大楼大师说。

## 承

### 题联大三杰之许渊冲

渊汇汉唐气象；
冲激英法文坛。

### 题联大三杰之杨振宁

振兴物理；
宁静心情。

### 题联大三杰之李政道

政通天下；
道法自然。

## 转

胡适之南翔诚惶诚恐；
蒋南翔适之又红又专。

## 合

人文集博雅；
水木湛清华。

---

① 四大建筑——图书馆、科学馆、体育馆、大礼堂；

② 四大导师——王国维、梁启超、陈寅恪、赵元任。

**作者 1990 年照**

**力学系部分同学建国70周年合影（于云台山）**

左起：鲁亮、安军夫妇、谭伟、张化瑞、孔翩敏夫妇、仲阳夫妇

文军（热能系 热能7）

现从事心理学相关工作。

# 学堂路

想
把你写成诗
我温情脉脉的初恋
想
把你的信
一封一封，铺满窗台
就像农人晒谷
坐等晴天
想
把你的悄悄话
一句一句，挂满枝头
就像沉默的风铃
静候风来
真想
和你的照片
一起跳个舞
无问西东
忘却离别的脚步
好想
把你满面的阳光

定格在那片荷塘里
隔着月色
都能感到你的温暖
很想
在大雪纷飞的寒夜
坐在火炉前
被你蒙上双眼
圆我一个心愿
东海茫茫
你
是我夜雨迷航中的灯光
西山苍苍
你
是我落日余晖中
最深的惆怅
多想
和你再走走
那条铺满银杏叶的
学堂路……

作者毕业照

作者班级毕业照

邢恬（土木系 建管7）

1994年赴美，转行计算机获硕士，1999年AT&T工作至今，现定居佛罗里达州。

# 诗两首

## 无声的老照片

那年
我怎知会遇见你
还记得那些倾巢而出的日子
种下的玫瑰
是否长在离别的地方
年少的轻狂
要越过你的肩膀
眺望远方
未曾停止的奔跑
装满那首青春的诗
萌芽的誓言
一不小心被抛出弧形线
那时的星星一定更加闪亮
久漂的玻璃瓶还在轻轻荡漾
装着曾经的老照片
无声
我们正在一点点老去
在彼此眼中
仍是天真的少时模样

一路上
起舞没有了立足之地
或许回忆为了忘记
忘记我依然要离开你
背井离乡

## 聚散

舞台已经搭好
一切都是精心的准备
无问东西南北
以不变的步伐
以同样的衣装
只是为了你的到来
等待
那一场盛大的花开

让我掉下眼泪的
不止今夜的酒
让我耳边回响的
还有今夜的歌
让我静静守候的
是你从未走远
而能让我带走的
只剩相片里的笑颜

欢聚总是那么短暂
道一声珍重
说一声再见
给一个拥抱
转身远去
悄悄藏着一滴泪花
如今又已天各一方
你还好吗?

作者毕业照

作者当年同学照

作者班级毕业照

## 巫惠淑（土木系 结 72）

任职于 Eastern Althletic club，业余投身社区工作。

# 随笔

一晃，30 年。

这个年龄，其实很尴尬。心静下来，不知是往何处看？往后看，孩子 20 好几了，感觉自己怎么这么老了！往前看，活了半个多世纪了，还有多大潜能没有开发出来呢？

我们每个人都有不同的 30 年，星光灿烂者，默默无闻者，大智依旧若愚者，英年早逝者……

但是，无论怎样，我们都是极少数头戴光环的幸运者：30 年里，大部分的时间的我们被羡慕、被尊重、被提供更多的机会……因为我们都有一个共同点：我们都是清华人。

那么，停下来问问自己，我们多少人遵循了清华人的精髓：自强不息，厚德载物？

感觉 30 年前，自己不懂得感恩，不懂得珍惜，也不是特别包容厚道。Young and Dumb! 上课不好好听讲有我，下课不努力学习有我。外地人说话有口音，悄悄暗笑的，也有我。

30 年后，我们再相聚，每个人都有自己厚厚的档案，分享不完的精彩剧情。

下半个人生，如何导演？

如果我们在默默地帮助天生不幸的人们，牺牲我们自己的时间去义务服务需要帮助的事物，我们敞开心扉包容与我们不同的人群，我们热爱环境，我们抵制对动物的残忍，我们追求公正公平……

那么，我们一起，依旧不愧清华人！

这句话一直在告诫我，也与大家分享：

This chapter of my life is called: Now that I know better, I must do better.

We all get heavier as we get older because there's a lot more information in our heads. So I'm not fat, I'm just really intelligent and my head couldn't hold any more so it started filling up the rest of me!

That's my story and I'm sticking to it!

作者后语

作者毕业照

作者当年同学毕业照

李晓雨
成宏
莫志国

吴海明
蒲锐段春杰伉俪
于京京
徐军父子
刘春华
李磊
郭新钢

# 生活类

崔川
王诚东
李小敏
梁立军

## 贺建楠（计算机系 计 74）

贺建楠，清华大学计算机科学与技术系 87 级 4 班，1992 年毕业，获得计算机科学与技术系“计算机科学与技术专业”工学学士学位，经济管理学院“企业管理专业”经济学学士第二学位。2007—2009 年就读中欧国际工商学院，获得工商管理硕士学位。1992 年创立深圳东进公司。2015 年起全面深耕商用密码技术。

# 人生等式

（写在毕业 30 年之际）

“健康的身体 + 幸福的家庭 + 成功的事业 = 圆满的人生”

你问我这是谁说的？我呀！这就是我对圆满人生的理解。去年和朋友一起去西藏，路上聊了很多话题：

“你的指标怎么样？”“不怎么样，三高占了俩！”

“你相信有来生吗？”“不相信。”

“精神重要还是物质重要？”“你把氧气罐递给我，我先吸两口。”

“快乐是什么？”

“圆满的人生是什么？”

……

四个“二”，羊卓雍措

## 出个短差（1992）

### 1992 年 8 月 19 日 14 ： 00，周三，北京—深圳

激动、兴奋、紧张，这种心情一部分原因来自坐飞机，毕竟是平生第一次离开地面的旅行，更重要的原因是来到了改革开放的最前沿——深圳。

那年的春节，伟人在珠三角视察了珠海、深圳等地，发表了重要讲话，自 1989 年以来停滞不前的改革开放，又重新拉开了大幕。一时间春潮涌动，各个部委纷纷在深圳投资。我毕业时去了一家中科院下属的科技公司，在深圳接了个项目，这不，刚毕业就被派去干活了。

说是出个短差，最多一个月就回北京了，谁曾想，遇到了两个清华无线电系的师兄，稀里糊涂就一起在深圳创业了。

当年的深圳，据说遍地都是黄金，听得多了，我也总觉得当时到处都是明晃晃的。仔细想想，应该是南国的阳光过于强烈，再加上 20 世纪 90 年代初还没什么污染。

北方人最不适应的就是深圳的“热”，白天黑夜一样的温度。住在没有空调的顶层 8 楼，终于明白广东人为什么不说“洗澡”而说“冲凉”了。

最早学会的广东话（骂人的除外），是“差佬”和“猫低”，意思是“警察”和“蹲下”。那时深圳没有公交和地铁，出租车又坐不起，坐的都是个人承包的中巴车。车子里挤得满满当当，司机一路上不停地喊“差佬”“猫低”，满车乘客于是不停地蹲下、站起，倒也锻炼了身体。

关于广东话，还有一个趣事。“老细”是老板的意思，“细佬”是小弟的意思。在广东，喊别人“老细”总是没有问题的，就像现在喊别人“领导”总是没问题

在深圳福田统建楼办公室

一样。那年一个大学同班同学受了情伤，姑且称他为 x 吧，被女朋友抛弃了，跑到我这里“疗伤”。他就总是分不清“老细”和“细佬”，你想象一下，满脸恭敬地喊别人“小弟”，那有多么尴尬。

这个短差一出就是 30 年。唉，人生啊！

## 不许动（2005）

2005 年 1 月 21 日 09 ：00，周五，深圳

“不许动！”

“所有人的手离开键盘！”

“都到走廊上去！”

几十个警察冲进了办公室，工程师们都吓傻了，他们哪儿见过这阵势啊。这就是号称“2005 年中外知识产权第一案”开始时的情景——Intel 在深圳市中级人民法院状告东进公司侵权，索赔 796 万美元，这可是公司的全部家当啊！深圳中院的法警全部出动了！

公司做的是计算机语音板卡，这个细分领域的老大是一家美国公司，叫 Dialogic，而这家公司在 2001 年被 Intel 收购了。经过多年的努力和追赶，在国内市场，公司已经跟 Intel Dialogic 平起平坐了，并且也开始拓展海外市场。在这样的背景下，Intel 试图用非市场化的手段，阻止公司的发展。

北京饭店和解发布会

公司所有的产品，全部是自有知识产权，我们有理、我们不怕。但对方是财大气粗的 Intel 公司，蓄谋已久、来势汹汹，再加上彼时国内的市场、法制、舆论环境与现在截然不同，因此，绝对不能掉以轻心。一方面，在法律上，积极应对；另一方面，在市场上，不懈努力。

经过长达两年半的诉讼和多次庭上交锋，Intel 方面越来越处于下风，终于在 2007 年 5 月庭外和解。至于和解内容，因为有保密协议，我不能透露，但我可以告诉你，东进赢了。

## Top2 不行啊（2019）

2019 年 3 月 9 日 21 ：00，周六，优胜美地

女儿爱开玩笑，妈妈是师范大学毕业的，她小时候就说是“稀饭大学”。小学的时候，清华北大是不放在眼里的，人家的目标可是哈佛耶鲁、牛津剑桥；中学的时候，觉得上个清华北大也还不错；再后来，上了浙江大学，就总是说：“中国大学里，Top1 有两家，Top2 有十家，我跟我爸都是 Top2！”于是在家里，我俩就以 Top2 自居，把妈妈逼急了，就说：“稀饭大学一生气，Top2 就得饿死！”

女儿大学毕业后去美国读研，我们两口子去看她，那是 2019 年的 3 月份。她安排了一次周末旅行，在优胜美地住一晚。你也知道，美国本来就是个“大农村”，像优胜美地这种“农村”里的“农村”，本来手机信号就时有时无，到了晚上更是没有什么娱乐活动。

Top2 们和“稀饭大学”，于优胜美地

好在我们还带了国粹，四个人刚好凑成一桌麻将。除了我们一家三口，女儿的男朋友也是 Top2 的。结果几圈下来，“稀饭大学”一卷三，把筹码全都赢了过去。女儿脸上有点挂不住了，说：“麻将不好玩，我们最近玩德州扑克比较多。”然后就巴拉巴拉教妈妈怎么玩德扑。

谁曾想，德扑玩下来，还是以妈妈大胜结束。只听“稀饭大学”幽幽地说了句：“这 Top2 不行啊！”

## 胸弟们，加油（2022—2052）

随着年龄的增长，我们越来越关注身体的健康，以及健康、家庭、工作等各方面的平衡。

幸福的家庭、成功的事业，没有统一的标准，到了这个年龄，不必在意别人的看法，更多的是跟从自己内心的感觉。自己觉得幸福，享受这个过程就可以了。健康的身体是我心目中人生等式的最最重要的部分，也是幸福的家庭、成功的事业等一切的基础。

“胸弟连”于三亚

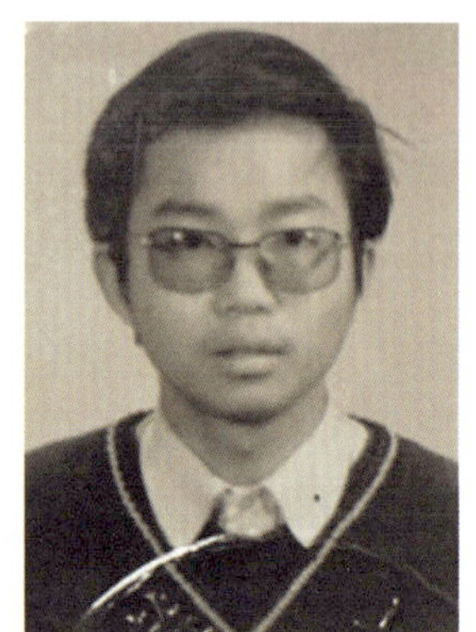

作者毕业照

作者同学照

## 周庆辉（计算机 计 75）

1994 年计算机系硕士研究生毕业，后赴美国留学。曾在微软美国总部参与多个版本 Windows 的研发，2004 年回国加入微软亚太研发集团，先后参与微软实时协作软件和搜索引擎的研发。现居北京。

# 源自清华的守望

自 1987 年入学 35 年来，计算机系计 75 班一直是个团结友爱的集体。大一入学时全班有 30 名同学，一年后原“少 7”的 3 名同学加入进来。33 名同学在校期间相处融洽、互相帮助，在班级里、各宿舍里形成了良好的氛围和强大的凝聚力。本科毕业后，同学们奔向五湖四海，开创各自的事业，但绝大部分同学一直保持着较为紧密的联系。国内在京同学以及在美国硅谷的同学会定期分别相聚一堂，互相交流各自的事业发展情况、分享经验和机会。自从几年前有了微信之后，同学们的交流和互动就更加频繁紧密了。

另外难得的是，我们 75 班和计 76 两个班同学的关系一直非常友好，相处得如同一个集体。当年在 9 号楼生活时，我们 75 班和计 76 班是一层的邻居（计 71 到 74 班住在三层），我班的贺旭辉同学和 76 班的 7 名同学合住在 119 宿舍。另外，军训时我们 75 班一半的同学和 76 班编在一个排。如今我们计 75 班的微信群里还有超过 10 个计 76 的同学活跃在其中，我们也视他们为我班的荣誉成员。

毕业 30 年来，我们班的同学在各自的领域努力拼搏和奋斗，很多同学取得了令人瞩目的成就。与此同时，同学间仍旧保持着平等友爱的氛围，大家互相鼓励，也交流健身养生的经验，努力实现“为祖国健康工作五十年”的目标。

2021 年 5 月 12 日早晨，我和原团支书朱玉杰同学收到了一个令人揪心的消息：贺旭辉同学于 5 月 8 日上午在北京家中突发脑溢血，随即被家人送往附近的医院急救，当晚接受了手术，术后仍旧处于昏迷状态，被送入重症监护室。老贺同学几年前就被诊断患有高血压，自那以后同学们在聚会时一直关心他的健康状况。没想到的是不幸还是过早地降临到他的身上。

我和朱玉杰简短商议之后，由我代表全班同学马上电话联系了老贺同学的爱人，送上全班同学的问候，同时进一步了解了老贺同学的病况和后续治疗计划。从通话中，我了解到老贺同学的家庭在医疗救治和后续的康复治疗方面会遇到经济上的困难。因为近几年经济不太景气，老贺爱人所供职的外企倒闭，他们失去了这两年来唯一的稳定经济来源，同时还失去了医保。我在电话中宽慰老贺同学的爱人，表示同学们一定会尽全力帮助他们一家渡过难关，如果我们计 75 班同学扛不动，相信还有计 7 的同学一起抗，如果计 7 同学还扛不动，清华 87 全体同学也一定会扛起来。

随后，我在班级微信群里向全班同学汇报了解到的情况，同学们纷纷表示要尽力帮助老贺同学一家。当天下午，我就医院选择、康复方案等医疗资源方面的问题咨询了朋友和建 7 的齐建会同学，并及时反馈给老贺同学的爱人参考。

5 月 16 日，老贺同学仍在昏迷中。我班第一笔班级捐款 20 万元汇至老贺爱人的账户，给她极大的信心去面对困难。

老贺同学不仅是我们计 75 班的一员，还是全体清华 87 级同学的一员，87 同学同样牵挂着他的病情。87 同学理事会很快得知了这个情况，随即启动了 87 互助金的申请程序。5 月 17 日晚上，我将为老贺同学申请的互助金申请表提交给 87 同学理事会。在随后的两个小时时间内，理事会同学火速完成了审批程序，材料 7 的杨璟同学马上将两万元互助金汇至老贺爱人的账户。同时，经 72 的王勇同学也汇来了经 7 同学的第一笔捐款。在三天内，经 7 同学先后为老贺同学捐款约 27000 元。我深深地感受到 87 同学守望相助的同学情谊。

在同学们积极给予老贺同学经济上帮助的同时，我班的钟朝晖同学也联系了老贺同学的爱人，和她分享了社保、医保方面的有关经验，帮助她了解申请恢复医保的相关步骤。

5 月 19 日，老贺同学从昏迷中苏醒过来，并于一周后转入了普通病房。家人和同学们感到由衷的宽慰，虽然今后康复的路还很长，但是最凶险的一关算是闯过去了。

6 月初，老贺同学在医院开始了康复治疗。高压氧舱、肢体训练、理疗、针灸，等等，每天的日程安排得满满的。这段时间对他的爱人也是艰难的挑战，除了照顾老贺同学，还要照顾他们的儿子参加高考、填报志愿。朱玉杰同学是这方面的专家，积极帮助老贺一家了解相关规定、解答他们遇到的问题。令同学们高兴的是，老贺同学的儿子最终如愿考入他心仪的医科大学就读，对老贺和他爱人而言是极大的慰藉。

作为联系人，我在这几个月里经常和老贺同学的爱人交流，了解他康复的进展和遇到的问题，和他爱人一起对今后康复治疗所需的费用进行了解和规划。为了让老贺同学的家人尽可能不在治疗费用的权衡上有顾虑，我班同学再次捐款 20 万元。7 月 26 日下午，我受全班同学委托去医院探望了康复中的老贺同学。此时的老贺同学已经可以进行正常的对话了，虽然左侧肢体功能仍未完全恢复，但是已经可以借助拐杖缓慢行走了。看到老同学一天天在恢复，我和同学们都为他感到高兴。

2021 年 12 月，老贺同学的康复进入了一个相对平稳的阶段，我们对后续的康复治疗费用也有了更好的了解。我和朱玉杰及其他几位同学商议后，决定在班里再发起一次捐款。捐款的倡议在我班同学和计 76 同学中得到积极响应，有一位计 74 班的同学在得知捐款的消息后也要求参加。两周内同学们捐款合计人民币 62 万多元。在告别 2021 年之际，这笔捐款送至了老贺同学手中，这将极大地支持他在今后相当长一段时间内的康复治疗和家人的生活。

2022 年是我们 87 级毕业 30 周年。回首 30 年，当初年轻的我们也许并未预见到五年的清华同窗会变成今后风雨一生中坚定的守望。作为计 75 班的一员，我深爱着这个集体，也深感自豪和骄傲。我也感恩 87 的所有同学，我相信大家会一起经历今后的风雨、一起克服路上的困难，因为我们身上有着同一个清华的印记。

作者毕业照

作者当年同学照

**罗川（土木系 结72）**

历任微软 MSN、mySpace 中国、中国移动 139 移动互联网公司等多家 CEO。2013 年起开发自闭症儿童语言训练系列公益 App。2014 年起参加五道口金融学院互联网金融实验室研究工作。

# 头顶的星空与心中的良善

学习高层建筑抗震的时候，方鄂华先生讲："那么强的一个地震，能量瞬时释放出来，什么样的建筑能抵抗得住呢？就得想办法吸能、传导，用柔性的结构，让瞬时的冲击缓一点释放。"毕业 20 年聚会之后，生活遇到挑战，对方先生的这番话有了更深领悟，值此 30 秩年，记下来请同学斧正。

自闭症谱系障碍是广泛性发育障碍的一类，自闭症人士无法发展出合乎年龄水平，能共享兴趣、活动和情绪的同辈关系，在语言方面发育迟缓，还会出现重复的刻板行为。一些自闭症人士的核心症状终生持续，必须依靠他人维护支持方能生活和工作。

拿到儿子自闭症诊断的时候，刹那间有种被闪电击中，到了火星的感觉——过了好几分钟，我才想起来问医生："孩子能上学吗？能上大学吗？能不能结婚呢？"医生说："现在这个状态困难比较大，但积极干预，应该还是非常有希望的。"

"听话出活"，当晚就联系干预机构报名。第二天下午就带着儿子到五彩鹿，开始了第一堂自闭症干预课程。在课堂外面，遇到了一些老家长，了解到有的孩子已经干预一两年了，离正常上学的期望还挺遥远 ——和网上查到的各种信息印证，才更真切地打消了各种幻想——这不是兴趣班，这些孩子也不是牛顿或者雨人转世，我们一起要经历的是一条艰辛漫长的探索之路。

自闭症干预领域采用最广泛的方法是 ABA（应用行为分析），基于斯金纳的行为主义理论。初次观摩 ABA 桌面训练的家长或多或少都会感觉：这不是把孩子当成小动物在训练吗？（尽管具有某些被动特质，但 ABA 仍是现有自闭症干预方案中最接近循证医学的方法。）经过了几个月严格的 ABA 训练，孩子的理解认知能力和表达能力都有了很大的提升，情绪控制也好了很多。但随着他能力的提升，以及生活和学习环境的复杂化，及时找到环境中的奖励变得非常困难，简化为代币的奖励机制也让我对这种被动的激励策略产生顾虑。记得大二学理论力学，和张纳新整夜争论一个运动学问题，虽然习题答案在书后面就有，但争论并不因为结果的确定而平息，异常热烈，熄灯以后点着蜡烛还继续演算。尽管一些心理学理论将这种行为的动机归因到 Peer Pressure，但总觉得这比较牵强 ——毕竟找到正确的分析方法并且准确求解带来的快乐，是内心的，超越寻常的存在时刻。后来听彭凯平教授讲授积极心理学，才认识到这是被称为“福流”的沉浸式的快乐。因此，对于孩子的干预培训，我们也并未拘泥于 ABA 的行为主义路径。

多方学习了更成熟的康复体系后，体育训练我认为是长期更有意义的方式。况且体育一直是我的短板。当年如果不是同寝室的周伟威和马重辛天天拉着我跑圈和引体向上，体育就得挂科。有鉴于此，更不能让孩子输在起跑线上：一方面强健的身体是一切生命活动的基础；另一方面“从做中学”，体育训练是一个相对结构化规范化的过程，对存在社交障碍的儿童来说，比教室更适合习得社交能力。理想很丰满，现实很骨感，第一次带孩子去报游泳班，就被退了。教练说，这孩子太不听话（其实是听不懂指令），教不了。幸好大学时我选过游泳课，刘华轩教授的蛙泳口诀还记得“先伸臂，后夹腿，漂一会，再划臂”，教练不教，就自己上。凭着四句口诀，孩子可以做到不沉底，还逐渐学会了换气。然后他就遇到了龙子教练，龙子是 2008 年奥运会铜牌获奖者，既有技术又有耐心。在技术训练方面，她会把动作分解得非常细致，体能训练上更是精心策划加量的阶梯。经过了 3 年多的训练，当年被“退货”的泳渣已经成了俱乐部第一梯队的选手:50 米蛙 39 秒，已经看得到他自己设定的二级运动员目标了。不仅如此，在训练和比赛的经历中，孩子还与其他小队员建立了深厚的友谊。发朋友圈，有队友点赞；生病的时候，有队友问候；他第一个邀请到家里来吃饭的朋友，也是泳队的队友。

游泳训练成就了孩子的内在动机，游泳本身，突破 PB 成了他最好的激励。有一段时间，50 米自由泳进入平台期，成绩徘徊了好一阵。一天去游泳馆接他，他显得有点疲惫，淡淡说了句“爸爸，今天进了 32 秒。” 宁静的喜悦跨越时空，让我连接到 30 多年前解决那个运动学问题的深夜，怡然自得。

30 多年前还有另一件小事，想起来也像昨天。大一军训回来校园已经很冷了，天南海北 6 个同学住在二号楼 3033，很欢乐，但矛盾也是免不了的，开玩笑有时也会惹出麻烦。刘臣是广东人，前一天晚上，宿舍刚群嘲了他的普通话，惹出大肝火。第二天早上我被感冒袭击，躺在被子里都寒战，忍着寒风去打饭的勇气严重不足，准备饿一顿算了。过一会刘臣打饭回来，居然也带了我的盆，有粥、油饼和鸡蛋，正当我大呼好人作揖感谢的时候，他却正色道：“油饼和鸡蛋一共 1 角 2 分，4 两饭票，起来之后还我。” 理工同学的情感可能是又土又木，但内心的善良却融融的温暖。

尽管 DSM（精神疾病诊断与统计手册）中将社交障碍和刻板行为作为自闭症的核心症状，但普通人士更容易观察到的还是孩子在语言发展方面的落后和异常。我的孩子在诊断之前就有比较明显的言语模仿症（echolalia），在语法和语用方面也存在显著多于同龄儿童的错误。但因为不愿意承认现实，一直没有带孩子去就诊。一位校友发现了这个问题，觉得严重，就请他太太约了医生，几乎是逼着我们去看。这次诊断改变了我在多方面不科学的态度，孩子才从放羊的状态进入了积极干预 ——大量的实证研究都已经表明，越早诊断，越早干预，自闭症儿童成年之后融入社会，生活自立的机会就越大。另一位校友听说了我的情况，专门请我们到家里去——他太太在北大做自闭症相关研究，也给了我们很多有长远意义的建议。其中特别提到了影子老师的作用：影子老师可以最大限度避免校园霸凌对孩子融入社会的消极影响。要特别在此感谢这两位校友和他们的太太，善莫大焉！在他们的鼓励下，我们也越来越多地为遇到同样挑战的新手父母提供建议和支持，其中也有一半是清华同学。2019 年，在 UNICEF 的资助下，我还带一个小团队开发了一款专门帮助语言发育障碍儿童习得语法的 App，到现在已经有 8000 多个孩子用这个 App 开展了训练。

自闭症儿童存在心灵解读方面的挑战。“心灵解读”（Theory of mind，TOM）指人们理解自己和他人的愿望、意图等心理状态，并依此对他人行为做出解释和预测的能力。自闭症儿童不容易产生共情（empathy），用工程语言解释就是不太能理解嵌套。比如：孩子学习变量这个概念就费了不少劲。如何理解 Age 既可以代表妹妹的年龄，也可代表“我的年龄”？有一天我们一起用 Python 画渐开螺线，当他改变 turtle 转角 Angle 和线宽度 Width 的时候，发现了螺线的变化，也许就此真明白了 variable 的意义。同理，在对社会关系的理解中，自闭症儿童存在更大的困难，但是也并非不能学会。我们会采取针对同样的一个主题的反复诠释的方案。比如，从《狮子王》的动画片开始，再观看同名的现场音乐剧，最后去北京人艺观看《朱生豪与哈姆雷特》。被同样的主题熏陶多次，孩子就逐渐能够理解王子(辛巴）与国王（刀疤），与老国王（穆法沙），与奥菲利亚（娜娜）之间的关系与情感。可以看出，共情与其他善行一样，也都是人类进化的选择，是教育可及的。家里养了一条狗，孩子和狗很亲密，承包了给狗洗澡的完整流程：大桶放水，沐浴液洗净，毛巾擦干，最后用风筒吹暖，末了还把卫生间整理得干干爽爽。

从拿到诊断到现在，一晃九年过去了，当年的懵懂小儿已经长得跟我一样身量。虽然在人情世故方面仍然幼稚，学习成绩也说不上出色，但大体也能跟上趟。有点异常的是音乐，小学时老师就说他的音准很好。学了不到一年，贝斯、吉他和架子鼓全学会了，现在是乐队主力，还能自己听歌扒和弦。在我有限的音乐体验中，只有大学时隔壁结 71 的吉他大牛郭劲松有这样的技能——用一个上午扒下来完整的“斯卡博罗市场”。

陪伴孩子一起成长的过程里，总是不断闪回 30 年前的校园：听过的课，做过的习题；写过的文字，唱过的歌；跑过的荒岛和圆明园；各位激扬文字粪土封侯的同学；以及严谨厚道引而不发的教授。今年夏天陪孩子在云师大参加游泳集训，正好参观校园中的西南联大博物馆，跟孩子们说，“这就是爸爸的母校，抗战时候转到云南继续上课”。给他们读联大纪念碑铭：“小德川流，大德敦化，此天地之所以为大。斯虽先民之恒言，实为民主之真谛。”孩子还不大听得懂，我却有些触动，回望 30 年前，清风育我，教化于心；当年学习的课程都模糊了，但那种源自内心对真理的追求，那些对家国亲友的挚爱，生生不息，薪火相传。

作者毕业照

当年生活照

同学少年

孙健
唐盛弢
王可昌

季春庆
胡辉
李晓雨

李晓雨
成宏
莫志国

# 工作类

戚丽
F0023
F1711
华夏幸福北京马拉松
BEIJING MARATHON
北京，跑不够！
胡贵平
钱晓冬

任立

邢恬

文黔军

冯伟

林森
石京宇
BMW杯高尔夫球赛
THE X7
苏澄

## 张向东（电子系 无 71）

中科猷声（苏州）CEO，提供基于智能声信号处理技术和超材料技术的智能建筑声学完整解决方案，在教育、办公和旅游场所推广噪声控制和改良声学体验。

# 无尽长征　大猷希声

## ——追忆马大猷院士，从科学天才到声学强国的攀登

最近华为任正非作序的美国科学规划经典再次火爆网络：1945 年 7 月，在第二次世界大战即将结束之际，万尼瓦尔·布什（Wannevar Bush）的《科学：无尽的前沿》（*Science*：*endless frontier*，简称布什报告）发表，这篇报告是应罗斯福总统的要求而写的。在雷达、青霉素以及随后的原子弹在“二战”中决定性作用向世人凸显的时刻，这篇报告把发展科学技术作为美国战后建设的一个核心任务提出，为战后美国科学技术的发展指明了方向，成为美国科技政策的蓝图和里程碑。这本书在中国的出版，是跨越 75 年的经典回望。

马大猷（1915—2012）

笔者在这篇文章题目中借用了这个“无尽”，编辑整理 85 年前的一段“清华往事”，回顾西南联大最年轻“教授”马大猷先生及中国声学界“大音希声”的长征，中国声学科技如何从一个创造哈佛历史的科学天才的毅然回归到西南联大教学至 21 世纪中国从声学大国迈向声学强国的持续攀登历程。

马大猷，1915 年 3 月 1 日生于北京。祖籍广东潮阳县上寨村，村里人都姓

马。父亲马有略，曾考上清末的举人，给自己的儿子取小名“雄才”，上了学叫“大猷”,“大猷”也就是“雄才大略”之意。马有略后为日本明治大学法学学士，任职北洋政府农商部“办事”。即便如此，父亲也因政府的经常欠薪，有时要去当铺典当为生，所以，马大猷先生从小就知道了贫穷滋味。他与父亲一起客居潮州会馆。后来，父亲弃官去上海做律师，两年后故去，时年马大猷 15 岁，幸得北平潮州同乡会资助，得以继续学习。母亲也靠给人做针线活来贴补家用，供兄妹三人读书。

中学毕业后，马大猷当年考大学时由于成绩突出同时被北京大学和清华大学录取。当时清华每年要交 260 元学费，北大每学期仅需 10 元学费，还可拿奖学金。他因家境贫寒，放弃了清华的机械系，选择了当时的“穷北大”物理系。在北大，萨本栋教授讲普通物理，江泽涵教授讲高等微积分，饶毓泰教授讲电磁学、物理光学，他受益匪浅，一切重要理论、规律、现象和一些常数都还记得清清楚楚，一些细节坐下可以推导出来。特别是饶毓泰先生的教导、启发和鼓舞影响一生。因为参加了“一二·九”运动和事后罢课，马大猷毕业后不能留在北大。他在《马大猷科学论文选集》付印时的作者自叙中写道：“1936 年 6 月，我在北京大学物理系毕业。在校时，长期受系主任饶毓泰（树人）先生的教导和熏陶，对科学研究工作非常向往。但当时国难方殷，希望工作能比较接近实际需要。这种考虑颇得先生嘉许，遂决心向应用物理学发展。”

“会当清华大学招考留美公费生，专业有电声学，正符合我的志愿，遂前往应试，侥幸中选。”被清华大学录取之后，按规定，出国之前所有人员都要在国内准备一年。马大猷的指导老师是北京大学的朱物华先生（清华朱自清先生的弟弟）和清华大学的任之恭先生。1936 年 9 月，马大猷回到北京大学物理系准备口语和研究工作。次年七月，“卢沟桥事变”爆发不久，北平就被日军占领，学校里一片混乱。八月初马大猷和同学们决定只身出走，刚到天津就被日本宪兵扣留了。因为当时天津日军听说可能有学生运动，怕不好收拾，就将那几天到津的学生全部扣留了，关到师范学校的日本宪兵队部。这一批被关押的学生生活条件非常差，几十个人挤在一间大房子里睡地铺，不准多说话，不准多走动，一天三餐都吃不饱，弄不好还要遭到日本宪兵的呵斥和踢打。马大猷就在这样的环境里生活了 33 天，终于在遭到无辜关押一个月后见到梅贻琦校长，申请暂不出国，参加抗战。梅校长考虑后，决定马大猷仍应按原计划出国。不久马大猷就出发，经香港到美国洛杉矶加州大学，在著名声学权威努特森教授指导下从事声学研究工作。

1938 年，马大猷发表了他在加州大学学习时的第一篇论文《矩形室内低频

马大猷博士照

简正频率的分布》。这篇论文被推荐在1938年秋天的美国声学学会年会上宣读，引起了强烈反响，马大猷被认为贡献了世界声学史上关于“波动声学的一个基本公式”。这篇论文还成了声学中应用简正波理论的基础，也是室内声学的基础。后来在哈佛大学，马大猷学习物理系和通信系的课程，成为哈佛大学历史上第一个用两年时间就获得博士学位的人。

卓越的学术成绩让他在美国声学界渐渐崭露头角，1943年，马大猷还被美国声学学会选为会士，成为中国科学家在该学会的第一位会士。

博士毕业后，马大猷第一次站在了人生的十字路口：留在美国继续从事科研工作，还是回到战事纷纷的祖国？

在征求国内恩师朱物华的意见后，马大猷毅然选择了归国效力的道路，担任西南联大工学院电机系教授；31岁时又出任北京大学工学院首任院长，成为当时全国著名的工学院中最年轻的院长。

一直到老先生80多岁还经常被问起回国时的心情，即使遭遇过许多不公待

1940—1946年，马大猷（右三）

遇，但马大猷从来都没后悔自己回国的选择。当时马先生在西南联大的学生中就有邓稼先、朱光亚、杨振宁和李政道。

“科学救国的思想已经深深扎根到当时知识分子的心里，他们毕生的追求就是用自己的知识为国家服务。”

“发展中国的声学事业，是我的恩师为我指出的专业方向，也是我愿意毕生为之奋斗的目标。”马大猷不止一次地说过这句话。

回国后，马大猷有一个重要目标就是要把中国的现代声学建立起来。1955 年马先生被选聘为中国科学院学部委员（院士）；1956 年，全国制定十二年科技发展远景规划，马大猷建议中国应当开展声学研究。后来关于声学部分的发展规划意见正是由他起草的。同年，中科院电子研究所成立，孟昭英、马大猷和陈芳允任筹备委员会副主任，计划成立无线电、电子学和声学等 3 个研究室，这是中国第一次正式设立声学研究室。

“作为一位著名的科学家，马大猷在声学研究领域里，总是不断提出新的研究方向和新的研究课题，使研究工作不断向前发展。”

20 世纪 60 年代初期，在马大猷的指导下，我国又开展了语言声学的研究，开拓了一个新领域。此后，他又组织开展了高声强声疲劳、环境声学、气流噪声、有源噪声控制等研究工作。到 20 世纪 90 年代中期，他又开展大振幅驻波的非线性研究，通过这些工作，我国的声学研究体系逐步建立起来。

周恩来（左一）在中南海与科学家孟昭英（左二）、梁思成（右二）、马大猷（右一）交谈

1959 年，周恩来总理亲自点将，由马大猷承担人民大会堂的音质设计和施工任务——在体积为 9000m$^3$ 以上的万人大会堂里，保证坐在任何角落里的人，都能清晰地听到主席台上嘉宾的讲话。接到任务后，马大猷组织北京高校、建筑、广播系统中的有关专家，研究讨论人民大会堂的音响设计和施工方案。他借鉴了怀仁堂音响的设计经验，采用分散式声源，在台下每两个座位前设置一个扬声器，这样既能保证清晰地听到台上的讲话，又避免了巨大的回声。另外，考虑到人民大会堂经常会举办大型文艺活动，对音效的保真度有一定要求，马大猷又设计了一套半分散式声源系统，在左右两个声道中间再加一个声道，传播时间控制在

人民大会堂的声学设计

1/20 秒内，使得声音听起来是连续的，即使是坐在最后一排的听众也不会受回声的干扰。

为做好人民大会堂音质设计工作，马大猷领导设计和建造了我国第一个声学实验室，包括混响室、隔声实验室、消声室、水声实验水池以及高声强实验室。

最终人民大会堂的音质设计工作取得了很好效果，也促进了我国建筑声学的发展。目前我国建筑声学领域里的老专家，大都是那时培养出来的。

历史不会重复，常会押韵，科学规律的反复应用更是如此。

笔者 1992 年从清华电子系本科毕业，到中国科学院声学研究所继续深造，师从马先生的学生俞铁城教授，得以近距离了解这位清华学长的治学风范和学术贡献。

从 20 世纪二三十年代开始，语音学从传统语言学发展到现代语音学，其主要推动力在于通信工程和人机对话要求寻找语音的声学特征，从而开展声学语言学，也称声学语音学研究。

早在 20 世纪 40 年代，马大猷先生就有“国语中语音分配”的论文发表。中华人民共和国成立后，马先生在筹备组建中国科学院声学研究所时，就建立第九研究室专门从事语言声学研究，研究频带压缩中语音特性问题，张家騄先生为主任；后来从九室分出去主攻语音合成的十室和主攻语音识别的十四室。俞铁城先生 1962 年进入声学所，师从马大猷院士，在马先生的指导和鼓励下，从 1972 年开始就在小型计算机上开展语音识别研究工作，是中国在计算机上开展语音识别的第一人，最先在中国实现微型机特定人口语指令识别系统。其研究成果“实时语音识别系统”曾在 1979 年《人民日报》作整版报道。李子殷先生是马先生最早派往德国的访问学者，获 1979—1980 年洪堡奖学金，在达姆斯达特邮电研究所，师从 Enders 教授，潜心研究语音合成，首次建成汉语语音合成实验系统。吕士楠先生在汉语语音合成中，首次提出用“基音同步波形叠加技术”合成汉语，并与科大讯飞合作，很早开始商业化工作。吕士楠先生培养的初敏博士在微软带领研发第一个中英文双语语音合成系统“木兰”，被誉为微软亚洲研究院成立的前五年中取得的十大技术突破之一。

笔者 1996 年在中国科学院声学研究所作学位论文答辩时，马先生是答辩委员会主席。马先生的严谨和严厉，我早有耳闻，也对论文反复检查多次，每个数据和逻辑都仔细验证了。答辩时虽有些紧张，还是比较自信。宣讲完论文后，在答辩环节，马先生问“你论文中的分析综合法写成了‘synthesis-by-analysis method’，对吗？”我一愣，在清华也做过语音编码的工作，分析综合法是语音识别前端处理 LPC 和 CELP 的共同方法，应该不会弄错吧。我环顾四周，我的师兄弟们也面面相觑，表情中像是说他们也认为我是对的。我的导师俞铁城教授宽容地说：“把这个问题记下来，答辩后查清楚写在书面答辩意见中吧。”

我答辩后查资料，的确文献中“analysis-by-synthesis method”和“synthesis-by-analysis method”都有，而且数量和比例相当，我专门请教俞老师，他操着浓重的常州口音笑着说：“哈哈哈，你们这些清华的工科学生或许实践能力更强，在搞清楚物理意义方面，还是不如南大声学背景的学生，‘synthesis-by-analysis method’表面上看是对的，任何的综合方法都要靠分析清楚；但在人的发音模型的模拟方面，只有‘analysis-by-synthesis method’更正确，更符合物理意义，是要靠综合线性系统模型参数模拟出发音器官，再测度误差，这样才完成了迭代优化的分析过程。”我恍然大悟，深深佩服马先生和俞老师，也感谢他们的宽容，我深刻反省仅具备工科思维的不求甚解，也感到后怕，知其然，不知其所以然，会产生严重的僵化效应，甚至酿成过度拟合，房倒屋塌的惨剧。

这次答辩在我的职业生涯里经常被“反刍”，如何从根本上解决这样的思维误区呢？5 年前，想出了“小人法”，“小人”不是与“君子”相对的小人，而是和宏观世界相对的微观世界“观察员”，只有慎思明辨在微观上到底如何作用的，再根据结果反馈修正其机制假设，才能去粗取精、去伪存真。这个思维方法对算法和产品设计、团队管理和企业经营同样有效。

马先生和俞老师都是我的授业恩师，那一刻的“诘问”足以为我的人生点亮一个橘黄色的灯盏，让我经常警示自己运用 critical thinking，反思自己是否想错了，如何验证当前的假设？

声学很像电学、光学，要明确定义其产业的内涵和外延，非常困难；很多 ICT 领域实际同时具备声、光、电三种属性，爱迪生、贝尔都是声学科学家或工程师，Sony 和 Apple 都是声学属性明显的综合产业巨头，声学科技分化成非线性声学、量子声学、分子声学、次声学、超声学、光声学、电声学、热声学、建筑声学、环境声学、语言声学、物理声学、生物声学、水声学、大气声学、地声学、生理声学、心理声学、音乐声学及声化学等几十门细分领域。由于马大猷先生和整个中国声学界的努力，中国涉及声学的众多产业大都处在世界前列。

“在我的思想里，大学最高的就是教授，而不是任何别的职位。”教授，一直是马大猷最看重的称呼。

27 岁成为西南联大当时最年轻的教授；31 岁任北京大学工学院首任院长，成为当时全国著名工学院中最年轻的院长。

无论是在子女还是学生的眼中，马大猷都是位严师。他的儿子马晓非说：“父亲性格严肃，难免会令人敬而远之。”

身为一名声学教育家，马大猷在教育工作方面也十分认真敬业。他坚持每年只招一两个研究生，并认为只有这样，才能深入、细致地辅导学生。

“马先生 90 多岁还坚持每周 3 天在办公室工作，工作在科研第一线，亲自做实验、写论文，真正做到了生命不息科研不止。”

“马先生对学生要求很高，他的博士生基本是五六年以上才能毕业，几十年间带的研究生不到 40 个。”声学所研究员李晓东说。马大猷的学生都很庆幸能够师从于他，因为从他身上学到的不仅仅是专业知识，更多的是宝贵的精神财富。

面对我国科技界呈现出的浮躁情绪，马先生先后 6 次给时任国务院总理温家宝写信，呼吁加强基础研究工作，提高国家自主创新能力。

2012 年 7 月 17 日，马大猷先生与世长辞，享年 97 岁，而他留下的宝贵财富却一直影响着中国声学，他无愧于“中国声学奠基人”之称！

大音希声，大象无形。作为我国现代声学事业的开拓者，马大猷的名字将永远镌刻在中国声学学术和产业历史的丰碑上。

## 后　记

本文题目是“大猷希声”，而非常见的“大音希声”，并非笔误，《诗经·小雅》

中有言：“秩秩大猷，圣人莫之”，猷为谋略、规划、法则之义，马先生和中国声学界同仁后辈在其近百年的人生岁月中为声学大国发展奠定了“秩秩大猷”的基础。就好像高铁的轨道体系已经铺就，虽桃李不言，但无数声学产业要素就像管道里输送的“血液”一样，滋养着我们这个民族和世界的生生不息、薪火永继。

作者毕业照

作者当年同学照

## 邓永强（计算机系 计 73）

英诺创新空间创始合伙人、清华校友总会互联网与新媒体专委会秘书长、校友三创大赛执行秘书长。

# 我的计算机人生

我这辈子，基本就和计算机紧密绑定在一起了。

## 一、缘定一生

我出生的 1969 年，互联网在美国硅谷诞生。互联网刚出生时候，主要是军事和科研用途，有关人士并没有意识到互联网还会有改变世界的能力和使命。

1984 年秋，我在佛山一中读高一时，首届全国青少年计算机程序设计竞赛举行，后来升级为“全国青少年信息学奥林匹克竞赛”。我们中学得到香港校友的赞助，建设了当时内地中学最高标准的计算机空调防静电机房，配备了当时先进高档的 APPLE II 个人电脑，还专门从知名高校挖来了计算机专业的副教授当指导老师。学校选拔成绩优秀、学有余力的学生培训，我就成为全国首批学习计算机编程的中学生。那届大赛的全国冠军，是 1984 年春节在上海青少年宫学电脑编程时被小平同志摸着脑袋说“计算机普及要从娃娃抓起”的李劲同学。1987 年，李劲同学 16 岁免试进清华无线电系（后来改名为电子工程系）后，学校为他制订了专门的培训计划，他积极刻苦学习和科研，7 年多拿到了清华博士学位。第 2 名是广东韶关的廖恒同学，年纪更小，免试进入了清华少年班，后来少年班合并到了计算机系。我当年没有他们的优秀，但也从此热爱上计算机，看好计算机技术和应用的光明前景，也觉得它适合自己的兴趣和发展目标。因此，在高考报志愿时，我填写的第一志愿就是清华大学计算机系，没有填其他系别，也没有填写服从分配项，下定决心学计算机，从此和计算机缘定一生。

## 二、走进清华园

1987 年，广东省是全国第一个也是唯一进行高考标准化考试改革的省份，当年海南还属于广东省的一个行政区，高考志愿要在考试前填报。当年高考，清华在广东招生 50 多人。当时广东到北京的主要交通工具是火车，正点需要 36 小时，晚点就可能拖到 48 小时。我们珠三角几个 87 同学，分别买了半价学生卧铺票，机遇巧合被安排到同一隔间，从上车开始，就相识相知，也是缘定一生。

清华计算机系男生宿舍，在学生宿舍区最东南角的九号楼，离主楼、东操、东门还有三教都很近，后来诞生了驰名中外互联网的 9# 酒井 bbs。我刚入学时，可能是因为数理化成绩突出，被分配到计 76 班——计算机理论班，培养目标是未来的计算机理论家，这与我个人的兴趣和规划相差比较大。当年计算机系是清华大学教育改革的第一批院系，鼓励学生积极发展，也允许自选专业方向。同宿舍的其他同学拉着我一起找班主任和年级主任要求换专业，老师和系里很爽快地批准了。然后经过调剂，我就从计 76 班转到了计 73 班，宿舍从 119 搬到了 308，自然也和计 7 的各班同学混熟了。

我参加竞赛、报考清华、自选专业的经历，直接得益于内地经济改革和教育改革进程。

我是 1987 年 9 月 8 日，坐接新生的大巴车从清华南门进入清华园的。几天后的 9 月 14 日，在中德计算机联合工作组的努力下，从北京车道沟给德国发出了中国大陆第一封电子邮件：“Across the Great Wall we can reach every corner in the world.（越过长城，走向世界）”。当时人们并不知道，互联网时代已经悄然来临，并将在多年后深刻全面地影响中华大地，融入我们生活的方方面面。两个月后的 11 月 18 日，内地第一个 TACS 模拟蜂窝移动电话系统在广东省建成并投入商用，这第一代的手机被俗称为“大哥大”，因其昂贵价格和不菲的使用费，一度成为身份的象征。而当年的清华校园，每个学生宿舍只有一个公用的有线电话，要打国内外的长途电话，就需要到校邮局排队，接打麻烦，话费高昂。

开学后，计算机系安排我们新生参观各实验室和机房。我看到大大小小的机器和设备，眼花缭乱，也心潮澎湃，以前看过的一些科幻电影的场面近在眼前，也加强了我对计算机广阔应用前景的信心。

当年学生负担不起任何个人电脑，网络系统也没有进宿舍。中央主楼底层的校计算机机房，对我们计算机系本科生通宵开放，这里不仅成为我们学习和科研的阵地，还是各种夜生活的乐园和落脚点，相比其他系，是一个值得炫耀的特权。

## 三、走进中关村

1987 年时，计算机系统的技术、产品、应用和服务都源自欧美日，中文输入、编辑和打印系统也才刚刚起步。当年内地计算机领域各大科研机构、电子企业以及程序员等，主要的攻关和创业方向就是中文信息处理。各类汉语操作系统、汉卡、中文编辑器等如雨后春笋，成为当时创新创业的大风口。

1987 年的中关村，远不是今天这般高楼大厦密布，真的像个小村庄，有点狭窄的柏油路甚至都没有马路牙子，路两旁是高大的杨树，有固定的农贸市场，马车、骡车和单车、汽车夹杂混行。

1980 年 10 月，陈春先等七名科技人员率先创办了我国第一个民营高科技企业——“先进技术发展服务部”。1984 年后，一大批中科院、北大、清华的知识分子纷纷“下海”创业，京海、四通、信通、科海、联想等民营科技公司雨后春笋般破土而出，陆续在北起燕园、南到白石桥这条几公里长的大街上安营扎寨。1986 年底，中关村各类研发性公司接近 100 家，闻名中外的“中关村电子一条街”初具雏形。1988 年 5 月，经国务院批准，中关村成为中国第一个国家级高新技术产业开发区。日后被称为“中国硅谷”的中关村开始起步。

当年离开体制创办公司、企业被称为“下海”，海阔天空，但是也鱼龙混杂。中关村电子一条街也经常被蔑称为“中关村骗子一条街”。虽然中关村被称为“中国硅谷”，但是当时既没有天使投资、风险投资，也没有股市，对国企、高校、科研院所身份的人员办公司更有各种限制和很多灰色地带，创新创业的环境和生态很不完善，下海开公司、做生意，不是名校师生的优选。

不过清华计算机系的学生，近水楼台，知道硅谷、欧美、日韩、港台各类信息技术企业和产品的先进性和高利润，也道听途说地了解企业老板的创业故事和发家致富史。清华计算机系又是 20 世纪 80 年代清华大学教改的首批系，支持和鼓励学生加强实习、实践，增强对社会、行业的了解，可以更好学以致用。1988 年大二时，我班就组织了中关村电子一条街调研走访活动，去了校友创办，也是当时中关村最知名的公司四通参观、交流。虽然是走马观花，却让我对公司的运营、技术和市场结合，有了初步的认识，算是创业实践的第一课。毕竟当时中关村的企业和产品虽然很多只是组装、拿来以及进行一些本地化技术应用，但已经比各种“倒爷”更代表先进生产力和先进文化了。

## 四、专业学习

1990 年，吴建平老师从加拿大进修回来后，给我们计算机 87 级开了计算机网络课，这应该是国内首批面向本科生的 Internet 技术课程。我们在东主楼的网络实验室做课程作业和实验时，联上了加拿大那边的服务器，虽然操作很复杂、速度很慢、做不了太多的事情，但是我们这批学生是内地第一批网民，也从此和国际互联网结下了不解之缘。

1990 年的北京亚运会，采用了大量的计算机设备和网络（不是互联网），也给我们计算机系学生很好的实践、实战机会，学以致用地把计算机技术、服务与实际的需求、产业结合。

清华计算机系的教改比较全面，到了三年级，每个学生可以自主选择专业方向和专业课，系里鼓励学生提前到专业实验室跟着老师和学长做课题。很多同学要备考 TOFEL、GRE 准备出国，还有学生校内校外兼职赚钱，因此宿舍里每个同学课表不一样，实验室不一样，繁忙程度和压力不一样，作息时间也不一样。我选了多媒体专业组，毕业设计做的是多媒体图像处理，设备新、项目酷、好玩也有用。当年性能高的图像处理 CPU 和板卡，属于冷战期间巴黎统筹委员会（简称“巴统”）禁运物资，实验室申请了宝贵的外汇，通过香港那边采购，再辗转几次才送达清华。

我深刻体会到大学不仅是教书育人的地方，还是一个大平台，给有求知欲、有探索能力、有创新创业动力的学生提供更多的思考空间、实践机会、发展资源、成长平台。

## 五、在家乡的第一次创业

我 1992 年本科毕业时，市场经济正热遍神州，大批体制内人士离职开公司经商，后来被称为“92 下海派”。我按照自己的职业规划，回到了佛山家乡，也努力在大陆市场经济的前沿学“游泳”。不过当年互联网技术还没有商用，信息科技虽然很热，内地股市大热，但是天使投资、风险投资依然还没在内地出现，还需要靠自己的汗水和智慧去赚第一桶金。1993 年，87 同学冯军在中关村开柜台卖机箱和键盘，每个赚五块；我在家乡佛山和几个清华师兄一起组建公司，做当年最时髦的三维动画设计和网络信息系统开发，努力把新技术引入佛山这个制造业发达、一直敢为天下先的珠三角名镇。当年大家都是创业的新手，面向企业的技术服务是苦活，而方兴未艾的制造业，尚未到没有信息技术就不能转和赚的程度，我的第一次创业不算成功，但这确实让我在产品服务、市场销售、企业管理等领域得到锻炼成长。

1992 年，时任美国参议员（1993 年任美国副总统）阿尔·戈尔提出美国信息高速公路法案。1993 年 9 月，美国政府宣布实施一项新的高科技计划——“国家信息基础设施”，旨在以互联网为雏形，兴建信息时代的高速公路——“信息高速公路”，使所有的美国人方便地共享海量的信息资源。

1995 年 8 月 8 日，水木清华 BBS 开通，这也是内地最早的网络社区。我近水楼台，很快也接入了水木清华 BBS，并申请了 Email 邮箱，从此开始了我的互联网生活。

## 六、回到中关村的互联网创业

1995 年 3 月雅虎网站成立，一年后，1996 年 4 月雅虎在纳斯达克上市，杨致远一夜之间成为亿万富翁。四年之内，雅虎股票上涨 100 倍左右，成为千亿美元公司。雅虎的成功，是美国和世界第一次互联网热浪的开端，直接得益于硅谷天使投资、风险投资、证券市场构成的完善的投资生态，也直接让国外的资本和机构把目光投向人口更多、市场更大的中国大陆，并直接促成张朝阳师兄 1996 年从美国回到中关村创办搜狐网。紧接着，更多的海归和土鳖在北上广深一线城市创办了各种网站和互联网服务，和美国同步掀起了第一轮互联网泡沫。

当年内地的股市也是轰轰烈烈、起起落落。计算机系师弟和 87 热能系常宝成同学等共同创办了华夏资讯，由当时国内最大的国有券商华夏证券投资和控股，为内地的股民提供互联网证券信息服务和网上交易。他们三顾茅庐地把我从广东家乡拉回到中关村，一起涉猎互联网 + 信息服务 + 证券金融，不仅概念全球时髦，也是当年极少数可以直接盈利的互联网模式。

其实，计 74 贺建楠同学几年前就在深圳开发了声讯电话证券委托交易板卡，是当时内地证券交易的主要手段。相比电话委托，互联网证券信息服务和交易具有多方面的优势，1999 年全球包括内地股市的最热概念就是互联网，都是大牛市，华夏证券顺势给自己的股民推广，赠送个人电脑、上网费、实时证券信息服务和咨询等，吸引多开户、鼓励多交易。

经过政界、学界、产业界多方面的博弈、平衡，内地对于互联网的发展持开放和鼓励的态度，采取包容审慎式监管，给内地互联网的蓬勃高速发展提供了关键性的支持。我班同学杨晓雅当时就在信息产业部电信管理局，直接参与国内电信和互联网产业的规划、立项、审批等，发挥了重要而积极的作用，体现了很好的专业性和前瞻性。

1999 年，当年垄断 PC 桌面的微软，雄心勃勃地在中国内地发布“维纳斯计划”，开发了电视上网操作系统，向尚未普及电脑的中国广大消费者提供一种廉价上网替代品。华夏资讯作为内地最大证券信息和交易服务商拥有最大的用户群，我主动和微软中国校友对接，双方迅速建立战略性合作，然后和联想、海尔等机顶盒厂商共同研发和销售产品。我以新浪 IT 业界论坛、8848 IT 论坛等为阵地，与当时喧嚣的“IT 民族主义”声音作了长时间辩论，我还在国内 IT 媒体和网站上开设专栏或者当版主，成为业界的专家和评论者。

中国互联网发展的历史，就是“时势造英雄”。1999 年，改革开放了 20 年，全面施行市场经济 7 年，塑造了一批具有创新精神的企业家群体和新锐的年轻创业者。当年几乎所有的互联网技术来源于美国，几乎所有的商业应用也均移植自国外。当年中美关系经过大的风浪后又继续合作互利，给互联网行业发展提供了较好的国内国际的环境和产业政策、产业生态、资本市场，对于国内互联网的发展非常关键。1999 年是国内互联网行业资本化的元年，也是国内天使投资、风险投资初具规模和初成生态的元年，进一步激发和帮助有创新和冒险精神的青年人敢于创业，给社会的技术和产业进步带来更多的价值。创新创业也让更多的青年人有更好的就业和个人发展机会，有效地舒缓了就业压力和社会压力，这也是内地与港澳台的重大分水岭。当然最重要和最根本的，还是互联网带来的全球范围跨地域、跨国界的人与人交流、连接，凝聚成促进社会经济和文化巨大改变的力量。这是国运，也是我们这代人的幸运。

## 七、产学研的技术创业

美国纳斯达克网络热潮不仅直接带来内地股市热炒网络概念，还直接促进香港创业板的诞生。香港创业板成立于 1999 年 11 月，其宗旨是为新兴的有增长潜力的企业提供一个筹集资金的渠道。它的创建对中国内地和香港的经济和投资产生重大的影响。内地和香港在这个时期也出现了投资高科技初创项目的天使投资人。

2001 年春，香港两个知名天使投资人通过朋友关系联系到了我，希望投资清华的高科技项目。正好清华计算机系语音技术专家郑方师兄当时正在香港科技大学进修，我和他一起在香港和天使投资人多次交流，讨论投资模式、公司架构、产品计划、市场目标等等。经过半年多的讨论和谈判，本来已经达成基本的协议，但是因为大学教授和投资人的思考角度不同，内地和香港的商业习惯差异，再加上 2001 年“911”导致的全球大股灾，让双方的合作很遗憾地终止。

接着，我们又在深圳、北京接触了很多个投资机构，都没有拿到天使投资，我们咬咬牙，决定团队自己凑钱创业，2002 年 4 月在北京上地信息产业基地的国际留学生创业园正式创立了北京得意音通语音技术公司。公司定位为专业从事语音识别与语言理解技术研发，尤其是中文语音识别与语言理解技术，是国内首批拥有完全自主知识产权的智能语音识别技术开发商。

当时内地包括中关村，风险投资还不成规模，还没有接近硅谷那样的创业服务和创业投资生态，创业板、科创板和新三板、北交所还没诞生。我们一边努力争取各级政府对高科技企业的扶持政策和奖励，一方面也努力研发适合市场的产品，争取更多销售收入。我们团队努力坚持，随着宽带互联网、3G网络和智能手机的迅速普及，企业市场和消费市场对语音技术的需求快速增长，经过5年，得意音通也终于从最初几个人增长到几十人，并主导起草了声纹识别领域的国家和行业标准，包括由信息产业部2008年颁布的中国第一个声纹技术应用标准，推动了国内和国际声纹识别产业化进程。

我班龚军平同学2003年初被确诊为淋巴瘤型白血病，病情急剧恶化，不得不通过Email向清华的同学们发出求助的信息。在同学们以及计算机系师兄的帮助下，2003年4月3日，龚军平同学到北京人民医院住院治疗。4月6日下午，我和计73班其他4个同学专程到医院探望军平，鼓励他、支持他。世事无常，大家都没有想到这是同学们与军平的最后一次见面。到了4月24日，鉴于北京人民医院众多医护人员和病人感染SARS的情况，军平当天被转到北京地坛医院隔离观察。他在地坛医院观察和治疗期间，计算机系的老师们和系友们，清华校友总会，通过多种渠道联系医院、医生和卫生部，尽最大的努力给他紧急救助和医疗，让他和家人感受到清华校友和母校的深厚情谊。很不幸，5月9日23时25分，他永远地离开了我们。他去世一周年时，我和当时在校绿化处工作的梁立军同学对接，我们在原来的宿舍九号楼正门旁，认养了一棵梧桐树，邀请了军平的父亲和姐姐到清华园，与学校、校友总会、计算机系的代表以及我们计7同学们、军平当年的老师们，在树下举行了简单而庄重的仪式，永远怀念军平同学。

互联网的交流和传播，在救助军平同学中发挥了重要的作用。互联网不仅让大家联系更方便、迅速，也直接改变了信息的交流（也包括对真相和谎言的鉴别）方式，传递信任，凝聚力量、推动社会的变革。我们这批人，是中国互联网发展的建设者、见证者、推动者和受益者。

## 八、移动互联网的商业创新

2007年是我们入学20周年。这年初，苹果发布了划时代的智能手机——iPhone，这是一款真正基于移动互联网的产品。我们几个计算机87级的同学看好国内的移动互联应用前景，同学和校友们作为天使，我来挑头，在五道口创办了品味网，第一个产品就是“搜吃搜玩”App，以“搜”为核心，引导用户吃喝玩乐消费，是内地第一批智能手机商业应用。很快三星、摩托罗拉、联想、华为等都推出了高端智能手机，要分一杯羹。我同宿舍的彭明田同学毕业后一直在中国民航信息网络股份有限公司（简称中航信）工作，我们很快和中航信实现了信息合作，我们团队开发了“航班管家”App，为高端商务人群提供从查询到订票，再到接机、住酒店的全程服务，成为当时国内所有大品牌包括苹果的 3G 智能手机必配商务应用，以很小的代价快速获得了 100 万商务用户。然后我们团队和股东把几个关联项目整合，成立了活力天汇科技公司，大船小船整编成舰队，原来的天使投资人王江师弟成了船长，带领大家一块做大做强。随着各地高铁的快速开通，我们又开发了“高铁管家”，用于高铁及普通列车车票查询购买、酒店查询及预订、高铁列车动态查询等，成为最受国内高铁用户欢迎的应用程序。2016 年，活力天汇挂牌新三板，并持续成长。

## 九、致力于国内创新创业生态和清华校友创业圈

2011 年百年校庆期间，清华校友总会陆续组织了互联网与新媒体、投资、房地产等多个校友行业协会，建立校友事业成长和发展的平台，为校友创造交流和合作机会。我们清华校友互联网与新媒体协会（简称“清华校友 TMT 协会”）是第一个以垂直行业的形式服务于校友的行业协会。协会秉承清华大学“自强不息、厚德载物”的校训，“行胜于言”的校风，以“自愿、开放、平台”为特色，以“自强、创新、互助、共进”为宗旨，是全球互联网与新媒体领域校友之间相互交流与互助的平台。

协会积极帮助校友的创业、就业以及交流、合作，更好回馈和支持母校相关领域的创新创业实践和科研成果转化。协会与各大互联网企业的校友、从事风险投资和天使投资的校友建立了广泛深入的联系。协会还积极参与母校为研究生、本科生搭建的创业平台，开设创业辅导和培训课程，为学生提供实习岗位，与学校各相关部门以及多个院系密切交流、紧密合作，建立创业导师制度，帮助学生创业团队扬帆起航。

协会 2011 年 9 月正式成立，计算机系 84 级李竹学长为创始会长，我为首任秘书长，自 7 林森同学为首任副秘书长，我和林森同学搭档连任至今。根据民政部和学校的有关规定，协会在 2019 年更名为“清华校友总会互联网与新媒体专委会”，清华大学副校长、教务长杨斌同学兼任专委会会长。电子系陈洪武、自动化系陈锡民、热能系夏朝阳、计算机系李黎军、朱玉杰等众多 87 同学一直积极参与和支持协会、专委会的工作、活动，共同服务校友、回馈母校。

在清华校友互联网与新媒体协会的平台基础上，2012 年 10 月，由李竹师兄牵头，我为创始合伙人，英诺创新空间的首个创新型孵化器（也是首批国家级创新型孵化器）——厚德创新谷在北京中关村开业。随后，英诺在广州、中山、佛山、厦门等地相继创办了多个以创业投资和服务为核心的创新空间。2015 年，英诺创新空间国内首个提出“创业综合体”概念，并成功运营了中国首家创业综合体——

腾讯众创空间(北京),是目前亚洲最大的单体创新空间,涵盖投资、办公、服务、社交、生活各领域,创造了全新的创业生态。英诺创新空间的“创业综合体”陆续在北京、粤港澳大湾区、长三角、成渝经济圈遍地开花。至今,从孵化器、众创空间到创业综合体和产业社区,英诺创新空间已形成了规模化的运营经验,运营签约面积超过 30 万平方米,有近 20 个创新载体,服务创新创业企业超过 2000 家。英诺创新空间及创业综合体模式致力于成为中国新一代创新创业服务、产业升级和城市更新的颠覆式创新领航者。

英诺天使基金成立于 2013 年 4 月,管理超 40 亿元人民币,李竹学长和林森同学为创始合伙人。英诺天使重点关注先进制造(半导体 / 机器人 / 航空航天等)、新一代信息技术、生命科技、新能源、新经济等领域,主要投资天使期、Pre-A 阶段,目前已投资超过 500 个创新项目。投资管理团队平均有 10 年以上的天使投资经验,以清华校友为起点,建立了立体的创业服务体系。英诺天使基金立志成为自我进化、创新型天使投资平台,以“投资创新 成人达己”为使命,深耕布局北京、长三角、粤港澳大湾区、美国硅谷等主要创业高地,建立了跨地域投资和创业服务网络,投资效率高、后续融资成功率高、回报速度快。

英诺体系源自清华、植根清华,优先投资和服务清华师生和校友,积极回馈和支持母校发展和创业教育、校友三创大赛和创业活动。

2016 年母校 105 周年校庆时,在清华校友总会的支持下,清华校友互联网与新媒体协会牵头,英诺天使基金和水木清华校友基金带头支持,发起了首届清华校友创意创新创业大赛(简称清华校友“三创大赛”),得到了各方面的积极支持、热烈参与,取得了良好的效果、很大的影响,进一步完善互助共进的清华校友创业圈。

清华校友三创大赛自 2016 年启动,每年一届,到今年已连续举办六届。六届三创大赛,累计 3000 多个项目参赛,聘请了 500 多位创业导师,与 150 多家投资机构、上百名天使投资人、70 多个地方政府保持密切的联系与合作。

“清华校友创意创新创业大赛”这个名称是杨斌同学提议和定名的。他从第二届开始至今,一直担任大赛组委会主任,并在第二届大赛的开幕仪式上,发表“清华创新之道”主题演讲。他在演讲中提出:创新者的最佳状态应该是“木鸡态”,追求的是内生价值,价值自在,享受创新本身。清华创新之道,反映着清华心有定力、主流担当、追求卓越的内涵。清华的创新创业能否不做成一阵风,极为关键的就是“价值自在”的内生动力,就是“木鸡态”,不因大环境、外部政策的风向变化而飘摇,绝不犹应向景,惟求价值自在。他特别强调,母校与校友之间,是相互持续造就的过程。

我是校友“三创大赛”首届秘书长，第二届到第六届的执行秘书长。材7张雪舟同学作为清华校友房地产行业协会（现更名为清华校友总会城乡建设专委会）秘书长，从第一届到第六届，都是大赛副秘书长，全程、全力支持和组织校友“三创大赛”。还有很多87同学分别作为“三创大赛”的参赛团队，或者导师、评委、投资机构、产业机构和政府机构代表等，出席和支持大赛，是清华校友创新创业的中坚力量，也是中国创新发展的积极推动者。

我这半辈子与计算机行业的高速发展密切关联，从国内改革开放、经济发展直接得益，与母校和同学、校友息息相关。我的未来，肯定也依然与计算机行业不离不弃，与母校越来越紧密，也将更加力所能及、再接再厉地回馈母校、校友和社会、产业。

我们中国内地1969年前后出生的这一代，是幸运的一代人，完整地享受了改革开放的和平、高速发展的红利，完整地经历了互联网、移动互联网日新月异的迅猛发展，能放眼看世界，有机会自由选择地区迁徙、个人事业，让自己和家人更安稳、幸福地生活。我们不仅需要感恩时代、感恩社会、感恩母校、感恩老师同学，更需要把我们的感恩和爱心回馈给社会、母校，帮助更多的人，让我们生活的地方更美好，让我们的世界更繁荣，让我们的后辈能够比我们生活得更美好、更阳光。我对未来有信心，也对清华的大学精神有信心，我们87级同学们一起携手努力，青葱岁月我们一起走过，未来的光辉岁月依然有你有我！

作者毕业照

作者当年同学照

**李文捷（建筑系 建72）**

从事养老适老设计与改造事业。国家一级注册建筑师，易肯大健康规划设计院首席专家、瑞格健康管理有限公司总经理、清华校友总会城乡建设专委会理事、全经联大健康产业研究院院长。

# 一个建筑师的跨界养老服务实践之路

这个故事发生在2019年，一位清华大学建筑学院的老教授，是室内设计界著名大师，92岁高龄，被尊称为“先生”。半年前因为被一个空箱子绊了一下，不幸跌倒导致骨折，不得不用上了助行器。卫生间空间狭小，助行器挪进去很困难，并且浴缸已经迈不进去了，因此老先生很长时间不能洗澡。

我和周燕珉老师（注：周老师是著名养老住宅专家）一起去探望老先生。周老师亲自模仿老人进出洗手间的生活动线，每一步动作、每一个细小的尺寸都详细模拟测量。

经过反复推敲，针对老先生的身体情况，我们确定了“解决最关键的问题、不动装修快速改造、坐在马桶上洗澡”三大原则和改造方案。改造实施的时候，我一直在现场指挥协调，直到老先生满意为止。老先生多次说：“太感谢你们了！”

这就是居家适老化改造，是我从2015年开始花费大量心血投身在做的一件事。所谓适老化改造，就是以符合老年人体工学、身体机能和心理特征的方式，帮助老年人改造他们的家庭居住环境，消除安全隐患，满足老年人生活起居等安全及功能需求，让“家”更安全、易用、舒适。到2019年我前后做了几千户适老化改造，其中包括清华几百户老年教职员工的家。

1992年大学毕业，我南下去改革开放的前沿珠三角工作，放弃了清华保留资格研究生的就读机会，八年后回到北京，进入外资公司就职，这期间和清华没有交集。2015年由于投身于养老服务事业，在启迪之星创业，再次回归母校，为当年的老师现在的老人们服务，清华陪伴着我的学习和成长，塑造了我的世界观、人生观和价值观。

## 一、20 年规划设计职业生涯

从清华毕业伊始，我的 30 年职业生涯经历了国企、外企、创业三个阶段。1992 年就职于中山市建筑设计院，做到主任建筑师；1999 年进入全球排名第三的国际咨询公司英国阿特金斯集团；之后开始连续创业，2010 年创办了易肯设计，2015 年联合创立易享生活。有人说我过了别人好几个版本的人生，也有人替我可惜，好好的国际大公司高管不干，这么折腾，你图啥？

说起这个国际大公司——阿特金斯，可能圈外朋友不熟悉，但是它的作品几乎家喻户晓，就是迪拜七星级帆船酒店。阿特金斯是已经有 80 多年历史的上市公司，是英国连续多年被大众选出来的十佳雇主单位。

30 岁到 40 岁，我从一个普通的建筑师干到了阿特金斯中国区的董事、城市规划事业部总裁、北京阿特金斯总经理，经历了中国城市化最如火如荼的阶段，走遍了大江南北，全国各地有代表性的城市规划项目做了几百个，可以说，我把青春献给了它！

2009 年 12 月同济大学出版社出版了由我主编的图书《设计城市：阿特金斯城市设计十年中国路》，其中我的主旨文章，全面总结了这一阶段的工作历程。但是 40 岁我选择了离开！

离开外企，很多人建议我去设计院、国企或者开发商，我没有再去打工，而是选择了一条最有挑战性的路，就是自己做设计公司——易肯设计。那 5 年时间，做过上百项城乡规划，主持过国家级课题，写过政府工作报告，也当过乡村赤脚建筑师。

“规划更美好的城市，设计更动人的环境，创造更理想的生活——这是一项面向未来的工作，而未来正在向我们提出挑战！”这是我经常重复的一句话，是我作为一名规划设计师的最朴素的价值观，也是我创办易肯设计的宗旨。

没创过业的人可能不太能体会所谓做老板的感觉。原来打工，住五星级酒店、坐头等舱；现在当老板，住经济型酒店，学会了自己开车，风霜雪雨，天黑路滑，上山下乡。累不累？累！值不值？非常值！客户成为了一辈子的好朋友，还有一帮默契合作的小伙伴们。最深的体会，不管是经营一个巨大的商业帝国，还是早餐摊卖油条豆浆，总结下来就是你得扛得住！

我们这一代人经历了中国的快速城市化过程，这种爆发式的增长，规模、速度在全球都是绝无仅有的，我发现中国是一个无法抄别人家作业的国家。

这有点像中国的古诗词，翻译成外文，很多时候就打折扣，失去了那个意境。同样啊，外国经验再好也水土不服，因为中国的城市化规模太大了，几亿的人口大搬家；中国的幅员太辽阔了，各地的文化经济资源气候方言等等都不一样，加在一起就是“中国特色”，任何拿来主义都不好使，我们靠的是中国人自己的智慧。

而创业呢，对我来说就是一个字儿：“干”！挽起袖子，脱下鞋子，脚踏实地，干就对了！过去在外企做规划，喜欢炒概念，做效果，现在做事情，要落地、要实效、要好用。我不希望在我老了的时候回首往事留有各种遗憾，要跟着自己的心走，贴合社会，贴合客户，贴合自己。

在我的职业生涯中，清华校训“自强不息，厚德载物”作为人生的座右铭一直激励引领着我，清华“严谨、勤奋、求实、创新”的学风一直影响塑造着我，当我迷茫时给我信念，当我软弱时给我力量。做人应像苍天运行那样，刚健不已，奋力拼搏，持之以恒，百折不回；像大地怀柔那样，万物滋养，生生不已，心胸广阔，宽厚为怀。

## 二、走上“为老服务”之路

2015 年我投身于养老事业，这是一个有太多感触的话题，每位老人都是一本书，都有他们的人生故事，在我人到中年的时候，体会到什么是老的感觉，于我而言，这是一种修行。

2014 年底，当时父母年龄均在 75 岁上下，我妈妈摔了一跤，接到家人电话的情形现在还历历在目：当时快下班了，国贸桥已经堵得水泄不通，我弟弟来电话说妈妈摔跤了要送医院。我心急如焚，恨不得一秒钟飞到妈妈身边，但是我在东南三环，他们在西北五环，插翅也飞不过去呀。

我妈妈万幸没有伤得太厉害，但是全家人也是开启了几个月的照料模式，老人伤痛、行动不便，遭了罪，家里人也是辛苦。一是看病，往返交通挂号排队等候治疗，每次大家都筋疲力尽。二是大小便，去趟卫生间一步步挪，起来坐下都费劲。有一次看到妈妈腿上很多皮屑，我就问怎么搞的，妈妈很不好意思地说一个月没洗澡，不想麻烦人，我当时眼泪就下来了。

这件事让我开始关注，原来我周围有不少的同学朋友说起来家里老人都有跌倒的经历，统计数据告诉我们，老年人跌倒真不是件小事，有三分之一的老人有跌倒经历，而跌倒是造成伤害乃至死亡的首位原因。

后来我还写了一篇公众号文章，题目就是：《妈妈摔倒了，我却在城市的另一边——高龄老人卫生间适老化改造实践》，记录我母亲跌倒和康复的故事。

超过 95% 的中国老人选择在家中养老，清华大学土木水利学院杨赞教授领导的一项课题研究发现，老年人的健康状况和环境宜居性正相关，居家环境影响甚至决定老年人生活质量和幸福指数。

国内外老年人发生跌倒的情况都很普遍，2002 年世界卫生组织报告，全球有

39.1 万人死于跌倒。根据 2008 年美国疾控中心的数据显示，每 18 秒就有一个老年人因为跌倒而进入急救室。在发达国家，65 岁以上的老年人每年有 28%~35% 发生过跌倒。这个数字随年龄的增长逐步上升。据推算，我国 60 岁以上的老年人每年因跌倒发生的伤害人数超过 2500 万人次，直接医疗费用超过 50 亿元人民币，社会代价约为 160 亿 ~180 亿元。

老年跌倒是机体功能下降和机体老化过程的反应，给老年人造成巨大的身心伤害，严重影响老年人的生活质量。导致老年人跌倒的有身体、病理、心理、药物、社会及环境六大因素，因此老年人跌倒控制干预是一项社会系统工程，而环境因素是其中重要因素。

我国伴随着社会深度老龄化的是家庭小型化，高龄老人占比高，独居空巢老人超过 1 亿，超过 80% 的老人居住在超过 20 年房龄的住宅里，造成了我国的一个独特的现象——老人住老房，老旧房屋的适老化改造成为当务之急。

通过大量入户调研评估和改造的实践，我们发现最容易导致的老年人跌倒的居家环境问题包括：地面高差、空间狭小通过障碍、地面材料遇水湿滑、没有防跌防撞保护、在家遇险无法报警、如厕洗浴危险不便、照明不佳电线老化、材料环保难以甄别、破旧不堪卫生死角、家里堆满太多物品、不洁的空气和饮水、家具不适合老年人，等等，这些问题十分普遍。

有位北大教授吐槽，快速城市化 40 年，我们把城市建的特别不适合人居住。年轻人还好说，老年人的家已经不适合他们的身体变化，出门更是寸步难行。作为一个城市规划师，我以前没有过多研究住宅。自从接触并深入养老实践，我发现老年宜居环境建设应该成为行业甚至社会转型的契机和方向。我们的社会正在经历快速老龄化，我们应该做更多的事情，帮助老年人改善生活品质，也应该倡导更多的企业和社会大众，关注关爱老年群体，推动建设老龄友好社会。

也是机缘巧合，遇到另一个清华校友合伙人，她的妈妈也有跌倒经历，于是我们决定创立易享生活，业务方向是为老年人服务，进行适老化改造，消除环境安全隐患，让我们的妈妈不再摔跤，也帮助更多的妈妈们避免跌倒。

2016 年有个重要的小插曲值得一提。创业伊始，清华校友总会的陈华老师找到我们，希望帮忙翻新改造新林院七号。

新林院七号是钱钟书和杨绛夫妇生活过的地方，朴素的红砖平房，记录着清华的历史，诉说着那个时代的故事。2009 年，84 级同学集资腾迁了原住户，捐给清华校友总会，成为办公场地。

抱着“展现清华人文精神、激活建筑历史价值”的宗旨，我们设计并出资装修改造了这个珍贵的故居，成为《水木清华》杂志读者服务部和清华校友交流互助的活动驿站。翻新改造后，新林院七号举办了丰富多彩的主题活动，比如“乐康屋”的老同志们常来活动，六一节退休的老教师和孩子们一起“老幼同乐”，深情而知性的“杨绛读书会”，宣传“预防跌倒居家安全”的科普讲座，校庆时接待校友“清华名人故居游”等等，都很受校友欢迎。

为老师服务、为校友服务、为老人服务，令我的生活有了崭新的意义。位卑未敢忘忧国，清华教导我们，“为祖国健康工作五十年”，做一件小事，尽自己的一分力量，也许这份力量很渺小，很微弱，就像一株平凡的小草，努力地向上生长，不畏风雨，笑对天地，活在当下。当很多的小草团结在一起，就能让世界变得更美丽。

## 三、跨界“为老服务”实践

为老服务一做就是六七年、几千户，一发不可收拾，了解了很多老人和家庭的故事，对我来说真的是见证了人间冷暖。

和大家分享几个亲历的清华园里老年人适老化改造的案例。

还记得我进入的第一个清华老师的家，在东区，这家的女儿袁女士听了我在微信群的科普讲座，非常希望给她的父母做一次适老化改造。两位老人都80多了，都是清华的退休老教授。袁女士的父亲天天还去系里上班，没有什么业余爱好，或者说，爱好就是工作。袁女士的母亲介绍说：“我18岁进清华，现在81岁了，一辈子奉献给了清华，教了几十年书。”

这是一套典型的三居室，有几个突出的有代表性的特点，和我之后服务的很多清华家庭十分相似。一是简朴，很多家具用品都是用了很多年的，清华的老师不太追求物质享受；二是有很多安全隐患，比如地面有高差、卫生间很小很不好用、没有任何保护措施或助力设备、灯光照明较昏暗、没有紧急呼叫报警设备等等，不适合老年人生活，都急需改造；三是物品太多，每个房间都堆满了东西，严重影响空间的通过性和回转性。

尤其是三个大壁柜打开的瞬间，无法用语言形容我们的震撼：顶天立地的壁柜塞满了课本、教案、学生作业、试卷。老人说：这些东西我知道留着没什么用，但我就是不舍得扔。

给老年人做适老化改造的重头戏就是收拾东西，过多的杂物堆积在家里，长期不清理，不仅挤占日常起居空间，而且滋生病菌，影响健康，甚至导致心理焦虑。同时要充分理解老年人的苦衷，体力精力严重下降，没有多余的力气整理房间。更重要的是多年的物品是生活的见证，是生命的纪念，是毕生的心血，怎舍得丢弃！要实施适老化改造，这方面非常需要子女家属的助力。

2017年我们参与了北京市海淀区民政局“高龄老人家庭适老化改造项目”，对全区年满90周岁及以上老人住所制定评估居家环境适老性改造方案，对生活不能完全自理、需安装无障碍设施的老年人家庭进行居家适老化改造。我们承担了7个街道1300多户90岁以上老人家庭的适老化改造，涵盖中关村、清华、海淀、学院路街道，以及温泉、西北旺、苏家坨镇。其中清华街道有140多户，分布在蓝旗营、西王庄、荷清苑、东区、南区等小区。

走在清华园既熟悉又陌生的校园里，我思绪万千。上学期间，我和同学们多少次徜徉在这美丽的校园，一年四季、日出日落，为的是找寻最美的画面、拍摄最美的照片。30年后同样的校园，我们服务的老人曾经都是意气风发、挥斥方遒的老师，如今已是白发苍苍、耄耋之年，他们太需要帮助了。

这次集中改造后，我们在清华的多个居住小区都开展了适老化改造的宣传和服务，得到很多老教师和子女家庭的认可和支持。

一位79岁老师，由于卫生间的高起不小心摔倒，终于决心对整个家进行适老化改造，花了4个月时间收拾整理物品；一位74岁老师，为了82岁患心脏病的老伴能够在家更好地起居生活，决定改造卫生间和卧室，一人承担了所有工作；两位80岁高龄老师，不适应国外生活，决定回到自己的家养老，非常认可我们的理念，委托我们对全屋进行适老化改造。

还有很多老师了解了老年宜居环境知识，主动为自己的父母做改造。

这些案例带给我们很多的思考。从60岁到百岁老人，每个老人的情况不同，有自理的、半自理的、失能失智的，行走能力、患病情况、家庭环境、生活习惯等都不一样的。绝大部分老人选择在自己家里养老，如何照顾好他们，让他们安享幸福的晚年，是一项真正的挑战，需要整个社会的参与。

2019年我参加了国家民政部组织的针对全国特困高龄失能老人家庭的适老化改造研究课题，提出这项工作的重要性和紧迫性，以及在全国范围开展适老化改造的实施办法、组织保障、建议清单。在此课题成果基础上，2020年7月九部委联合发文推动各地政府实施适老化改造。政府的责任，最重要的是政策制定、宣传推广和基础保障。企业的责任是要做好品质、标准、服务和口碑。家庭的责任就是要承担孝敬父母、为人子女的本分。老年人自己观念也要改变，为自己的晚年生活负责，提前做好安排。相信更多的老人家庭将从中受益。

之前，我们做了那么多产业规划，都是理性、冷静、客观、逻辑，但养老服务，面对的是虽然衰老但依然鲜活的生命，是有人情味的。因为动了心，也是动了情，所以我特别坚定地做养老服务。

我们也见过很多老人，七八十岁还在工作，令人敬佩，他们心态很年轻，其实衰老就是从放弃开始的，我觉得养老服务是只有起点没有终点的！

在老去的这条路上，所有人都是第一次。

米兰·昆德拉名言："人生下来就这么一次，人永远无法带着前世生活的经验重新开始另一种生活。"人走出儿童时代时，不知青年时代是什么样子，结婚时不知结了婚是什么样子，甚至步入老年时，也还不知道往哪里走：老人是对老年一无所知的孩子。

不管人一生富贵或者贫穷，总有归零的那一刻，晚年是不是能够平安、幸福、美满，实际上对人的一生特别重要。我们正在做的是帮我们的父母长辈改善居家环境，陪伴他们度过有尊严的、幸福的晚年。

我非常有幸比大部分人更早接触到养老这个领域。变老，是每个人都要经历的人生过程，尤其在我们50岁这个年纪，我们的长辈已经变老了，需要我们去照顾，我们自己刚刚开始有老的迹象，更能切实体会到变老的感觉。老龄化，是我们这个国家面临的社会难题，更是人类共同面临的挑战。如何应对这个难题，实现积极老龄化，需要有志之士率先做出探索，开拓性的探索，这条路很难，鲁迅曾说："世上本没有路，走的人多了，就成了路。"路都是人走出来的，总要有先行者，坐而论道不如起而行之，实践是检验真理的唯一标准。

邱勇校长说："要做肩负使命、追求卓越的清华人。"这是清华人的重要特质，"使命"是对自身责任的自觉认同，"卓越"是一个不断超越的过程。喜欢大礼堂前日晷上刻着的四个字："行胜于言"。为老服务，是朝阳的产业，让我们永葆青春，永远充满了生命活力，永远走向上的道路！

## 四、建立适老宜居环境标准体系

我目前致力于的事业，是建设老龄友好型健康宜居的环境，能够延缓衰老，提高老年人生命质量和幸福指数。环境适老化建设是一个多学科系统工程，涵盖科普宣传、入户评估、适老设计、施工、产品、售后和持续的健康服务多个环节，保质保量地完成了所有的环节，才能有满意的结果。

我过去30年的专业经验大部分集中在城乡规划、空间和产业体系设计，因此在适老化改造的实践中，我特别注重知识体系的搭建和解决方案的探索，首创了"环境适老化改造整体解决方案"。我总结这个体系有六大行业创新特点：

创新一：首创老年人居住环境安全评估标准，对老人健康情况、生活习惯、居住条件、服务需求和经济条件进行综合评估。

创新二：填补从学科教育到家装设计的空白，提出适老化设计六原则和六要素，联合高校科研院所，积极推动产学研结合。

创新三：提高装饰装修行业精细化施工能力，制定施工标准，统筹管理流程，培训施工队伍，严控 19 个工程质检节点。

创新四：联动适老家具辅具智能产品制造商，以功能性、安全性、舒适性为原则遴选产品，并构建产品供应链。

创新五：多项目全流程标准化质量管理体系，咨询评估、适老设计、精细施工、产品适配、采购管理、送货安装、售后服务。

创新六：编制老年健康环境建设与改造标准，环境评估标准、适老设计标准、精细施工标准、项目管理流程、产品遴选标准。

居家适老环境建设不是一成不变的，应该根据老年人的年龄和健康状况，结合不同家庭环境状况、房屋存在的安全问题、建造装修年限、生活习惯、居住成员、支付能力和意愿，提供有针对性的解决方案。解决方案的设计原则、要素、标准是普遍适用的，改造内容、时长、措施、选品是因人而异的。

当老人年龄在 75 岁以下，身体基本健康，有完整居住空间，能承担较高改造费用，3 ~ 6 个月可异地居住，房屋老旧，装修年限超过 15 年，或存在重大安全隐患，或老人身体状况发生改变，房屋完全不适合老人居住，这时建议对全屋进行适老化装修，全面改善功能布局和生活动线。

当老人年龄超过 80 岁，身体虚弱，家庭环境局部有重大缺陷或安全隐患，或因生理机能变化导致生活不方便，又无法长时间离家，或支付能力有限，可考虑对局部居住环境在短时间内进行适老化翻新、改造和整理。改造工作在 2 ~ 4 周完成，期间老人应异地居住以确保安全。

当老人年龄超过 85 岁，或因病不能自理，日常随时需要照护，居住功能有一定缺失，急需功能补偿代偿，但是老人又无法离家，这种情况建议采用适老产品适配的方式解决主要问题，老年产品包括不限于适老家具、康复辅具、安全扶手、智能产品等，安装组装只需几个小时即可完成。

需要强调四个理念：第一，适老化改造不等同于装修，装修作为其中一种解决问题的措施，根据具体情况选用；第二，建筑、室内、精装、部品、辅具一体化，综合评估、设计并实施，设计的过程就是分析和取舍的过程；第三，尽量保持原有空间记忆最小改变，适老化先于无障碍，优化主要空间解决主要矛盾；第四，标准化思维和产品化导向，才能解决千家万户的多样性问题。

养老服务是真正在实践“为人民服务”这五个字。“以人为本”是一种价值观，是一种行动，是所有的细节，是讲究“孝心 + 爱心 + 良心 + 匠心”的工作，保证质量的唯一办法就是推动全行业提升，要靠国家、社会和家庭全体动员，广泛宣传动员、弘扬“孝”文化、制定扶持制度、建立标准规范、加强行业管理、启动学科教育、培训职业人才。

近几年，由于从事“为老服务”工作的原因，有很多机会回到清华校园，一次又一次感受她的“母爱”，每次都给我安慰和力量，令我平静而坚定。所谓“母校”，既是传播知识的殿堂、开启心智的钥匙、迈向世界的大门，又如母亲般春风化雨，博大包容。她爱她每一位孩子，无论孩子成功或者平庸，她永远在那儿，给孩子们最大的支持和赞美。

清华，是我一生的领航员和守护者。清华相伴，砥砺前行，今天和每一天，真实充盈，未来可期。感恩母校！祝福母校！使命常在，精神不朽！

前半生做城市学问，后半生干养老事业。我是来自清华87级的学生李文捷。

作者毕业照

作者当年照

作者近照

## 邓焕彬（水利系 水资7）

学术型管理人员，现任惠州市水利局党组书记、局长，一级调研员。

# 把理想信念扎根于祖国大地

光阴似箭，日月如梭。转眼间，已从清华本科毕业30年。作为芸芸众生中的一员，回眸半生，我走出山沟走进清华园，再回到家乡搞建设，践行“行胜于言”的校风，坚定无悔且充实。

### 一、扣好人生的第一粒扣子

人生道路，总会被那么几句话深深影响着、指引着，虽历久而弥新。对我而言也深有体会。那是在36年前，1986年初，一辆破旧的大巴摇晃在山区小镇蓝塘镇通往惠阳地区行署所在地惠州的崎岖山路上，车上一老一少的师生侧着身子聊了起来。“焕彬，这是你第一次出远门，我们家乡为什么穷？看看这些又陡又弯又险的山路就明白了。”“老乡都说走出杉树坳，就是跃出山门，读好书就是我们山里人唯一的出路。”“你读书用功，这次作为学校唯一代表参加全国中学生物理竞赛是难得的机会，相信你一定会取得好成绩，我不怀疑你的实力，这里我倒是有个问题，读书的目的是为什么，你思考过没有？”学生回答说：“老师，您刚才不是说了山里人读书的目的就是要跳出山门吗？”老师笑着说：“走出杉树坳，走到外面的世界，是为了学到更多的知识和本领，学好本领不能仅为自己个人的所谓事业，这是非常狭隘的观念。一定要把学到的知识和本领，奉献给祖国和人民才有意义，你要明白周恩来总理提出‘为中华崛起而读书’的精髓所在。”老师一边语重心长，学生一边倾听并默默点头。“评价一个人的事业是否成功，并不是你有多少财富，而是你对社会作出了哪些贡献”，老师接着说，“对社会有贡献，并不是虚的概念，有很多种方式，行行出状元，做勇攀科学高峰的科学家可以，做建设祖国的工程师也可以，比如说修桥造路、修善积德，修好我们走的这条路，让更多的人走出大山，让家乡的父老乡亲过上好日子，也是一条很好路子。”“当然，要想为社会多做事，首先要听党话、跟党走，党的根本宗旨就是为人民服务，你要在党的指引下，做又红又专的人，才能更好为人民服务，实现人生价值。”

老师一路循循引导，作为学生的我茅塞顿开，立志做一个对祖国对社会有用的又红又专的人才，成为了我的人生追求，人生的第一粒扣子就这样扣上了，是那么朴实真挚，永铭于心，未曾改变。

## 二、勤奋比聪明更重要

这个世界从不缺聪明人，要立志做一个“笨人”，把勤劳摆在第一位。爱迪生也说：“天才是百分之一的灵感，再加上百分之九十九的汗水。”有人问我，你怎样能够从一个连县重点中学都不是的普通乡镇中学考上清华大学的，难道是天分过人？其实，我深知自己是很普通的人，要想读好书，取得好成绩，勤奋比聪明更重要。学习没有捷径，唯有多下苦功夫，别人读一遍，我读三遍，一定要搞懂弄通，绝不敷衍了事。要克服一切困难，不吃饭、不睡觉都要学习钻研，只有比别人花费更多的精力和汗水学习思考，才能取得比别人更好的成绩。这些习惯，不仅在上学的期间，后来在工作中我也一直保留着。我一直认为学习要理论联系实际，学以致用、以用选学，才能学到真本领，不断提升自身素质能力，更好地为经济社会发展服务，这也是激励我三次走进清华门的动力源泉。我感觉在清华不仅要学到知识和本领，更重要的是学到“自强不息、厚德载物”的清华精神。这种顽强拼搏、力争上游的精神，一直激励我前行，每当感觉到动力不足的时候，我喜欢回母校走一走，就会产生充足了电的感觉，又可以满腔热情地投入工作。无论工作日还是假日，我不太愿意闲着，每天都想保持“不下班”的工作状态，这种习惯一直保持至现在。有时在假日，朋友问“你在哪里呀？”“在办公室。”“又加班呀？”“是在上班，没有加班。”我想人生的时间是有限的，要尽量把时间用在干事情上面。清华提出为祖国健康工作五十年，我要以别人双倍的努力，也相当于争取双倍的时间去实现工作五十年，履好这个约。

## 三、基层是一片广阔天地

每个人都有自己的路，每一条路上都有不一样的风景，关键要踏踏实实、满怀信心地走。在“八十年代看深圳、九十年代看惠州”的感召下，1992年，我乘着小平南方讲话的东风回到家乡广东惠州，也可能是全班同学走到最基层的一位。首先在交通部门工作，主要负责交通规划计划和工程建设项目监督管理，兑现我为家乡修桥造路的儿时梦想。要修什么路？怎么修好路？是我要思考的问题。毛主席说“没有调查就没有发言权”，我常常利用周末到基层调研，几乎走遍了惠州的每一个山村，全面掌握真实路况，手绘出全市的交通图，哪怕是一条条小小的村道，其中都清晰可见，有效促进了全市的公路建设。在此基础上，我主持编制了惠州市的多项交通发展规划，比如提出“五横三纵”高速公路网规划，指导了惠州近 20 年的高速公路建设。至 2020 年底，近千公里的“五横三纵”高速公路网全部建成，为惠州经济发展提供了有力支撑，其中有一条高速公路直通老家，实现了山里人的梦想，也算给老师有了一个交代，心里油生一丝安慰。同时，我不断总结实践经验，编写出版了《农村公路建养管理实务》《公共基础设施 PPP 项目管理》等 5 本专著。在交通部门工作 25 年多，见证了惠州交通许多发展奇迹，高速公路、高速铁路、普通铁路、城际轨道、沿海港口、民航机场都是从无到有、上规成网，公路通车里程翻了两番，康庄大道遍布乡村大地，现代综合立体交通运输体系基本成型。惠州的发展也是全国发展的缩影，作为其中的参与者、建设者，我由衷感到高兴和自豪。

2017 年末，我被调到惠州市政府办公室从事政府文稿和经济社会发展研究工作，对我来说是全新的挑战。政府工作涉及方方面面，要有很宽的知识面，需要保持很强的求知欲，加强各方面知识学习，才能写出好报告。我通过加强基层调研，夜以继日潜心研究分析各行业经济数据，全面掌握全市经济社会发展状况，提出了不少真知灼见供市领导决策参考。在 3 年多时间里，团结带领同事们，撰写了 2018—2021 年惠州市政府工作报告、60 多篇调研分析报告，800 多篇领导讲话稿和参阅材料，以文辅政，服务发展。

## 四、把人民群众放在第一位

2020 年春节前，新冠肺炎疫情突如其来。经历了这场惊心动魄的抗疫大战、历史大考，在同时间赛跑、与疫魔较量的过程中，我又一次深深地感受到我们党和国家的伟大，体会到每一个平凡的岗位上都有非凡的意义。那是 2020 年 1 月 18 日，接到信息称惠州已发现首例新冠肺炎阳性病例，我作为协调医疗卫生工作的市政府副秘书长，第一时间赶到收治病例的惠州市中心医院，向专家了解疫情，得知该病类似 2003 年的“非典”，目前还没有特效药治疗，马上明白一场没有硝烟的战争已经打响，要尽快组织构筑起全民防疫的坚固防线，我责无旁贷要冲在防疫最前线，保护好全市人民的健康。鉴于事态严峻，市里当即就成立了以分管副市长为组长的市政府防疫工作领导小组及相关工作组，启动疫情防控阻击战。随后该领导小组升级为以市委书记为组长，下设办公室，简称市防控办。我任市防控办副主任、总联络人，具体负责综合组工作。市防疫办就像作战参谋部，统筹调配全市防疫力量协同高效运作，形成合力应对疫情。此后的近400天里，我一直坚持“5+2”“白加黑”，坚守在防疫第一线，以办公室为家，经常工作到深夜，昔日车水马龙的大街只有我一部车冷清清地走，心情难免沉重。尤其难忘的是2020年1月24日除夕晚，我们仍在办公室坚守，工作人员无法找到仍在做生意的饭店打快餐，只好买来麦当劳汉堡作为年夜饭，当时心想有机会守护人民的健康，牺牲点个人的休息时间，哪怕是除夕夜也是非常值得的。为做好疫情防控工作，我认真学习领会习近平总书记关于疫情防控的系列重要讲话精神，学习掌握有关新冠肺炎的防控知识以及国家和省有关工作指示，结合惠州实际，根据疫情变化，研究拟订各项防疫对策措施，为全市开展疫情防控和复工复产提供有力有效保证。坚持科学防疫，善于利用现代信息化技术，开展疫情大数据分析研判，在突发公共卫生事件应急响应Ⅰ级、Ⅱ级阶段每天出一期疫情研判报告，给市领导及时做好疫情科学决策提供参考。主导编制惠州一系列防疫大数据系统（惠州防疫通行码、惠州防疫健康登记、社区防控跟踪管理系统、境外来惠人员管理系统、跨境货车司机来惠提前申报系统等等），科学精准开展疫情防控，大大提升了工作效率。做好疫情信息上传下达、左右沟通工作，保障全市疫情防控工作协调统一，每日主持召开各工作组联络员例会，认真落实上级防控措施和领导指示要求，果断协调处理遇到的问题困难，对惠州在珠三角率先实现新冠肺炎确诊病例动态清零、实现患者“零死亡”、医务人员“零感染”的抗疫成果作出了一定贡献。2020年9月，我荣获广东省委、省政府表彰的省级抗疫先进个人。

## 五、为群众办实事是永恒的

35年前的那场谈话，老师“要对社会作贡献”的教诲，始终萦绕在我的心头。不管是做学问也好，还是从政也好，始终都要多做有利于社会、有利于人民的事。去年底，考虑到我在清华是学水利的，市里提倡专业人干专业事，组织上又把我安排到惠州市水利部门工作。实际上，我虽然学水利专业，但一直没有在水利行业工作，现在又要重整行装再出发。到水利部门工作后，我继续发扬自己脚踏实地、勤调研爱钻研的作风，第一时间深入一线调研，了解水情民意，认真研究分析水利发展形势，编制了惠州水利发展“十四五”规划，提出“打造水利强市”的总体构想。在我看来，水利行业与交通行业一样，都是支撑和保障人民幸福生活的公益性行业，只是从不同角度造福人民。就像在一个足球队里，交通是进攻队员，每建成一条路，就像进一个球，正向拉动经济发展，因此交通人要多修路多进球；水利是防守队员，护卫着人民群众的生命财产安全，每被水淹一次就是失一个球，水利人就是要筑牢防线争取少失球，为经济发展保驾护航。无论交通还是水利，都在为群众办实事，心是永恒的。

2021 年 4 月，习近平总书记在清华大学考察时强调，要实学实干，脚踏实地、埋头苦干，在肩负时代重任时行胜于言，在“真刀真枪”的实干中成就一番事业。我深知，前面的路不可能是平坦的，必定充满着挑战和希望，唯有不怕困难，在每一个平凡岗位上，敢于担当、迎接挑战，大胆创新、奋力拼搏，才能做出优异业绩，报效祖国和人民。

**崔基哲（土木系 结 72）**

“大学生就业帮扶训练”公益项目负责人，佛山启智社工服务中心理事，居住北京。曾任三星（中国）市场部经理、北京大学社会责任研究所副所长等。

# 激发高校及我们八七同学人文红利的方法

“人文红利”的概念由清华副校长、我们八七级同学杨斌于 2017 年首次提出，认为我国“人口红利”基于人的数量，已经过时；“人才红利”基于人的质量，会成为我国重要优势，而新时代更需要激发“人文红利”（《北京日报》，2019 年 10 月 14 日），关注的是群体（《中国发展观察》，2020 年第 11 期）。

我出于做大学生综合素质培训的职业敏感性，认定“人文红利”概念对每一位个人（包括我们同学）和他所属家庭、企业或机构、各类群体（包括我们同学）及全社会都有重大意义。

要想激发人文红利，就要让大家理解人文红利、传播人文红利，且要有更高效激发措施。（任何群体在任何时间，人文红利不是有没有的问题，而是能激发多少的问题。）

## 一、人文红利字面理解

我认为，人文红利是各类群体因人文环境较好而获得的红利（对人文红利的理解，每个人可以见仁见智）。

（一）各类群体

最小群体可以是一对恋人、家庭，最大群体是全社会，中间还有企业和各类机构。我们八七同学也是一个群体。这些群体有紧密的，也有松散的。

（二）人文环境（与人文红利）

各类群体人文环境表现为成员关系。

人文环境较好的表现是成员关系和谐，一起上进，就会获得人文红利；群体成员只有和谐，没有一起上进，是人文零利；群体成员不和谐，内耗较大，是人文负利。

一个群体人文环境较好的关键是不把自己和对方只视为达到群体目标的“工具”，而是关注自己和对方本身（满意度）。杨斌也强调这一点。很多时候，很多人作为特定目标的“工具”的作用与他本人满意度发生矛盾，这就需要（创新）解决，这是人文真谛所在，必能获得红利——人文红利。上述两者发生矛盾时视而不见，隐忍下去，保持平静和谐，就不会有人文红利，是人文零利。上述两者发生矛盾，发生内耗，是人文负利。

## 二、提出人文红利概念的重大意义

“人文红利”将社会科学范畴的“人文”和经济范畴的“红利”绑在一起，其意义不亚于甚至超过自然科学和经济相互促进发展。

到目前为止，人们往往把“人文”视为挣钱（获得红利）的自然结果，为挣钱（红利）而牺牲人文，结果多数人是钱没挣到多少，还失去身心健康和幸福人生。

提出“人文红利”概念可以让人们明白“人文”是带来红利（挣钱）的重要源头，促使恋人、家庭、企业、全社会等各类群体重视和改善人文环境，激发人文红利，实现共赢，而且促使高校将“人文”教育的重视度提高到和自然科学学科和各类专业课一样的高度。

显然，各类群体激发人文红利的关键是群体成员具备解决上述两者矛盾的能力，是基于人才红利。高校是培养各类群体所需人才的关键所在。下面我根据自己从事的工作，从宏观和微观层面探讨全国高校和我们八七同学激发人文红利的若干措施。

## 三、激发各高校和我们八七同学（群）人文红利的具体措施

在我的事业规划里，激发高校人文红利和激发我们八七同学（群）人文红利有密切关系，相互促进、共赢。

### （一）激发高校人文红利的若干措施

高校要激发人文红利，首先要让每一位大学生知道“人文红利”概念及其重要性，其次要在大学生之间形成良好的人文环境——相互交流文化。

#### 1. 各校开展各类人文红利训练，加强大学生校内交流

大学生校内人文红利训练交流分四级：舍友人文红利训练交流、班级同学交流、院系内跨年级交流、全校跨院系跨年级交流。

交流需要优质话题。优质话题可以由学生自己提出，也可以由“大学生就业帮扶训练”公益项目提供。此公益项目由我发起，以后会将名称改为“大学生人文红利训练”，这样改名更名副其实（以下简称“公益项目”）。

公益项目提供的优质话题（很多案例和观点）覆盖恋爱、朋友关系、法律常识、未来职场等诸多领域，知识产权属于我。未来，其他人也可以提供优质话题，公益项目会支付知识产权费。

公益项目现在等来很好的“天时”—— 教育部思政厅于 2021 年 7 月发布“关于加强学生心理健康管理工作的通知”（教思政厅函〔2021〕10 号），此通知与以往不同的主要有以下三点。第一，要求高校建立“学校 — 院系 — 班级、宿舍 / 个人”四级心理健康预警网络（以下简称“四级预警网络”）；第二，鼓励大学生同学间朋辈帮扶；第三，要开设心理健康必修课。

前述人文红利训练是以上三项的很好解决方案。简要地说，高校将前述四级人文红利训练设为心理健康必修课或必修课外作业，就可以搭建四级预警网络，还可以有效推动大学生同学间朋辈帮扶，这就是激发人文红利的一种表现。（更多详情略）

大学生宿舍制度是我国高等教育一大特色，宿舍人文红利训练可以使这一特色发挥极大优势。

公益项目正在和北京 N 学院心理健康中心洽谈上述内容。

一两年后，参加前述训练的学生在心理健康、就业等多方面获得的人文红利可以量化为数据，就对后面学生更有吸引力。

还有一点，我们在全校跨年级跨院系人文红利交流训练上向大学生提出“六一目标”—— 每一位大学生，在每一个年级、每一个院系、每一个班级，至少认识一位同学，交流一次以上。一个大学如能做到这一点，全校毕业生就能成为一个整体，增加校友之间的凝聚力，增加信任感，带来极大的人文红利。

上述目标，在人才红利层面或大学生心理健康层面上可以说是奢望，但从人文红利层面是基本要求。

大学生人文红利训练除了是教育部“关于加强学生心理健康管理工作的通知”（教思政厅函〔2021〕10 号）的很好解决方案之外，还有以下政策支持。

第一，我国一直都非常重视大学生创新创业教育。2021 年 10 月，中共中央、国务院专门下发文件要求高校加强大学生创新创业教育。创新创业需要思路碰撞，思路碰撞需要相互沟通文化——宿舍人文红利训练、跨院系、跨年级的校友人文红利训练等。

第二，2021 年 6 月，中共中央、国务院提出共同富裕。各类人文红利训练促进相对富裕和相对贫困的大学生一起交流，是共同富裕重要途径之一。

第三，2017 年 2 月中共中央、国务院提出全员育人、全程育人、全方位育人，简称“三全育人”。对大学教育而言，大学生都是成年人，在全员育人中应该成为互相育人的主角。人文红利训练可以实现这个思路。

第四，2018 年 7 月，团中央和教育部发文要求各校开展第二课堂，作为高校共青团改革的重要举措。前述北京 N 学院规定 2020 级开始修满第二课堂学分方可毕业，就是由团委主管第二课堂，批准“宿舍人文红利训练”成为第二课堂内容之一。

第五，大部分高校都在做大学生综合素质评价，其目的是打破唯分数论，但是含前述北京 N 学院在内的大部分高校都是以成绩为主。前述人文红利训练可以开启大学生综合素质评价新局面。

高校各类人文红利训练可以为高校创新创业教育、国家共同富裕、三全育人、第二课堂、大学生综合素质评价提供有力支持。

北京 N 学院将成为高校激发人文红利的第一个示范基地。未来，“大学生人文红利训练”公益项目在全国高校复制此模式，有效推动各类人文红利训练。

2. 加强大学生跨校交流

大学生跨校交流的重要性不言而喻。在人才红利层面，这是可有可无的“选修课”，但在（全社会）人文红利层面，这是必须做好的“必修课”。理论上，我们不应该把各类大学分为三六九等；实际上，这样的差距已经形成。鼓励甚至硬性规定名校学生在第二课堂上必须和非名校学生交流，且提出量化要求，就有利于减少名校和非名校的差距。这可以视为高等教育上的“共同富裕”。

跨校交流，目前有些高校已经开始在第一课堂上跨校承认学分，但限于少数学校之间。比如，清华和北大互相承认学分不难，但是清华和其他高校互相承认学分就有难度，因为清华承认其他院校学分的可能性很低。

大学生在第二课堂上跨校交流很多案例和观点，名校和非名校相互承认第二课堂效果就不难。无论是从全社会的角度，还是从学生个人的角度，名校学生和非名校学生都需要相互交流。

公益项目可以鼓励大学生在我们项目上跨校交流，也有具体措施。同时我们希望得到各地高等教育主管部门支持，要求所有高校学生在第二课堂上须与当地其他高校定时定点交流会多少次以上，甚至可以详细规定须参加几所 985、211、双一流高校及非 985、非 211、非双一流高校多少次定时定点交流会。比如，北京有 80 多所高校，其中 8 所 985 高校、26 所 211 高校、几十所双一流高校，其余是非 985、非 211、非双一流高校，教育部（或北京教委）可以规定 985 高校学生每年要参加 10 所非 985、非 211、非双一流高校定时定点交流会。“钉钉”等现有考勤系统完全可以给予支撑，或者专门开发新的考勤系统也可以。

此项措施需由教育部或各地相关部门推动，像我们这样的民间公益机构很难推动。

3. 各高校各地生源尽量要平衡

目前，大部分高校本省（市）生源比例占大头。以北京 N 学院为例，北京生源占 60%，某班占 90%。同时，绝大部分北京考生在北京上大学。

浙江大学 2020 级学生本省生源将近 50%，而该省高考人数在全国总人数中只占 3%。吉林大学 2020 级本省生源占 20%，而该省参加高考的人数在全国只占 1.4%。大部分高校情况类似。

在北京 N 学院推动前述公益项目的学生来自贵州，2017 级。2013 年他们报志愿时大部分同学选择本省高校。他说，自己来北京上学经济压力确实比在本省上学的同学大，但自己能感觉到自己视野更广。

欠发达地区需要和发达地区交流生产经营和生活理念，发达地区和欠发达地区的学生相互融入上大学有助于两类地区相互交流。

欠发达地区的学生去发达地区上学在经济上会有较大压力，这可以通过助学贷款等多种途径解决。发达地区的学生不太愿意去欠发达地区上大学，这一方面需靠硬性指标，另一方面需要好好讲解利弊。

此建议实际操作也许有很多困难，在人才红利层面也许可以当做茶余饭后的闲聊，但是在“人文红利”层面，相关部门值得认真研究和探讨。

激发高校人文红利也许还有其他措施，希望各位同学和其他相关人员深入思考、落地。

（二）我们八七同学（群）激发人文红利的方法

激发我们八七同学（群）人文红利，一方面要让我们同学都知道和理解“人文红利”概念；另一方面要增加互相了解，促进相互合作，比如我了解到材料系黄超同学做乡村旅游、建筑系李文捷同学做住宅（卫生间）适老改造，就可以通过前述公益项目向大学生宣传他们项目，他们项目受益挣了钱，就可以捐赠善款支持公益项目。这样不仅我和他们个人受益，而且可以使我们同学（群体）为社会做更大贡献。

我们同学，工作上基本上可分以下几类：有些人在大企业任职，有些人自主创业，有些人在体制内（含公务员和准公务员），有些人已实现财务自由，寻找下半生方向……生活上，大部分同学已婚、有子女，有些同学子女已婚有孩子，有些同学子女尚未结婚，有些同学子女正在上大学或即将上大学，也有同学是身体不好，早退在家，生活艰难……总而言之，各位同学在工作和生活上既有不同的需求，也有共同的需求。

下面我结合自己工作内容，尽量考虑多数同学需求，提出以下两项激发我们同学人文红利的方案。

1. 各地同学定期聚会

在疫情前，北京我们同学有“三三聚”——每个月第三周星期三晚上，有时间的同学一起聚一聚。我们一起去过物理系孟宪和同学的公司，了解他做的政府项目咨询工作。发生疫情后，“三三聚”暂停。

我们北京同学“三三聚”由材料系杨璟同学发起，是从我们86级况杰师兄举办了十年的“二二聚”学来的。“二二聚”是固定时间、固定地点，和前述公益项目的“定时定点”交流会差不多，不限年级。有时候他不在北京，也不耽误其他校友聚会。

各地同学也可以复制此模式，每位同学都跨系认识几十人，那我们八七同学2000多人就会形成紧密的人脉网络，这是激发我们同学人文红利的重要基础。

2. 激活我们八七同学公众号

在让我们同学都知道和理解“人文红利”概念，以及增加互相了解，促进相互合作方面，我们同学公众号都能起很好作用。

我们八七同学早有公众号，截至2021年11月17日，公众号最后一篇推送是6月2日发布的“八七级秩年庆祝活动正式启动”；前一篇是在2019年4月22日发布。

以后我们激活公众号的关键是要有足够吸引同学的内容，可以来自我们同学的投稿，作为这次出版纪念文集的延续，可以由上学期间故事、创业故事、职场故事、生活故事为主，生活故事可包括夫妻故事、亲子故事、朋友故事、消费旅游故事、锻炼身体故事等。这样会吸引很多同学们看。

我们八七同学70多个班、2000多人，很多人可以不写，有些人可以多写几篇。稿件较多，公众号每期可以多发几篇，稿件较少，就每期只发一篇。

不管稿件是什么内容，作者简介都可以写现在业务，以便其他同学了解，寻找合作机会，激发人文红利。

公众号还可专门介绍“人文红利”，以及我们同学之间激发人文红利的事例。

据我所知，清华校友每个年级都有公众号，但基本都不怎么活跃。各年级公众号可以互相转发好文章、好故事。这样各年级公众号都更好运营。

最好是一个人专职管理各年级公众号，专职管理人员也可以采访各年级特定同学。有故事但文笔不太好或没时间写的同学可以申请采访。各年级基金分摊此人工资。

发稿人或被采访人受益了，可以捐款给我们同学基金（或各年级基金）。

其他高校各年级都可以复制上述模式，成为全社会有效激发人文红利的一项措施。

3. 充分发挥我们八七同学互助基金作用

据我了解，我们同学互助基金起始资金有 50 多万元，基金成立以来资助过两三位我们八七同学（各 1 万元），另外资助过一所和我们同学有关的希望小学，现在他们不再需要资助，这次秩年筹备会还讨论过以后资助什么项目。

建筑系齐建会同学和几位朋友在新疆喀什成立了一家慈善机构——彩虹康复中心，资助当地脑瘫儿童康复训练。我认为，我们同学基金可以资助这样的项目。

不过，目前我们同学基金的关键优势不在真金白银，而是在“清华（八七同学）”。真金白银是“1”，“清华（八七同学）”是“0”，两者合起来，可以是“10”、“100”……

我们同学基金支持可发挥此优势的项目，类似于只出名不出钱的战略投资，使基金在若干年后实现几十倍、上百倍增值，每年利息收入达到上百万，就可以给需要的同学和慈善项目实质性帮助，还可以为社会做出更多贡献。

下面我提出三个落地方案。

（1）支持前述“大学生人文红利训练”公益项目。

前述公益项目在全国高校（学生）推动“人文红利”训练，复制北京 N 学院模式开展相关活动，未来影响力会很大，是公益打开市场，商业后面收成的模式，我们同学基金支持此项目可发挥前述优势，达到前述目的。

支持金额，小于或等于我个人给我们同学基金捐款的金额就可以。

实际上，此公益项目开展的各类人文红利训练都不需要资金支持，得到我们同学基金支持就会更好，比如在各高校设立“人文红利训练奖励金”，奖励金可多可少（金额≈我个人捐赠给我们同学基金的金额）。【注：目前“大学生人文红利训练”公益项目由佛山市启智社会工作服务中心主办（我是该中心理事），（教育部）高校毕业生就业协会核心能力分会协办，得到北京京华公益事业基金会支持，在北京市民政局备案，入住腾讯公益平台。】

我们同学基金支持公益项目，能在以下几个方面使我们同学受益，激发更多人文红利。

首先，我们每一位同学都可以向我提供优质案例，进入训练课件的，我们提供知识产权费，和公益项目带动的商业收入有关，有可能是一二百元，也有可能是几万元。

其次，有些同学本人或子女需要将自己产品或服务向大学生或大学生父母或爷爷奶奶宣传，公益项目可以名正言顺地给予宣传。这些同学受益后可以捐款。

公益项目可以向大学生介绍齐建会同学的“彩虹康复中心”及脑瘫儿童康复训练项目，请在公益项目中受益的学生捐款。公益项目学员都是受益者，每人免费享受价值 495 元或更多的案例和观点，是公益善款替付（此公益善款不是来自我们同学基金，而是来自其他捐款）。受益者为他人捐款是“必须”履行的义务，捐多少、捐给谁是他的权利。我们同学以多种方式支持公益项目，广大大学生从公益项目中受益，那么很多大学生会愿意把力所能及的善款捐赠给我们同学参与或主导的公益慈善项目。

第三，有些同学需要招部下，可以得到优秀员工或合适员工。有此需求的同学可以直接告诉我招聘需求，我向当年应届生和往届毕业生学员宣传，推荐。这些同学受益后可以捐款。

第四，有些同学子女正在上大学，可以和本校心理健康中心（老师）联系，介绍宿舍人文红利训练交流、班级内交流、院系内跨年级交流和全校跨年级跨院系交流训练，使其成为教育部“关于加强学生心理健康管理工作的通知”（教思政厅函〔2021〕10 号）的解决方案。这是兼顾就业的零成本创业。（注：公益项目带动商业项目，公益做事，商业收成。）这些同学受益后可以捐款。

子女年龄离上大学还较远或子女已经大学毕业的同学可以推荐身边亲人或亲朋好友的子女。

第五，有些同学子女即将上大学，他们上大学后参与我们项目，可以有效提高综合素质。

另外，我在“大学生人文红利训练”公益项目稳定后就会启动“婚恋人文红利训练”公益项目，我们同学已婚或未婚的子女都能受益。

在大企业、政府机关和事业单位任职的同学在工作上的需求，我以后可以深入了解，结合前述公益项目，以激发我们同学（群）或相关机构人文红利的方式提供支持。欢迎相关同学和我联系！

我们同学基金支持前述公益项目就有可能成为公益兼顾商业的响亮品牌，使我们每一位同学直接或间接获得的人文红利最大化。

这样的公益带动商业的项目，可以通过我们同学寻找，每一位同学平时留意就有可能发现。

我们同学基金支持这样的公益带动商业的项目实际不出资金，和其他公益慈善项目不冲突，比如可以另支持建筑系齐建会同学发起的“彩虹康复中心”慈善项目或其他项目。

（2）为我们同学项目做信用背书。

前面提到一位同学做乡村旅游项目。做类似项目的同学可以向我们基金交一定的信用保证金（比如 5000 元），然后我们同学基金可以向他们顾客承诺：万一发生纠纷就可以向我们八七同学联络中心申请协调，联络中心安排专人介入。（此人可以是我，前述公益项目需要此类案例，我可以将此事当一项工作来做，免费。）如果责任在我们同学，我们同学互助基金就先赔偿 5000 元，金额与该同学事先交的信用保证金一样即可。我和做乡村旅游项目的同学交流此想法，他认为这是很强的信用背书。

以后该同学如不需要此信用背书，就给他退还保证金。

如有同学需要信用背书但资金困难而无法交信用保证金，我们同学基金就可以先提供 1 万元以下信用背书，如果他真是有心无力赔偿，同学基金就当资助一位困难同学。所需程序可以和现在资助困难同学一样。

此信用背书可以在前述我们同学公众号上公示，得到信用背书后违背诚信的同学也被公示。更多细节以后探讨。

我们同学获得信用背书后挣了钱就可以给基金多捐善款。

上述设想，我原来想通过公益项目实现，即企业捐赠善款给公益项目（善款进入前述基金会），公益项目向学员宣传该企业产品和服务，我个人提供相当于该企业捐款金额的信用背书（在基金会资金管理规定上，前述基金会不可能给捐款者提供此信用背书）。如此操作对公益项目学员也许有效，但对其他顾客的效果大打折扣，而且无法帮助暂时交不起信用保证金的同学。我们同学基金没有正式注册，不受管理规定限制，可以提供此信用保证。

此举措会为构筑我国民间信用体系助一臂之力。

（3）建议我们同学基金更名为“清华八七同学人文红利基金”。

目前我们同学基金名称是“清华八七同学互助基金”。“互助”只体现我们同学受益，未体现社会责任。实际上我们同学基金不仅互助，还资助（和我们同学有关的）希望小学，以后可以支持其他公益项目，积极参与社会贡献。“人文红利”包括原来的“互助”，而且直接体现社会责任，更有利于扩大社会影响力，使每一位同学受益更大。

基金更名后支持“大学生人文红利训练”。比原名称“大学生就业帮扶训练”更名正言顺；给我们同学信用背书，也更能体现社会责任，而不仅仅是我们同学互助，而且更有利于向大众宣传人文红利。

## 小　　结

以上三项措施可以分开考虑，不必绑在一起。更名后实施前两项措施对人文红利概念传播与激发更有力。

希望各位同学继续思考更多激发我们同学（群）人文红利的方案；有其他具体需求的同学可以和我联系或向我们同学联络中心反映，探讨解决方案。

希望以后未能享受我们同学联络中心人文红利的同学和我联系，我们可以一起探讨享受人文红利的方案。

## 结　　语

人文红利对每一个人、对每一家企业或机构、全社会共同富裕都很重要。

但是截至 2021 年 10 月 28 日，我在中国知网上搜索以“人文红利”为主题的文章和论文，中文只有 3 篇。这说明人文红利在国家、企业（机构）和个人层面都尚未引起足够重视，未能得到有效激发。

人文红利不是顺其自然就能等来的，而是要大力推动，就像人才红利是大规模扩大高等教育规模而得来。希望本文在激发各群体人文红利上能起启发作用。

作者毕业照

作者最近同学照

# 综合类

朱清泉

郭海滨

陶民

赵富琚

足球是圆的

邱兵

**徐卫东（工物系 工物72）**

现任北京瑞新世纪科技有限公司总经理，负责报刊发行。曾供职《中国计算机世界报》、eNet硅谷动力网站等，喜欢围棋、集邮、乒乓球等。

# 三十春秋光与电

## 记水木清华萌发的数码情怀

30年前的1992年，我还住在清华园13号楼东侧的工物系宿舍四楼，西边是水利系，北面是十四食堂。自1987年入学至今已跨越了35年，而我的数码历程的源点就是水木清华。

### 一、清华园三件宝

谈到数码情怀，起源于计算器，记得20世纪70年代末全国数学竞赛的冠军奖品就是计算器，给少年时期的我留下了深刻的印象。入学头一年我买了一台二手的夏普计算器，这台有三角函数、指数计算的小宝贝花了我20元，我在它的左上角默默地刻上了自己的住址，并作为大学三件宝一直珍藏至今。

大一买进的二手计算器

另一件是电子工艺实习时焊接的半导体收音机，能收听十几个台，也是令高晓松因播不出台而高唱《国际歌》的那个物件。

还有一件则是金属工艺实习时制作的开酒瓶的起子，直到现在还在偶尔使用。

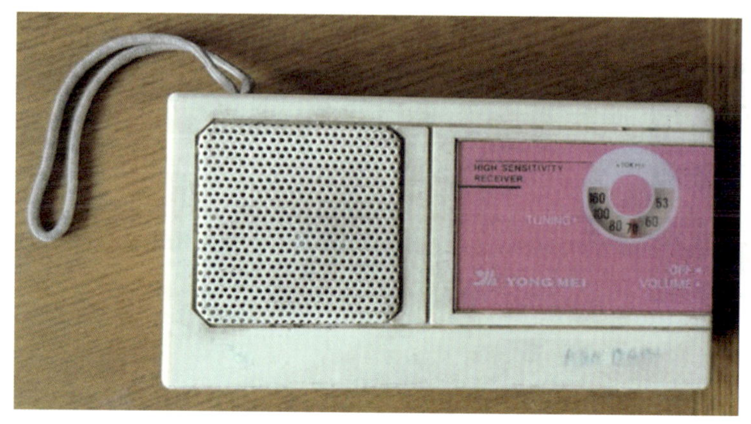


大三制作的半导体收音机

大四亲手打磨的小起子

## 二、“大个头计算器”及各类语言

物理学家发明的计算机在高中时期被我认为是“大个头的计算器”，并未勾起我太大的兴致，那时搞不懂这家伙除了计算速度快些还能有啥特长？没承想随后这种支持各种编程语言并实现了信息共享的数码神器却陪伴了我几十年的时光。刚来清华园，走进工物系馆的计算机室中，桌面上那齐刷刷摆放的 20 多台原装 IBM PC 令我眼前一亮！在精密而又略显枯燥的核电仪器堆里的这些另类，真正开启了我的数码之旅。

那时工物系的机房在全校 26 个系里小有名气，据说仅次于计算机系和无线电系。这些机器大部分是 8086，没有硬盘，只能使用 5 英寸的软盘，直到 1991 年快毕业时工物系机房里才拥有了 286。

那时工物系的计算机课程挺多的，开门见山的是平易近人的 BASIC 语言，那位年轻的女老师被班里同学戏称为“小 Basic”；后续的还有晦涩严格的科学计算类 FORTRAN 语言、灵巧的支持递归算法的 PASCAL 语言。相比于这些高级语言，给我留下更深影响的是相对低级的汇编语言，看到用原始代码编出的程序令红彤彤的太阳在屏幕上一步步升起时，心中有种喜洋洋的满足感！

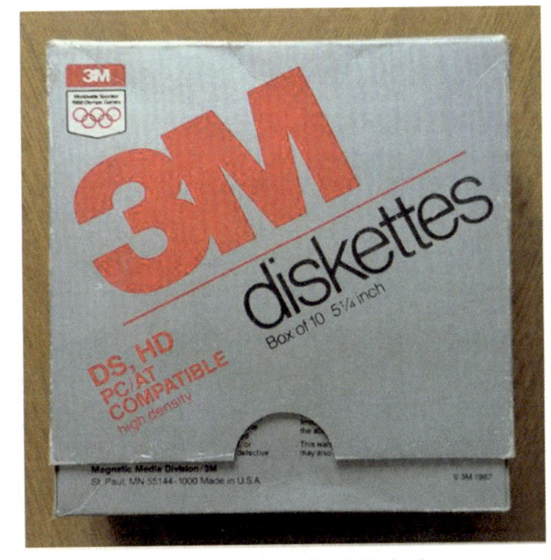

当时用过的 5 英寸软盘盒

在大四时有一门课程叫作“蒙特卡洛方法”，这是跟我们工物 72 的核物理探测专业相关的一种仿真算法，用来统计晶体对粒子的探测效率。为完成这门课的考试题目，班里同学都自学了 Turbo C 语言，并在工物系机房里跑完了探测效率测试程序。记得那个程序在普通的 8086 上运行了近十分钟时间才得出结果，而在 286 上仅用了 2 分钟。之后经历了摩尔定律（处理器运算速度每 18 个月翻番）的演变和算法的不断优化，在遥远的 25 年之后的 2016 年 3 月 9 日，当我在网上看到用蒙特卡洛算法装备的谷歌人工智能系统 AlphaGo 轻松战胜了围棋世界冠军李世石的时候，不禁感叹技术进步引发的时代巨变！

## 三、痴迷计算机的同窗好友们

同班同学里有不少计算机爱好者。来自成都的曾宇在大一时参加过学校的计算机竞赛，后来当我在中科院高能物理所工作时还向他请教过 Borland C 的编程。来自武汉的小蔡后来工作中曾在英特尔的一家公司开发过手机应用程序。湖南的吕江华工作期间还编写过警察抓小偷的游戏，后来到加拿大拿下了计算机专业的学位。我上铺的阿柳刚参加工作就在北京船舶总公司计算机室完成了软件应用项目。我的同学兼好友耀辉创立了一家名为“闺蜜网”的网站，后期卖给美国的哥伦比亚传媒集团，实现了财务自由。我发现同学里的计算机迷有一个特点就是兴趣广泛，不少还有收藏的习惯。小蔡是参加过高中校队的围棋高手，还有集邮的爱好，他曾告诉我后悔在《留园》和《西游记》两套邮票中选择了《西游记》，后来反而《留园》涨得更好。山西的老祁也喜欢集邮，在大五到杭州放射性监测站实习期间，还在当地买了西湖的邮票寄回老家，那烟雨朦胧的邮票图案跟西湖初

传统相机拍摄的军训合影

冬湿冷的天气相映成趣。

我们班的第一张合影照片就是由老祁提供的，就是上面这张大一在张家口军训时的合影，那时世界上还没有数码相机。

而同样珍贵的一件收藏品是湖南的老鸭留下的签满同学姓名的 T 恤衫，他目前在华中科技大学计算机学院负责项目开发。

我本人也有收藏的爱好，喜欢下围棋、打乒乓球，作为班级联系人，保留了

清华 T 恤衫正面 / 背面

工物系建系 60 周年合影

一些合影照片。上图就是在 2016 年工物系建系 60 周年返校时的合影，难得的是见到了从加拿大返回的当年的班主任冉老师。

2016 年 10 月 16 日系庆当天下午，返校同学还去女同学杨艺家聚餐，留下了如下的一张合影，其中就有在 2019 年 4 月因骑摩托撞上大卡车驾鹤西去的班长齐君，他 20 世纪 90 年代曾在美国 FORE 公司销售交换机，而那时我正在《计算机世界报》负责 IT 产品评测工作。

老班长齐君参加了系庆当天的聚餐（后排右 2）

## 四、工作中的IT数码历程

我的大五毕业设计是在中科院高能物理所完成的。在那里我制作了VME工控总线的IO接口板用于核子探测。使用具有自动布线功能的PROTEL（同时期还有TANGO）制板软件设计了电路板，采用类似汇编的初始语言进行操控。毕业设计顺利完成后，这里也成了我的第一家工作单位。在1994年，我参与的快中子治癌项目获得了国家科技进步三等奖，本人制作的声光报警装置的核心也是一块电路板。

我所在的中子组在1993年就引进了一台486微机，1994年就跟高能所计算中心接通了Internet网，我还通过电子邮件跟在美国留学的同班同学杨华联系过，得知他花5000美元买了一辆二手车。我可能是国内同班同学中第一个使用电子邮件的幸运儿。

1995年，位于中关村南端的瀛海威靠一块“中国人离信息高速公路还有多远——向北1500米”宣称自己是中国的第一家互联网公司，而其创始人张树新女士被称为“中国互联网第一人”，实际上这第一人的称号更应归属于高能物理所计算中心的那些科学家。1993年3月2日中科院高能物理所连接美国SLAC国家实验室的64K专线正式开通，这根我国连入Internet的第一根专线才是中国互联网的真正里程碑，高能所随后设立了中国第一台WWW服务器（http：//www.ihep.ac.cn/）。而1995年的瀛海威，以及1996年首都体育馆西门的中国第一家网吧“石华开”，从产业视角来看则属于商业化的应用启动成果。

1996年我离开高能物理所进入《计算机世界》传媒集团的评测实验室，开启了IT产品评测工作。那时美国ZD实验室是全球最权威的IT评测机构，国内个人电脑月刊大部分是美国的翻版，但IT媒体的老大是《计算机世界报》，它所属的计算机世界传媒集团是前电子部情报所与美国IDG集团的合资公司。在20世纪90年代末期《计算机世界报》的年营业额超过了3亿元人民币，我也在传媒集团旗下度过了4年工程师兼报刊编辑的紧张兴奋阶段，所负责的微电脑世界半月刊的评测栏目“先睹为快”曾获得读者调查中最受欢迎的栏目。1998年秋天，我接受IBM公司邀请参观了在美国召开的COMDEX计算机展览会。

AST公司3.5英寸软盘盒

目前我还珍藏着从《计算机世界》留下来的一台 AST 公司的 3.5 英寸软盘盒。那时的微机老大是号称具备军用机品质的 COMPAQ（康柏），而性价比更好的 AST 一度排到中国微机外企的老二，当时中关村热卖的 AST486 的价格约为 13000 元。

1999 年互联网公司风起云涌，我一时兴起进入了 eNet 硅谷动力网站，曾高坐在国贸大厦办公室里做着网站上市的美梦。我按照网站决策在中关村北侧的太平洋电脑市场七层创立了亚洲最大的占地 510 平方米的 IT 评测中心，包含有 50 台客户机（可模拟 200 个网络节点）的网络实验室和专用的显示屏测试仪，测试工程师多达 20 名。

为此我还在宣传页上引用了杜甫赞泰山的名句“荡胸生层云，决眦入归鸟。会当凌绝顶，一览众山小”来评价此举，可谓志得意满。

当一个人飘飘然了，往往正是最危险的时候。就在一年之后的 2001 年初夏，硅谷动力因为二期融资受阻，评测中心被迫解散。我又短暂地回到了《计算机世界》，在经历了评测、开发报社自用发行管理系统之后，我在 2003 年 9 月创立了自己的软件公司，进一步开发了通用的报刊发行管理软件“发行通”，并拥有了《中国国土资源报》《中国烟草杂志》《双语报》等客户。这个软件采用 CS 架构，报刊社用这个软件进行客户和发行订单的管理，打印发行用邮签，发送短信通知，导入 Excel 格式订单、进行汇总统计和财务管理。如今报刊发行已经是夕阳产业了，而曾经风光一时的 IT 媒体龙头《计算机世界报》，也在 2021 年 6 月宣布不再印刷纸质报纸，而改为采用电子版发布了，真的是三十年河东，三十年河西。

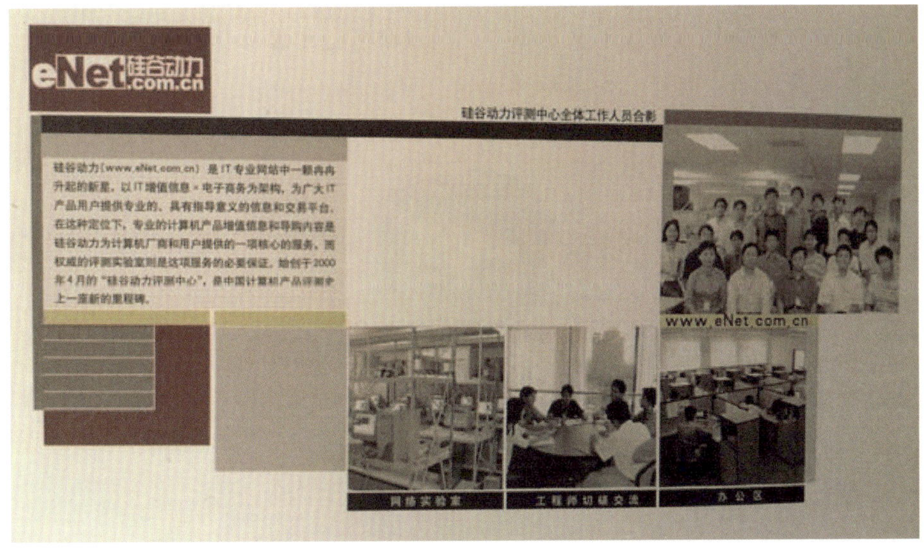


曾经亚洲最大的硅谷动力 IT 评测中心

## 五、关于数码情怀之由来的遐想

经统计，工物 72 班目前做 IT 数码相关工作的人数多于做核物理专业的人数。国内做核物理相关工作的有在陕西的老黑、老贾、金升，上海的继亮、老杜，国外已知的只有在澳大利亚的焕金，合计 6 人，其余 25 人中从事 IT 相关工作的至少在 2/3 以上，不少于 17 人。除了市场需求的原因，工作属性也是一个重要因素，毕竟 IT 数码就是直接的应用项目，效益立竿见影。

再向更深的层次洞悉，可以发现蕴含于 IT 数码之中的一种现实美感，从屏幕的光影、鼠标的点击，到打印机的输出、数码相机的捕获，以至于基于网络的信息共享和可以取代顶尖人类角色的人工智能，都与自然界和人类活动丝缕相连，更直接地提升了生活的效率及品质。

“碧叶托紫花，乍开枝上挂。花重压枝头，芳香伴朝霞。”这是我初中时写的一首五律诗，描述的是一盆摆放在家里东面窗台上的月季花。求学本身主要是一种求真的历程，但途中免不了去捕捉各式各样的美。初到清华园，我首先去寻找的是朱自清笔下的荷塘月色，尽管逊色于各大公园的荷塘，但也不失为一种心灵的安抚。清华园里我印象最深的景观就是古典雅致的清华学堂和二校门，还有就是一教北面的小桥流水和工字厅，在如此氛围下，对 IT 数码的喜爱，是否也有一份触景生情的缘由呢？

仁者爱山，智者乐水。回顾清华园五年，我们曾在暑期前骑行 3 个多小时畅游鹫峰望松鼠枝间雀跃，也曾在大五实习期间环西湖赏花港观鱼，身心愉悦乐此不疲。我和同学们在求真的同时，没有放弃对美景的鉴赏，以及对离生活最近的数码科技的追寻。

攀山曲径斩荆行，水木尽览憩峰亭。俯瞰阶下途中客，你我皆成画中景。

站在画外看画，别有一番情趣啊！

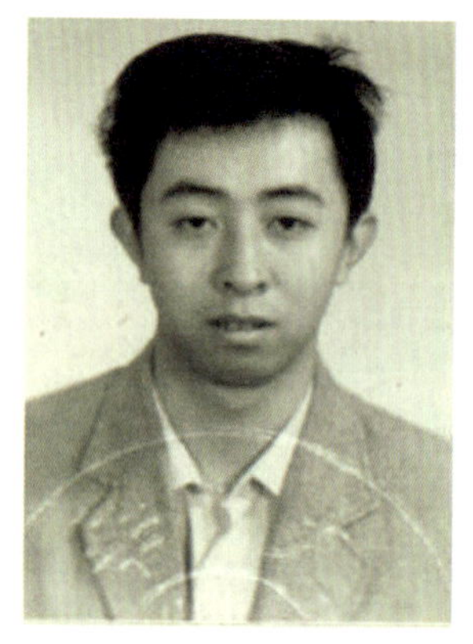

**作者毕业照**

**李梅（精仪系 制 71）**

先做国际贸易，后赴美攻读 MBA。在美国大中小企业做过新产品开发、供应链管理、营销策划等。现居南加州，做商业咨询，兼职舞蹈老师，参与慈善。

# 秋来又秋去

洛杉矶的九月依然炎热，不过早晚倒是有了一丝凉意。起了一个大早，计划沿着五号高速一路向北开车 400 多英里，送儿子去加州大学戴维斯分校入学。儿子的笑脸上洋溢着对新生活的期待，交织着初次离家独立生活的些许忧虑。蓦然回首，自己居然从大学毕业快 30 年了。时光如白驹过隙，转瞬即逝！

细想童年时我就和清华结缘了。9 岁那年父亲在中国政法大学进修，暑期母亲带我和弟弟去北京看望他。一家人乘公交车去颐和园游览时路过清华西门，父亲特别提示姐弟俩这可是中国最好的高等学府。8 年之后，我收到了清华的录取通知书，踏上了北上的列车，认识了几位一起坐卧铺去清华入学的同学。那时乘火车将近三天三夜才能抵京，一路上和小伙伴们聊天打牌，看小说，倒也没觉得旅途太漫长。只是火车快到郑州时，眺望车窗外的远方夕阳西下，忽然开始想家。同行的高中同学问我到了学校会不会每天以泪洗面？我不置可否。入学时带的行李可多了，难忘的是去了天堂的祖母腌制的爱心老坛酸菜。幸亏小伙伴们出手相助，这大坛子方可平安落户到女生宿舍。

我的大学生活首先从认路开始。自幼习惯了上下左右定位，对东西南北没什么概念。在清华高我一级的表哥指点迷津，让我记住故宫的方位，难题即可迎刃而解，因为皇宫面南背北。有了方向感后初冬的一个周日看着蓝天白云、阳光明媚，忍不住溜出校园去玩。出校门没多久衣着单薄的我好后悔没听北京同学的劝告多穿几层。那太阳高照却一点儿也不温暖，和故乡截然不同！

入学后的一大感受是学业压力比高中时加码许多。军训回来期中微积分考试，不少同学挂了，自己幸运勉强过关。高年级同学称在清华期中考试通常比期末考试难许多，权当宽慰。再有就是那让我抓狂的机械制图课！老师说我的思维模式更适合建筑制图。我脑海里想到的，绘制出来的都是三维立体图！上制图课意味着我很晚才能离开教室，到食堂就餐常常是米饭售罄，只能啃那不爱吃的大馒头。

虽然课业不轻松，课余生活倒也丰富多彩。和室友冬日在圆明园福海破冰抓鱼开心极了，可惜乐极生悲着凉发烧进了校医院；和电子系高年级同学在天文台旁的网球场酣战，天空飘下雪花也停不下手中的网球拍；还有那把同学推荐特意换了钢丝弦的吉他，无论寒暑假回家都要带上它……大学时代结下的情谊如此纯真和珍贵，即使毕业后大家天各一方再未谋面，花样年华的青涩回忆却历久弥新。

读了 4 年大学后没兴趣读研，也不想进设计院，而是一心只想从事国际贸易。那时自己做梦都没想到工作几年后竟又异常渴望读书，最后远渡重洋读了工商管理的研究生。有朋友认为我浪费了在清华学到的知识，但我并不认同。清华不仅培养了我严密的逻辑思维和分析能力，而且“自强不息，厚德载物”的校训对个人的成长影响深远。

时光匆匆，人生已过大半，期盼后辈“清二代”们长江后浪推前浪，一代新人胜旧人。秋风习习，丹桂飘香，祈祷全球疫情早日结束，重返美丽的清华园。

**作者当年同学照**

曾宪纲（生物系 生7）

现居住广东江门，为多个机构提供顾问、管理服务。美国 Texas A&M 大学博士（生物化学专业）、博士后。

# 刨根问底：清华园与朗润园名字的出处

清华与北大乃中国高等教育双子星，两校相邻的校园包括了多个优美的清朝皇家园林，其中清华园、朗润园常被用作两校的代名词。两校校史研究中关于清华园、朗润园的文章很多，其中部分内容在两校校友中可说是耳熟能详了，在社会上也广为流传；有些则语焉不详，或罕为人知。

“清华”这个词最早见于晋朝谢混（字叔源，谢安之孙）的《游西池》诗：“景昃鸣禽集，水木湛清华。”有趣的是，北大校园内曾经有过一个清华园，它是明朝万历皇帝生母李太后的父亲、武清侯李伟的园子，故又被称为李园。它“占地十余亩，堂亭楼台俱全。水程十余里，乔木千计，竹万计，花亿万计……牡丹以千计，芍药以万计，京师第一名园也”。可惜明末清初时它毁于战乱。

今日之清华园前身是熙春园。康熙皇帝第三子允祉在康熙四十六年（1707 年）三月二十日的奏折称其于该年正月十八日买得位于“水磨闸东南”的权臣明珠第三子揆方家邻接空地一块，近四弟（即后来的雍正皇帝）所建房（圆明园前身），且地处“父皇游逛之路”。允祉在此建园后，康熙皇帝 10 次驾临并 8 次在此过寿，其中过六十大寿时亲题“熙春园”匾额。雍正八年（1730 年），允祉因吊十三弟允祥之丧时迟到早退、面无戚容而被十六弟允禄等弹劾，雍正将允祉夺爵后，将熙春园赐给允禄。乾隆四年（1739 年），允禄与废太子允礽之子弘皙往来诡秘，被停双俸、罢理藩院尚书；复以私抵官物，例应削爵，诏仍免但罚亲王俸五年。大概熙春园当时即被内务府收回。

工字厅大门

嘉庆二十五年（1820 年）皇帝驾崩，道光皇帝登基，后将熙春园一分为二，东为涵德园（后复名熙春园，西为春泽园（后近春园），分别赐给三弟绵恺、四弟绵忻。道光十八年（1838 年）绵恺去世，因无子而由皇五子奕誴过继并继承熙春园，故该园俗称“小五爷园”。道光三十年（1850 年）道光驾崩，皇四子奕詝继位为咸丰帝，不久为五弟奕誴亲书匾额，将该园改名为“清华园”。光绪十五年（1889 年）奕誴去世，长子载濂继承了清华园。

光绪二十六年（1900 年），载濂之弟载漪（其子溥儁已被慈禧太后册立为大阿哥）为义和团在清华园内“设坛举事”。《辛丑条约》签订后载漪父子被流放，载濂也被处罚，清华园被内务府收回。后美国退还部分庚子赔款，指定用于派遣人清学子赴美留学，宣统元年（1909 年）外务部为游美学务处上奏获得清华园以建肄业馆；宣统三年（1911 年）初步建成，起名为“清华学堂”并于 4 月开学。因此，清华以 1911 年为计算校龄之始，以四月最后一个星期天为校庆日；而梅贻琦、赵元任、胡适等庚款留美生虽然没进清华学堂就直接赴美也自视为、同时被视为清华校友。后近春园等地陆续并入学校，经 1914 年来华营业的美国建筑师墨菲规划设计，逐渐形成类似欧美院校的建筑格局。

作为清华园核心区的工字厅，其临水的后门匾额题“水木清华”四字，两旁有对联一副曰：槛外山光历春夏秋冬万千变幻都非凡境；窗中云影任东西南北去来澹荡洵是仙居。这是内阁学士殷兆镛在 1860 年代左右书写的，其文字来源见于乾隆六十年（1795 年）自然庵初刻本的《扬州画舫录》第十三卷，由震泽（现江苏吴江）沈斌题于扬州贺园十二景之一的杏轩，原联为：槛外山光历春夏秋冬万千变幻总非凡境；窗中云影任南北东西去来澹荡洵是仙居。

朗润园北依万泉河，雍正年间这里是允祥的交辉园，后为乾隆皇帝重臣、富察皇后之弟傅恒的春和园；嘉庆年间赐给皇十七弟永璘、嘉庆二十五年（1820 年）传永璘之子绵慜、道光十六年（1836 年）传绵慜（无子）之侄奕彩。道光二十二年（1842 年）奕彩因行贿获罪夺爵，此园被内务府收回。咸丰元年（1851）改赐皇六弟奕訢；奕訢得之即着手修缮，次年完工。咸丰二年秋，皇帝亲临游幸并题朗润园额（可惜今已不存）。奕訢曾以“朗润园主人”为别号，可见他对此园、此名的钟爱。

光绪二十四年（1898 年）奕訢去世，朗润园被内务府收回用作大臣赴颐和园陛见慈禧太后的中转站。民国初年，逊帝溥仪将朗润园赐给光绪皇帝之弟载涛。今日未名湖中的翻尾石鱼，办公楼前的石麒麟和丹陛石等，都是载涛从当时已荒废的圆明园运至朗润园的。1916 年司徒雷登奉教会之命合并、改组数家教会学校建燕京大学。他通过拜访清华而得到启发，决定与之为邻，并回美募捐后陆续购地，也聘请了墨菲进行校园建设规划设计，于 1921 年起大规模建校。载涛原只是将朗润园长租给燕京大学作为教师住宅；1952 年燕京大学被取消，北京大学从老北京城里搬入燕园，朗润园也永久性地成为校园的一部分。

清华园与朗润园均为咸丰皇帝赐名，他当时是怎么想的呢？既然是分别赐给其五弟、六弟，这是研究两园名字出处的关键线索。咸丰有三兄五弟，但他出生时三位兄长都已死去；他 18 岁登基时最小的三位弟弟都不过 10 岁，尚未独立开府，更不必赐园。因此，咸丰登基不久就给仅小他 6 天的五弟、小不到两岁的六弟的园子赐名，最佳选择是有美好寓意且对等的词语。

用互联网搜索“清华、朗润”，马上跳出《大唐三藏圣教序》中的文字：松风水月，未足比其清华；仙露明珠，讵能方其朗润。这是唐太宗李世民对玄奘法师的赞誉，意为“即使是松林间的清风、水中的月影，也比不上他的清丽华美；即使是神仙饮的晨露、闪光的珍珠，岂能和他的明朗润泽相比？”这是巧合吗？

玄奘法师于贞观三年（629 年）前往天竺取经，途经西域十八国，于贞观十九年（645 年）返回长安，受到年龄相仿的唐太宗李世民的热烈欢迎。玄奘法师随即奉敕译经，数年后上表请求唐太宗为所译经文作序，唐太宗欣然应诺，太子李治（即后来的唐高宗）并记。佛教徒们认为这是最有权威的护法，纷纷倡导为之刻碑。《大唐三藏圣教序碑》先是由楷书名家褚遂良书写，于唐高宗永徽四年（653 年）分《序》和《记》两方碑石立于慈恩寺塔台南门两侧龛内，名为《雁塔三藏圣教序碑》。

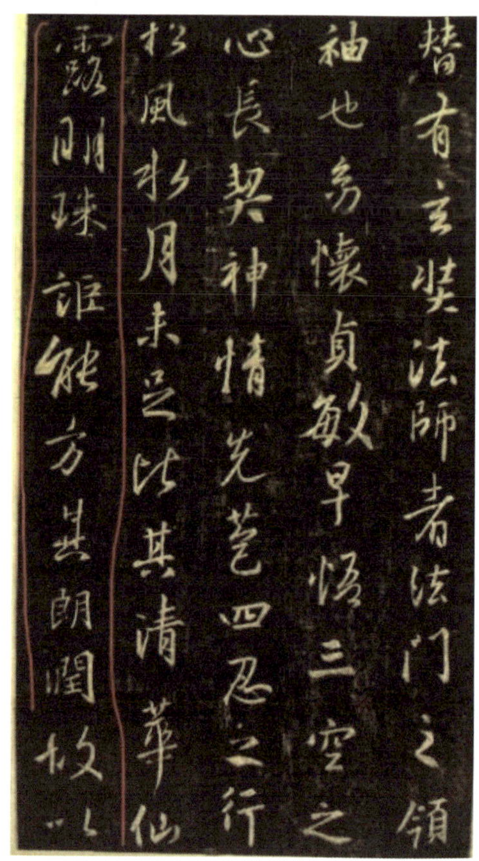

清华园工字厅正门的咸丰皇帝御笔

高僧怀仁有感于朝廷对佛门之恩宠、唐太宗对王羲之书法之崇尚，潜心 24 年集王羲之字刻碑予以铭。碑题《弘福寺沙门怀仁集晋右将军王羲之书》，唐高宗咸亨三年（672 年）立。此碑螭首方座，高 350 厘米，宽 100 厘米，碑身上部横向龛列七佛，碑石文字 30 行，行 82 余字不等，文林郎诸葛神力勒石，武骑尉朱静藏镌字。因此碑首横刻有七尊佛像，又名《七佛圣教序》。此碑原在西安弘福寺，后移西安碑林。

清朝皇帝多崇文、敬佛，学习千古名帝唐太宗等的治国理念，咸丰皇帝及其兄弟们应学习过《大唐三藏圣教序》甚至见过有关碑帖拓片。把唐太宗赞美玄奘法师的清华、朗润这一对赞词作为园名按顺序赐予两位朝气蓬勃的弟弟，这就是年轻的咸丰皇帝的初心吧。

1925 年，奕誴之孙溥忻、溥僩与奕訢之孙溥儒等清华园、朗润园后代发起了松风画会，其他爱好绘画的宗室后代及遗老遗少不断加入。画会的每一个成员都有一个含“松”的名号，例如实际上的会长雪斋溥忻号“松风”，毅斋溥僩号“松邻”，心畬溥儒号“松巢”，雪溪溥佺号“松窗”，稚云恩棣号“松房”，孝同惠均号“松溪”，季笙和镛号“松云”，元白启功号“松壑”，井西祁昆号“松崖”，庸斋溥佐号“松堪”。发起人给画会起名时，也许就是想着上述两园得名这句《大唐三藏圣教序》中的赞语之句首“松风水月……”呢。

世异时移，昔年的皇兄弟园成了今日之兄弟校园！愿清华、北大永葆兄弟情谊！

## 后语

作为一名爱好历史的清华毕业生，我多年前就了解到史学界对清华园、朗润园名字均来自咸丰皇帝的事实是清楚的，但知其然而不知其所以然，因此自己在

分析有关事实后推测这两个名字是咸丰同时、成对地赐予两个年龄与他相近的弟弟的。

此文原版本于2021年4月下旬在鹰眼互联文化传媒、北美清华校友会联合会的微信公众号上发过，标题分别为《老生新谈：清华园与朗润园名字的出处》及上面这个标题，署了本人笔名曾光（在北美清华校友会那篇还由编辑注明了本人姓名及简介），今略作修改。

作者军训照

作者当年同学照

作者同学近照

何胜明（水利系 水机 7）

现任雅砻江流域水电开发有限公司副总经理、国际水电协会董事。曾任清华大学暗物质实验室副主任。


## 学堂琐忆：木桌、米尺与先生

“三十年为一世”。负笈京华、漫步荷塘、出入新水那五年，已恍如隔世。西行千里，总带着对清华园每个角落的记忆。几曾入梦的，是通向南门的大道两旁列队整齐的高大的白杨，是课间如流水的悦耳的自行车叮铃声，照澜院的邮局，二校门旁的绿色邮筒，夕阳下西阶红砖墙密密的爬山虎，大学生之家滋滋冒油的油饼，啪地插根塑料管进去吸的吱溜响的瓷瓶老酸奶，十三号楼河边那道纵身一跃能翻出去圆明园跑步的铁栅栏门，楼头飘着几缕水气的开水房，烟雾氤氲不辨人的五毛钱的澡堂……不一而足。

记忆以礼堂前青青草坪为中心展开，礼堂的罗马柱，日晷的光影，恍见当年我背着红色的双肩包匆匆进出“新水”、一教二教西阶上课的情景。这其中，有一栋建筑，隽永，厚重，在我心中隐隐约约挥之不去又浓得化不开，一直在我的生活中、职业里默默发酵，它就是清华学堂。

我们班在学堂里一共上过两门课，一门是梅先生教授的“气蚀”；一门是徐老师主讲的“机械制图”。

犹记得“小”梅先生的课。由学堂进门的大理石旋梯上楼，经过长廊，教室里几排老旧的木桌站在地板上，人走过每每会吱嘎作响。极为清癯瘦削的梅先生，第一堂课先吃力地把讲台搬出教室放到走廊上，回来踱着步拍着手上的灰对我们说了两句话，第一句是“我的一个教学体会是，讲台是当今中国教育横在老师和学生之间的最大障碍”，第二句是“我这门课不考试，只期望大家认真听课认真记笔记最大限度理解了就行。”没有了讲台，他每堂课一边讲一边不停地在教室里前后左右来回踱着，偶尔靠一下我们的课桌。老旧的木桌显得有些虚弱，生怕会垮掉，还好梅先生极为瘦削。他黑板板书尽是漂亮的专业英语，我们顺带掌握了很多专业词汇。他以他的“反常”举措，回应了当时社会上较为盛行的填鸭式教学和六十分万岁，也给了同学们巨大的心灵冲击。那学期，没有布置连篇累牍的作业，只要求用 English 记随堂笔记，期末梅先生指定了一些学术论文片段让大家翻译，笔记本收上去查看一下，跟学生在面对面问答中探讨一些讲过的概念或问题。记得那学期梅先生的课是我们上课纪律最好、没有缺席和开小差的课，大家在轻松愉快中收获一个皆大欢喜的分数，却留下了终身难忘的印象和行世治学方法。

“小”梅先生是老梅校长之子，据悉他早年在西南联大求学，国有召即投笔从戎奔赴抗战前线，战后赴美国留学，1954 年辗转回国，一直在教研战线默默耕耘，如圭如璧。我后来选择投身西部大开发，奔赴川西的大山之中、大河之畔继续从事水电事业，不知是不是梅先生播下的种子，也不知是不是切合了他的期待。

机械制图，在学堂一楼靠近同方部的那间教室。我们水力机械专业，制图是最重要的基本功，制图课历时很长，经常需要“加班”，黄昏时其他专业的学生都在运动场上飞奔或在草坪上悠闲地躺卧（那时是允许的），我们却不得不扛着长长的米尺，拖着沉重的步伐经过学堂极其坚固厚实的巨石墙基去教室画图，窗外的每一丝响动都是放下铅笔的诱惑。图板支架很结实，可以几个小时俯身趴在略为上倾的偌大的图板上面。铅笔是 2B 的，用于绘图软硬适中，笔头的木质部分需削出徐老师点头认可的斜度，铅芯须细致地轻轻刮削至 2 毫米宽，一丝不能多，一丝也不能少。徐老师（三十年后想起来依然很抱歉，当时我们私下都叫她徐老太）对我们说话很和善，很耐心，要求很严格，很坚持，林林总总的诸多细节必须不折不扣地一一达到。正视图、侧视图、俯视图、剖面图、转轮、顶盖、座环、主轴密封、螺钉螺帽、间隙配合、表面光洁度、结构关系、透视关系……如何一一准确表现，她娓娓道来，不厌其烦。图纸标注须用手写的标准宋体，徐老师一笔一画地耐心讲解和示范，如切如磋，一丝不苟。回望当年，那个酷热的画图季也是一场最枯燥的修行，是一名工程师必经的魔鬼训练。当然机械制图的枯燥之中也不乏欢乐，自习画图时班级的同学们可以边画图边欢快地聊天，相互观摩。课程结束时大家竟然对扛了一个学期的米尺产生了几分特殊的感情，走在校园里，仿佛战士扛着枪打靶归来。尤其是我上铺的兄弟，当时按照录取通知书要求老老实实地从老家重庆买的米尺，心肝宝贝似的细心呵护辗转到校，结果发现照澜院的商店就大量有售。同班同学中类似的情况也不少。

梅先生、徐老师只是那五年授业恩师的代表。金工实习翻砂浇筑和钳工实习打磨一把榔头，旧水力学试验用自行车轮胎演示水锤效应，期末周雪漪老师抽签面试答题，班主任王守棣老师白发苍苍诲人不倦每每唯恐言之不尽……都在心里烙下深深印痕。弹指之间三十年，已经不能清晰回忆起梅先生、徐老师的模样。岁月的沉淀，恍觉梅先生那清瘦的身影背后仿佛写着：家国情怀；总是滔滔不绝的徐老师仿佛幻化成四个字：工匠精神。

我并不是班上最优秀的学生，而莫名有幸经历了一系列殊遇。1992 年的春天，我在礼堂的舞台上与外语系鬓发斑白的李教授同台宣誓入党，也有幸作为即将奔赴西部的本科生代表在怀仁堂受到领导人的接见。7 月，毕业了，同学们从此各奔西东。8 月，我到四川最南部的攀枝花市雅砻江边扎下根来，投身二滩水电站建设。二滩使用了世界银行贷款，建设管理机制、坝工技术、关键设备几乎都来自国外，对我国水电乃至基建管理与国际接轨、通过引进技术提升民族工业设计制造能力发挥了重要的作用，为三峡工程发挥了一些基础铺垫作用。二滩水电站 1999 年完成建设，水电界公认其为 20 世纪的里程碑。

2003 年，我所在的公司开启了雅砻江锦屏大河湾的开发。150 公里的大河湾，落差 300 多米，直线距离仅 16 公里，装机 840 万千瓦，条件得天独厚。“瞻彼淇奥，绿竹猗猗”。主体工程开工之际、汶川大地震前两天，我进驻锦屏水电站现场，开启了扎根彝区与世隔绝的大山深处的新旅程，直至 2019 年初回城。这期间主要从事锦屏水电站机电设备的安装调试、生产运维工作，能与当年在学堂机械制图画过的设备待在一起，与水利系系歌所咏唱的大山大河为伴，那是极为充实的 11 年，激越而豪迈。数万名建设者以十多年的坚持、坚韧、坚守，竖起了一座 305 米的双曲拱坝，它是当今世界第一高坝；开凿了 7 条 17 公里左右的穿山隧洞，形成世界最大规模的水工隧洞群。其实，锦屏工程应该追溯至 20 世纪 50 年代，老一辈水电工作者在中华人民共和国成立之初以无限的热忱和万丈豪情，擘画了将 150 公里锦屏大河湾截弯取直、引水发电的天才设想，开始在“猿猱欲度愁攀援”的河谷绝壁进行艰苦卓绝的勘探。半个世纪之后的 2012 年底，锦屏终于发电了，我有幸身在其中，赶上了、见证了几代水电人孜孜以求的伟大梦想的实现。电主要通过 2500 公里的高压输电线路送到华东，西电东输，给长三角提供了一个绿色引擎，也能为 3060 目标添砖加瓦。如巴士光年般黑暗深邃的 17 公里穿山隧洞被 2400 米厚的岩石压覆，我所在公司与母校通力合作，2010 年在隧洞最深处建成投运了当今世界最清洁的暗物质实验室，目前正在进行二期建设，名为“极深地下极低辐射本底前沿物理实验设施”（简称“锦屏大设施”），投资 11.9 亿元，是“十三五”国家优先安排建设的、国内首个校企共建的国家重大科技基础设施项目。为我国粒子物理和核物理领域的重大基础前沿物理问题研究提供平台支撑。我、我们公司有幸参与其中，赶上了、见证了这一展现社会主义制度优越性的国际领先试验平台从无到有变为现实。

米尺，绘图早已不再需要了；学堂的木桌或许也早已更换；先生们当年的言传身教，在我们心中仿佛播下了一粒粒种子，五年悄然生根，三十年默默发芽。年级和班级的同学们在各行各业都取得了很多令人瞩目的成就，从不同角度为国家、社会做出了巨大贡献，他们却不矜不伐。上铺的兄弟，毕业后东渡邻国深造，国有召而回归母校，在核研院默默从事科研。日前偶见一篇“三十年磨一剑，高温气冷堆技术石岛湾示范工程启动”的新闻报道，是清华技术的世界第一个第四代核电技术的实体电站。50000 张图纸，2200 多个世界首台套设备，完全自主知识产权，性能达到世界顶级水平。这些年他一直殚精竭虑致力于这个反应堆的“最强心脏”。在创研团队的全家福里，他背着双肩包，微笑着站在后排的角落，鬓微霜。每当谈起这个新“200 号”的巨大成就和意义，他总是谦逊地轻描淡写，随即顾左右而言他。我想，这就是清华，是学堂的种子在发芽；或许，他也给他带的学生播下了种子，也开始生根发芽。

巴山夜雨，偶尔还会梦到自己仿佛扛着米尺，走过学堂无言的石基，感受其如磐的坚实、厚重而朴实无华。学堂是清华园最初的建筑，阔别三十年了，“今我来思，雨雪霏霏，行道迟迟，载渴载饥”，真想摸进学堂，到那两个教室的木桌、图板架旁，回味一下当年先生们的声音和上课的情景……

**作者毕业照**

王杨（土木系 结 72）

一直从事结构设计，就职于中国建筑科学研究院，目前主要负责设计审核工作。

# 清华姐妹情

我和我的妹妹是双胞胎，1987 年我们两个一起考进了清华大学，她叫王双，在建筑系，我叫王杨，在土木系。

入学报到是老爸送我俩去的，从南门进，当时接新生的是 86 级的师兄们，其中就有我现在的领导肖从真大师，他现在还常常提起这事，说是记忆犹新。其实一家有几个孩子考进清华并不少见，但是双胞胎可能就比较少见了，所以很多人因为这个记住了我们。

最初因为很多同学不知道我们是双胞胎，还闹了不少笑话。刚开学不久，有一次我们班的马重辛同学在校园路上遇到“我”，就问晚上的课在哪里上，结果那个“我”白了他一眼，说“我不认识你”，把马同学弄得一头雾水，回宿舍一说，才有知情的同学告诉他是怎么回事，这事到现在还有人念叨呢。毕业几年后我跟王双又调到同一个单位工作，经常有人刚在办公室跟我说完话，一到走廊上又看到另一个穿着不同衣服的“我”，着实吃惊，还有人说“你换衣服也太快了”，哈哈！在电梯里更是常常有人跟我打招呼，说“双总好”，我就乐着说我不是，对方立刻瞪大了眼睛，忙不迭道歉，改口叫“王杨总”。我们单位王总、杨总一大堆，所以大家就这样称呼我们。在建研院工作 26 年了，还是不断有这样的事情发生，对于能给大家带来这种趣味，我们还挺开心的。

我毕业那年建研院的建筑设计所没有招结构专业的，当时的建筑总工寿振华寿总说要不就先去他当顾问的北京科技建筑设计院。三年后我终于调到建研院，也是沾了我妹妹的光。当时的设计所所长宁淦泉宁总跟我说，一般不会招亲属进来，但是因为王双表现特别好，所以他们决定调我过来。我非常感谢寿总和宁总，愿他们在天堂一切安好。

我毕业后一直做结构设计，毕竟在清华打下了基础，所以这些年顺风顺水，虽然没有大的成绩，但每每看到自己设计的高楼大厦在各地矗立，心中也觉得自己对社会做了贡献，此生没有虚度。在建研院这些年已经完成了几十项工程设计了，拿了一些奖，近几年主要做管理工作。前面说的接新生的肖师兄是我们建筑设计院的院长，我是下面设计二院的副院长，分管结构所和人力资源，王双是设计四院的院长，那可是一把手，比我牛多了。双总做过的最著名的项目就是国家博物馆了，她是项目负责人之一，跟她搭档的是同年级建筑系的马立东，现在是设计院领导，我是结构负责人之一，跟我搭档的是 89 级的师弟孙建超，现在已经是建研院（我们内部称作大院）领导了。我们姐妹俩还合作过中国银行总部大厦、珠海博物馆和城市规划展览馆、华润橡树湾、华润未来科技城、达美中心等不少项目，我猜应该树立了建筑、结构两个专业合作最愉快的典范了，主要是我脾气好，哈哈！结构专业一直都秉承“结构成就建筑之美”嘛，建筑师都被甲方逼得“东倒西歪”，结构也得撑住了呀！

这些年也做过不少外地项目，常常会碰到各种技术问题，一般都会第一时间翻翻通讯录，找个在该地设计院当总工的同学咨询下，同事们经常很羡慕地问你们清华同学怎么各地都有牛人？清华是不是人人都牛倒不一定，不过清华同学情谊是真的牛。这些年也认识了很多人，但感情最好的还是清华的同学，平时联系也最多（此处 @ 刘小冰，87 级建管的，我的顶级闺蜜）。很多同学在生活、事业上有合作、有帮衬，有锦上添花的，有雪中送炭的，说得不过分一点，清华情谊是我们心中稳稳的依靠。清华的自强不息精神让我们每个人能够保持初心，砥砺前行，更重要的是厚德载物的传统让我们学会了尊重他人，体察社会，胸怀高远。

适逢毕业 30 年，母校 111 年寿辰，做打油诗一首：

三秩修得情义共，百年沧桑心始终。
待得白头互搀扶，笑看荷清春色浓。

祝福同学们，祝福母校！

2021 年 10 月，于北京

作者毕业照

作者双胞胎姐妹刚毕业时合照

作者全班毕业照

赵千川（自动化系 自72）

清华大学自动化系智能与网络化系统研究中心主任。主要研究数据与模型双驱动的复杂动态系统智能优化与安全控制策略及其在国防、电力、制造、通信、建筑等领域的应用。

## 毕业30周年校庆征文

毕业30周年了，大学的同学们与我同行，一起成长。现在回想起来，真是三人行必有我师焉，从同学们身上我总能学到很多东西。

首先，我们宿舍的同学们在大一时一起凑钱买了微积分的习题集，轮流做上面的题，为我们学好高等数学打下了坚实的基础。同年级的几位同学一起学双学位，彼此鼓励，在5年的学习中，除了本专业，还学了数学系的辅修专业。我们还认识了电机系和电子系一起学习数学辅修专业同学们，其中就有当年获得特等奖学金的杰出校友李劲博士。虽然时代在变，但是学校良好的学风和因材施教的育人环境这么多年来始终没有改变。如今，作为教学改革的参与者，我也在不断探索如何借助课程和实践环节，帮助同学们培养创新意识。我先后参与了基础工业训练中心组织的技术创新创业辅修学位、AI证书项目的教学工作，看到参加实践项目的同学能够提出很有创意的设计，并制作了原型系统，虽然还比较稚嫩，我感到由衷的喜悦，仿佛看到在大学里一起做实验的自己和小伙伴们。

其次，同学们之间的多年友情延续至今。毕业之后，我留在学校，从事教学科研工作，基本上可以算是待在象牙塔里。相比之下，一部分同学在企业工作，接触的是真刀真枪的市场。他们的事业轨迹，见证了我国改革开放四十年的辉煌成就，典型的职业发展路径是先去外企或合资企业学习先进技术，进而走向自主创业，我对他们由衷地佩服。近年来，在学校采取有力措施，大力推进成果转化的形势下，我也开始考虑如何让自己团队的研究成果在产业落地。2019年底，同宿舍学机械系双学位的同学，借着技术转化的机会，邀请我一起创办了以一家工业智能为核心的高科技企业。同学丰富的行业经验和对市场的深刻理解，对于我这个创业小白帮助极大。如今，虽然公司仍然较小，但在校友们的指导帮助下，已经逐渐起步。

最后，为服务国家创新驱动发展战略，培养具有国际视野和工程综合创新能力的高端科技领军人才，学校推出了多个创新领军工程博士项目，我有幸成为导师。特别期待已经在国家重点行业工作多年的同学们带着国家重大需求和行业瓶颈问题来学校合作，使得学校的研究能面向真实的问题。我们共同为国家自主创新，打破西方技术封锁，尽一份清华力量。事实上，已经有一位本年级的同学以领军工程博士身份重新回到了学校。在校园里重逢，感到格外亲切。欢迎更多的同学回来！

作者毕业照

作者当年同学照

# 后　记

2022 年是清华大学 1987 级同学毕业 30 周年。我们 87 级同学分 22 个系、74 个班，共 2270 人（含 86 年入学的同学，不含社科系双学位班同学）。30 年在历史长河里是短暂的；而对于我们 87 级同学，这 30 年是人生中最美好的年华。因此在筹备毕业纪念活动的时候，我们决定编辑出版这本文集，得到同学们的热烈响应。

再回首，恍然如梦。同学们的回忆文章把我们带回到那段难忘的青葱岁月。同学们追忆菁菁校园，致谢师长，分享从大学时代到现在的浓浓的同学情，见证了各自积极向上的人生经历 。这些文章体现母校的“清芬挺秀”，彰显学子的“七彩人生”。朴实无华的文字传承的是清华人行胜于言的特质，积淀的是同学们对母校浓浓的思念。

春暖花开的四月天，也是母校华诞之际，想到同学们 30 年后再聚首，感慨万分。感谢参与的每一位同学，正是有了你们的文字，或回忆或创作，或写实或抒怀，才能结集成册；也正是因为你们毕业后 30 年精彩的人生，才使我们的图书更加引人入胜。

感谢清华大学出版社责任编辑认真负责的工作使得图书及时出版。因时间匆促，书中难免有疏漏，也请同学们谅解。想到收到书的时候，同学们手抚封面，翻阅每一篇文字，会是怎样心情，我们就激动不已。

人间四月，紫荆花开；三十而已，前程似锦；祝福母校，祝福同学；爱我清华，四海一心。

此为后记 。

**本书编委会**

2022 年 4 月 10 日